मालगुडी का प्रिन्टर

10 अक्टूबर 1906 को जन्मे आर. के. नारायण ने पंद्रह उपन्यास, पांच लघु-कथा संग्रह, यात्रा-वृत्तांत आदि लिखे। 1960 में उन्हें उनके उपन्यास 'गाइड' के लिए साहित्य अकादमी पुरस्कार से सम्मानित किया गया। 'मालगुडी की कहानियां', स्वामी और उसके दोस्त', 'डार्क रूम', 'नागराज की दुनिया' और 'इंग्लिश टीचर' उनकी अन्य जानी-मानी कृतियां हैं। पचानवे बरस तक पाठकों को अपनी रचनाओं से गुदगुदाने के बाद 13 मई, 2001 को उनकी मृत्यु हो गई और उनकी कलम हमेशा के लिए थम गई, लेकिन मालगुडी और उसकी कहानियां आज भी लोगों के दिलों में ज़िंदा है।

मालगुडी आर. के. नारायण का एक प्रिय कल्पना-स्थल है, जिसे उन्होंने अपनी बहुत कहानियों और उपन्यासों का आधार बनाया है और 'मालगुडी का प्रिन्टर' भी मालगुडी में स्थित है। दिल को छू लेने वाली दोस्ती के उतार-चढ़ाव और खट्ठे-मीठे पलों की बुनियाद पर आधारित है 'मालगुडी का प्रिन्टर'।

मालगुडी का प्रिन्टर

(Mr. Sampath, The Printer of Malgudi का अनुवाद)

आर. के. नारायण

राजपाल

₹299

ISBN : 978-93-5064-025-8

प्रथम संस्करण : 2012, द्वितीय आवृति : 2013

MALGUDI KA PRINTER (Novel) by R.K. Narayan

मुद्रक : जी.एच. प्रिन्ट्स, दिल्ली

राजपाल एण्ड सन्ज़

1590, मदरसा रोड, कश्मीरी गेट-दिल्ली-110006

फोन: 011-23869812, 23865483, फैक्स: 011-23867791

website : www.rajpalpublishing.com

e-mail : sales@rajpalpublishing.com

1

जब तक आपको इलाके की अच्छी जानकारी न हो, आप 'झंडा' अखबार के दफ़्तर नहीं पहुँच सकते। मार्केट रोड मालगुडी की जीवन-रेखा है, लेकिन यह जगह-जगह बगल की सड़कों में इस तरह तुड़ती-मुड़ती है, और इमारतों के आगे-पीछे उलटी-सीधी गलियों के जाल में बिखरकर यूँ जहाँ-तहाँ फैल जाती है, कि समझ में ही नहीं आता।

ऐसी ही एक गली है कबीर लेन, जिसमें आप सोच-समझकर मार्केट रोड पर चलते हुए नहीं पहुँच सकते, लेकिन उसके खत्म होते ही एक जगह से अचानक मोड़ लेकर तुरन्त पहुँच जाते हैं। और यहाँ से आगे इसमें से एक पहली गली निकलती है, फिर दूसरी, और इसी तरह और पतली-पतली गलियाँ निकलती चली जाती हैं; और इनमें दाएँ-बाएँ कई जगह घूमते हुए आपको अचानक 'सत्य मुद्रणालय' की मशीन की कराहें सुनाई देने लगती हैं, जिसकी सबसे ऊपर वाली मंज़िल से लटकता एनामेल किये नीले साइन बोर्ड पर 'झंडा अखबार' लिखा नज़र आता है।

और यह है सत्य और दृष्टि का घर, हालाँकि आपको इसका यह दावा स्वीकार करने में समय लग सकता है। फिर आप लकड़ी की सीढ़ियों से ऊपर चढ़ते हैं—जो सीढ़ियाँ कम और रस्सी ज़्यादा है—और इसके आखिरी क़दम पर अखबार का प्रवेश द्वार है। यह छतों पर बनी ज़्यादातर कोठरियों से अच्छा है, इसमें ऊपर लटकती टाइलों से आपका सिर नहीं टकराता, वहाँ तक पहुँचने के लिए आपको मेज़ पर खड़े होना पड़ेगा; उत्तर दिशा में बनी खिड़की से आपको आसमान दिखाई पड़ेगा और कुछ दूर बहती नदी की आवाज़ भी सुनाई देगी, और बाकी तीन खिड़कियाँ नीचे बनी झुग्गी-झोपड़ियों के ऊपर खुलती हैं। इन बस्तियों के मालिकों ने अदालत से यह स्थायी नियम मंजूर करवा लिया है, कि ये तीनों खिड़कियाँ हमेशा बन्द रखी जायेंगी, जिससे नीचे रहने वाले लोगों की प्रायवेसी में बाधा न पड़े। 'झंडा' अखबार के पहले ही अंक में इसका ज़िक्र कर दिया गया था। सम्पादक ने इस बारे में लिखा था। ''हमारा विश्वास है कि इसके लिए किसी भी सम्बन्धित व्यक्ति को कचहरी

जाने की ज़रूरत नहीं पड़ेगी, क्योंकि नीचे का दृश्य देखने की किसी को उत्सुकता ही नहीं होगी, जिसके लिए वह खिड़की खोले।''

इससे प्रेरणा लेकर अखबार में एक स्तम्भ ही शुरू कर दिया गया, ''खुली खिड़की'' जिसका उद्देश्य था झुग्गी-झोपड़ियों और भीड़-भाड़ को खत्म करना। इसमें अच्छे-भले आदमियों के रहने के लिए शहर के ज़मीन-मालिकों और ठेकेदारों के द्वारा सुअरों के लिए बनाए गए खोखों जैसे घर बनाने का विरोध किया जाता था। इस तरह यह अखबार ज़मीन के मालिकों का दुश्मन गिना जाने लगा। यही नहीं, यह और भी बहुत-सी संस्थाओं और परिस्थितियों का दुश्मन बन बैठा। फुलस्केप आकार के बारह पन्नों से यह दुनिया को सही करने की कोशिश में लग गया।

'झंडा' के छज्जे से दुनिया साधारण दिखाई भी नहीं देती थी। हमेशा यह लगता था कि इसमें कोई बड़ा फेरबदल करना बहुत ज़रूरी है। यह एक अधबने ढाँचे जैसी ही दिखाई देती थी, जिसका दूसरा आधा हिस्सा कभी बनेगा भी या नहीं, यह पता ही नहीं चलता था। 'झंडा' का मानना था कि ''या तो यह पूरी बन जाएगी या बना हुआ आधा भी गिर पड़ेगा। यह जैसी है, वैसी तो हमेशा बनी नहीं रह सकती।'' बनाने के लिए काफ़ी हिस्सा तोड़ना भी पड़ेगा, और कोई नया रास्ता अख्तियार करना पड़ेगा। इसे पूर्ण बनाने की सम्भावनाएँ तो बहुत थीं, जो सब रहस्य भी थीं, लेकिन लोगों के दिमाग़ों में जो एक सुअरपन भरा पड़ा था, उससे वे सही रास्ते पर बढ़ ही नहीं पाते थे। इससे 'झंडा' को दो काम एक साथ करने थे : एक तो इस सुअरपन पर जहाँ भी वह दिखाई दे, कठोर हमले करना, और दूसरा, मानवता को जहाँ तक संभव हो, पूर्णता की शिक्षा देते रहना। किसी भी एक व्यक्ति के लिए, उसे चाहे जितनी सहायता और समर्थन क्यों न प्राप्त हो, यह बहुत ज़्यादा बड़ा काम था। और किसी सम्पादक के लिए भी यह बहुत आसान नहीं था, हालाँकि इस मामले में वह कुछ ठीक ही था, क्योंकि इस सम्पादक को किसी दूसरे से आदेश नहीं लेने होते थे, वह खुद अपने को आदेश दे सकता था। और वह यह महसूस करता था कि उसके साथी उसकी सफलता के बारे में जितने ज़्यादा चिन्तित थे, उतना बेवक़ूफ़ वह साबित नहीं हुआ था, यह बात और है कि आर्थिक रूप से उसे कोई लाभ नहीं हुआ था।

सन् 1938 के ज़माने में, जब दुनिया भर के अखबार विश्व-युद्ध की अपेक्षा कर रहे थे, उसने अपने 'झंडा' अखबार में लिखा था; '' 'झंडा' अखबार नये या पुराने, किसी भी युद्ध के बारे में कुछ भी नहीं लिखना चाहता। उसकी चिन्ता का विषय है हर समय चलता रहने वाला युद्ध—वह युद्ध जो हमेशा मनुष्य के भीतर और बाहर चलता रहता है। और जब तक ये दोनों शक्तियाँ एक-दूसरे के बराबर नहीं हो जातीं, यह युद्ध चलता रहेगा।''

कुछ हफ्ते बाद श्रीनिवास ने अपना यह लिखा जब दोबारा पढ़ा, तो वह मुस्कराया। इस महान लगने वाले वक्तव्य के भीतर एक मज़ाक भी छिपा था। उसने महसूस किया कि इसमें श्रेष्ठता और हास्पास्पदता का एक अनोखा मिश्रण है। सम्पादक की मेज़ पर जैसे कोई अभिशाप अटकता रहता है, जो उसे वह सब कहने से रोकता रहता है, जिसे वह कहना चाहता है। मैं गधे की तरह शान दिखाए बिना यह भी नहीं कह सकता कि "मुझे एक कप कॉफ़ी चाहिए।" घर पर अपनी चटाई पर लेटे हुए वह सोचता रहा, "मैं कितना चाहता हूँ कि मैं वह सब यहीं लिख सकता, जो मैं चाहता हूँ। दफ़्तर जाकर मेज़ के सामने रखी कुर्सी पर बैठकर लिखना—इस पूरी प्रक्रिया में ही कहीं कुछ ग़लत है।" उसने अपने आप से कहा, "मैं चाहता हूँ कि मैं यहीं रहकर यह सब लिख सकता," और निराश भाव से अपने चारों तरफ़ देखा। इस वक्त चारों तरफ़ शान्ति थी क्योंकि रात के ग्यारह बजे थे, और थके-हारे उसके पड़ोसी और उनके शोर मचाने वाले सब बच्चे सोये पड़े थे।

इस घर में चार और परिवार रहते थे। मकान-मालिक भी एन्डरसन लेन के एक कमरे में अकेला रहता था—बूढ़ा विधुर था यह आदमी जो ज़्यादा-से-ज़्यादा पैसा कमाने की कोशिश में लगा रहता था, लेकिन खुद अपने ऊपर दस रुपये से ज़्यादा कभी खर्च नहीं करता था। उसके कई लड़के और लड़कियाँ थीं, जो इस बड़े देश में हिमालय से लेकर धुर दक्षिण तक सब जगह बड़े-बड़े काम-धन्धों में लगे थे। एक लड़की मालगुडी में भी थी, लेकिन उससे उसकी बोलचाल ही बन्द थी। बीवी के गुज़रने तक वह घर में काफ़ी सुखी था, लेकिन इसके बाद सब इधर-उधर तितर-बितर हो गए और सब कुछ नष्ट हो गया। इसके बाद बूढ़े ने एक बढ़ई की सहायता से सारे घर के कई हिस्से इस तरह करवाये कि उसमें छह परिवार रह सकें, और हरेक यह भी महसूस करे कि वह खाने, सोने और नहाने के मामलों में एक-दूसरे से अलग है।

कहा जाता था कि वह खुद सड़क पर लगे नलके पर नहाता था, और पड़ोस के एक मन्दिर में ग़रीबों के लिए बंटने वाले भात से अपना पेट भर लेता था। उसने अपने सभी परिचितों से कह रखा था कि वह तो अब संन्यासी है और देवता के प्रसाद से ज़्यादा उसे किसी चीज़ पर अधिकार नहीं है। वह अपने को बड़ा धर्मात्मा बताता था। लेकिन हर महीने की दूसरी तारीख को वह हर किरायेदार से पैसा वसूल करके सरयू स्ट्रीट पर बने पोस्ट-ऑफ़िस के बैंक में उसे जमा कर देता था। उसके बारे में कहा जाता था कि एन्डरसन लेन के अपने कमरे का वह एक पैसा भी किराया नहीं देता था। कहानी यह थी कि इस मकान के मालिक को उसने कभी एक छोटा-सा कर्ज़ दिया था, जिसका ब्याज धीरे-धीरे इतना ज़्यादा बढ़ गया, कि उसे चुका पाना

उसके वश के बाहर हो गया। फिर जब उसकी बीवी मरी, तो अपना घर छोड़कर वह उसके घर जा पहुँचा और एक कमरे पर कब्ज़ा करके उसमें इतने कम किराये पर रहने लगा, कि बाकी का किराया उसके कर्ज़ और ब्याज में से कम-से-कम बीस साल तक चुकता होता रहेगा।

पहली दफ़ा जब श्रीनिवास इस आदमी से मिला, तब वह सड़क पर लगे नलके पर नहा रहा था, और कई बच्चे तथा दूसरे लोग उसके इर्द-गिर्द भीड़ लगाए खड़े थे। सब इन्तज़ार कर रहे थे कि यह नलका कब खाली करे। लेकिन बूढ़ा था कि उसके नलके पर कब्ज़ा कर रखा था और हटता ही नहीं था। ये लोग कुछ कहते तो वह उनपर पानी फेंकने लगता था। भीड़ मज़ाक करती तो वह गालियाँ देने लगता, उन पर पानी की बौछार करता रहता और अपने मन्त्र भी बोलता रहता। श्रीनिवास ने यह तमाशा देखकर किसी से पूछा, "यह मामला क्या है?" तो उसे जवाब मिला, "यह रोज़ ऐसे ही करता है। हम अपने बर्तन भरने के लिए इन्तज़ार करते रहते हैं, और यह कई घंटे नहाता ही रहता है, मन्त्र-वन्त्र बोलता रहता है। यह नलका तो हम ग़रीबों के लिए है, यह यहाँ आता ही क्यों है? जब तक यह यहाँ रहता है, हम नल छू भी नहीं सकते।"

"हो सकता है, इसके लिए और कुछ हो ही न?"

एक औरत बोली, "क्या नहीं है इसके पास, अमीर आदमी है। बहुत-से घर हैं इसके, और बाल-बच्चे हैं।" घरों की बात सुनते ही श्रीनिवास जैसे जाग उठा। वह तो घर की तलाश में न जाने कब से भटक रहा था, सारा दिन इसी में लगा रहता था।

बूढ़ा नल से बाहर निकला, सिर्फ एक पानी से टपकती लुंगी पहने। उसने भीड़ से कहा, "अब जितना पानी चाहो, लो—मेरा काम हो गया।" श्रीनिवास ने सोचा कि उससे अपना काम बनाया जा सकता है। उसने धीरे से पूछा, "आप रोज़ इतनी पूजा करते हैं?"

बूढ़े ने घूरकर उसे देखा और बोला, "कौन हो तुम?"

"यह तो गम्भीर सवाल है। सामान्य मनुष्य इसका उत्तर कैसे दे सकता है?"

बूढ़ा भनभनाकर बोला, "मुझसे मज़ाक कर रहे हो, क्यों?" और आगे बढ़ गया। श्रीनिवास चुप होकर उसका गुस्सा देखता रहा। उसे लगा कि यह अवसर तो हाथ से निकला जा रहा है। उसके हलके-फुलके जवाब ने तो कुछ-का-कुछ कर दिखाया, नहीं तो उसके घर की समस्या हल हो सकती थी। वह उसके पीछे दौड़ा

और ज़ोर से बोला, ''ज़रा ठहरिये तो। मेरे पास आपके सवाल का जवाब है। मैं मकान की तलाश कर रहा हूँ।''

यह सुनते ही बूढ़े का नक्शा बदल गया और वह रुक गया। ''यह पहले क्यों नहीं कहा? मैं तुम्हें मकान दे सकता हूँ, अगर तुम मेरी शर्तें मानने को तैयार हो। सोच लो अच्छी तरह। मैं अस्थिर लोगों से नाता नहीं रखता।''

''आप किराया क्या लेंगे?'' श्रीनिवास ने पूछा।

''तुम बताओ, तुम क्या दे सकोगे, मेरे पास पचहत्तर का, तीस का, पचास का, दस, पाँच और एक रुपये का भी घर है। तुम्हें क्या चाहिए, यह बताओ।''

''मैं आपको बताता हूँ। लेकिन पहले आप घर जाकर कपड़े नहीं बदलना चाहेंगे?''

''घर! घर!'' यह कहकर वह हँसा। ''मेरा कोई घर नहीं है। मैंने तुम्हें बताया नहीं कि मैं संन्यासी हूँ, भले ही मेरे कपड़े गेरुए नहीं हैं। तुम मेरे साथ आओ। मैं एक कमरे में रहता हूँ जो एक दोस्त ने मुझे दिया है।'' वह गली में आगे बढ़ा, जनेऊ से बँधी एक छोटी-सी ताली निकाली, और उसे ताले में लगाकर एक छोटी-सी कोठरी खोली। इस पर जालों से भरी टाइलों की छत थी, एक फुट की ज़रा-सी खिड़की दीवार के ऊपर खुलती थी; एक और खिड़की सड़क पर खुलती थी। ज़रा-से दरवाजे से वह गर्दन झुकाकर भीतर घुसा; श्रीनिवास भी इसी तरह अन्दर गया।

''बैठ जाओ'', बूढ़ा बोला, ''ज़मीन पर ही बैठना होगा। मेरे यहाँ चटाई नहीं है?'' श्रीनिवास दीवार के सहारे बैठ गया। मुख्य घर से कुछ बच्चे निकलकर आए और दरवाज़े से भीतर झाँकने लगे। बूढ़ा दीवार पर तनी एक रस्सी से अपने भीगे कपड़े लटकाने लगा। फिर एक बक्सा खोलकर सूखी धोती और तौलिया निकाली, फिर दूसरे बक्से से टीका लगाने का सामान और जपने की माला निकाला। फिर शीशे में देखकर तिलक लगाया। बच्चे दरवाज़े को घेरे खड़े थे। उनकी तरफ मुँह फेरकर वह चिल्लाया, 'भागो यहाँ से। क्या कर रहे हो? यहाँ कोई मेला लगा है?' बच्चे 'बाबा नाराज़ हो गया', कहते हुए भाग निकले। बूढ़े के इस व्यवहार से श्रीनिवास को कष्ट पहुँचा। वह बोला, ''आप बच्चों से इतने नाराज़ क्यों हैं?''

''क्योंकि मुझे ये पसन्द नहीं हैं। बहुत परेशान करते हैं।'' मुझे इस आदमी को बताना पड़ेगा कि इन पर काबू रखे।

''लेकिन ये तो आपको बाबा कहते हैं,'' श्रीनिवास बोला।

''ये तुम्हें भी चाचा कहेंगे। तब तुम्हें कैसा लगेगा? मैं तो यहाँ सिर्फ किराएदार हूँ। मैं सब बच्चों से नफ़रत करता हूँ। मेरे अपने बच्चों ने ही मुझे बहुत तकलीफ़ दी। अब दूसरों के बच्चे मुझे नहीं चाहिए...तुम पूजा-पाठ करते हो?''

श्रीनिवास चकराया, कि क्या जवाब दे।

"शायद नहीं—"

"लेकिन मैं करता हूँ। अब मैं पन्द्रह मिनट तक पूजा करूँगा। तब तक तुम्हें इन्तज़ार करना पड़ेगा।" श्रीनिवास शान्त होकर बैठ गया। बूढ़े ने माला निकाली, आँखें बन्द कीं और ओठों से कुछ बुदबुदाने लगा। श्रीनिवास ने उस पर एक नज़र डाली। और बोरियत महसूस की। फिर वह बाहर देखने लगा। एक आदमी मुख्य घर से बाहर आ-जा रहा था। बच्चे चारों तरफ कूदते फिर रहे थे। बूढ़े ने बिना आँखें खोले कहा, "अगर तुम्हें बच्चों से प्यार है तो देखने के लिए बहुत कुछ है। इस सड़क पर सारे शहर के बच्चे जमा हुए लगते हैं।" यह कहकर वह फिर बुदबुदाने लगा।

श्रीनिवास सोचने लगा, "किसे पता होगा कि मैं यहाँ हूँ, एक गन्दे से मकान में इस खतरनाक बूढ़े के साथ। अगर यहाँ मेरी साँस बन्द हो जाए तो किसी को पता भी नहीं चलेगा कि मेरा क्या हुआ। मेरी बीवी, बेटा और भाई—फिर वह अपने घर के बारे में सोचने लगा जिसे वह छोड़ आया था। उसका बड़ा भाई यह समझ ही नहीं पाया था कि वह क्या करने जा रहा है। उसे लगा, "मेरे भाई को यह सोचने का पूरा अधिकार है कि मैं मूर्ख हूँ। कमाई करने के अलावा मनुष्य का कोई महत्त्व नहीं है, वह सिर्फ आर्थिक इकाई है, ज़िम्मेदारियाँ निभाने वाला। लेकिन मैं भी क्या कर सकता हूँ। मेरा मनुष्य के बारे में अपना विचार है। मैंने उनके विचारों के अनुसार जीने का प्रयत्न कर दिखाया है।" पिछले सालों में उसने उनके अनुसार जीवन के सब काम किए, उनकी तरह शादी की, परिवार का खर्च चलाने और बैंक में पैसा जमा करने की कोशिश की। खेती की, बैंक में नौकरी की, पढ़ाया, वकालत की—एक-एक बार सब काम किए, लेकिन हर महीना बीतने पर उसे लगता कि वक्त बीतता चला जा रहा है, सब बेकार लगता रहता है। वक्त बीतता देखकर उसे तकलीफ़ होती थी, कितनी निर्दयता से यह गुज़रता चला जाता था—बड़ी तेज़ गति और निरन्तरता के साथ। और वह असहाय होकर उसे गुज़रता देखता रहता था, उसके सब घंटे, घर में और बाहर, बेकार के कामों में बीतते रहते थे। हर नए साल की शुरुआत में वह दुख और उदासी महसूस करता था। अपने चारों ओर वह एक ज़बरदस्त बाढ़-सी उमड़ती महसूस करता था, जिसमें हर आदमी असहाय बहता चला जा रहा है, वह नहीं जान पाता कि वह कहाँ है, जीवित-जाग्रत है या अपनी कब्र की तरफ बढ़ता चला जा रहा है, और अब तक उसने न कुछ समझा है और न हासिल किया है। उसे अपने बेटे को देखकर उदासी होती, उसे लगता कि यह अभी घंटे भर पहले ही पैदा हुआ है, लेकिन दूसरे दर्जे में पढ़ने लगा है और इतिहास, भूगोल पढ़ने लगा है और क्रिकेट के रन गिनने लगा है।

एक दिन उसके भाई ने पूछ ही लिया, ''आखिर तुम करना क्या चाहते हो?''

श्रीनिवास ने अटपटा महसूस किया, और यह जवाब दिया, ''मैं इसका जवाब दूँगा, देर से ही सही, लेकिन दूँगा ज़रूर।'' कैरियर का यह सवाल उसे, शरीर के एक हिस्से की तरह, शर्मिंदा करने वाला लगता था। उसका भाई परिवार का मुखिया था, बीच की हैसियत का वकील—तालपुर के उस छोटे-से कस्बे में, गँवार मुवक्किलों और मजिस्ट्रेटों के साथ निरन्तर संघर्ष में जूझता, जिसे यह काम अपने पिता से उनके देहान्त के बाद बपौती के रूप में प्राप्त हुआ था। उसके पिता अपने समय के प्रतिष्ठित वकील थे, जिन्होंने चारों तरफ के गाँवों में अपार सम्पत्ति अर्जित की थी, और नागरिक के रूप में भी जिनका बहुत सम्मान था। परिवार की परम्परा थी कि लड़के मालगुडी के एलबर्ट मिशन कॉलेज से ग्रेजुएट बनकर मद्रास जाएँ और वहाँ से दो साल में वकील बनकर अपने भरे-पूरे मकान में वापस लौटकर अपने पुराने कमरे में बैठकर वकालत का काम करना शुरू कर दें।

यह श्रीनिवास के लिए एक सीमा तक ही उपयुक्त था। उसे इस छोटे से कस्बे के वातावरण में घुटन महसूस होती थी। उसके व्यवहार के कारण उसकी पत्नी को अपार कष्ट सहन करने पड़ते थे और उसका बेटा भी दुखी दिखाई देता था। परिवार के लोग काफी समय तक उसे सहन करते रहे फिर थक-हारकर यह सवाल उसके सामने रख दिया। उसे आज तक यह दिन अच्छी तरह याद है। इस समय वह अपने कमरे में एक उपनिषद लेकर पढ़ने की कोशिश कर रहा था। इसमें वह इतना रम गया था, कि चारों ओर क्या हो रहा है, इसका भी उसे पता नहीं रह गया था। उसने इस तरह पन्द्रह दिन और गुज़ार दिये, कि एक दिन उसने देखा कि बड़े भाई सामने खड़े हैं। किताब नीचे करके वह बोला, ''आप कब आ गए, मुझे पता ही नहीं चला। कचहरी का काम खत्म हो गया?'' लेकिन भाई ने यह सवाल पूछ लिया, ''आखिर तुम अपनी ज़िन्दगी में करना क्या चाहते हो?'' श्रीनिवास क्षण भर के लिए अचकचा गया, लेकिन तुरन्त अपने ऊपर काबू पाकर बोला, ''आप देख ही रहे हैं। मैं उपनिषद पढ़ रहा हूँ। कुल दस उपनिषद हैं, और यह मैं तीसरा खत्म कर रहा हूँ।''

''तुम अब सैंतीस से ज़्यादा के हो गए हो। और तुम्हारा अपना परिवार भी है। यह मत सोचना कि मैं उनकी देखभाल करने से हटना चाहता हूँ, लेकिन अगर तुम खुद उनके लिए कुछ करोगे, तो उन्हें ज़्यादा सुख मिलेगा। उन्हें यह महसूस नहीं होना चाहिए कि तुम्हें उनकी ज़रूरत नहीं है। लेकिन मैं अपनी ज़िम्मेदारी से हटना नहीं चाहता।'' और इस बात में सच्चाई भी थी, बड़े भाई पूरे परिवार को एक जैसा ही समझते थे। सबको बराबर मानकर अपनी ज़िम्मेदारी निभाते थे। भाई

साहब के वहाँ से हटते ही उसने सोचा कि यह सवाल उससे फिर नहीं पूछा जाना चाहिए। उसने दोबारा उपनिषद में मन लगाने की कोशिश की, लेकिन उसके दिमाग में बड़े भाई का सवाल ही गूँजता रहा—शायद पूरे घर में इस समय यही चल रहा था। उसके दिमाग़ में बार-बार यही सवाल उठता रहा, कि कौन क्या सोच रहा है—फिर उसने अपने दिमाग़ पर काबू पाया और आगे पढ़ना शुरू किया :

"सभी जीवमान शरीरों में अपनी आत्मा को अशरीरी मानकर ग्रहण करना, जो सभी गतिशील पदार्थों में अकेला स्थिर तत्व है, महान है और सर्वव्यापी है..."

यह पढ़ते हुए उसे अपनी सभी घरेलू चिन्ताएँ और प्रतिष्ठा के सभी सवाल हास्यास्पद लगने लगे। "मेरे बच्चे, मेरा परिवार, मेरी जि म्मेदारियाँ—मुझे अपने परिवा के प्रति अपना कर्तव्य पूरे करना चाहिए और इस प्रकार अपनी प्रतिष्ठा बनाए रखनी चाहिए—मैं कौन हूँ? यह जानना मेरे लिए बड़ी गम्भीर समस्या है, इतनी गम्भीर समस्या मेरे सामने अब तक कभी नहीं आई। जब तक मैं यह न जानूँ कि मैं कौन हूँ, तब तक मैं यह कैसे जान पाऊँगा कि मुझे क्या करना चाहिए? जो हो, भाई साहब दोबारा यह सवाल पूछें, इससे पहले मुझे इसका कोई जवाब तैयार कर लेना चाहिए—"

और जवाब एक क्षण में उसकी आँखों के सामने कौंध गया। वह जान गया कि उसे अपने जीवन में क्या करना चाहिए। चौबीस घंटों में उसने अपनी पत्नी को बेटे के साथ उसके मायके भेज दिया और मालगुडी जाने वाली गाड़ी में सवार हो गया।

पूजा खत्म करने के बाद बूढ़े ने कहा, "अगर मैं तुमसे यह पूछूँ कि तुम कौन हो, तो इससे क्या कुछ फ़ायदा होगा?"

"मैं तालपुर का रहने वाला हूँ और जहाँ से एक अखबार शुरू कर रहा हूँ।"

"लेकिन क्यों?" बूढ़े ने सन्देह महसूस करते हुए प्रश्न किया।

"पैसा कमाने के लिए", श्रीनिवास ने ज़रा तुरशी से यह बात कही, लेकिन बूढ़े पर इसका असर अच्छा हुआ। वह खुश और सन्तुष्ट नज़र आया। उसने पूछा, "कितनी आमदनी कर लोगे?"

"करीब दो हज़ार रुपये महीना", श्रीनिवास ने जवाब दिया और दबी ज़बान से कहने लगा, "तुम्हें यही बात समझ में आती है।"

"क्या कहा तुमने?"

"चलिये, अब मुझे घर दिखाइये।"

दोनों चले। बूढ़े ने बड़ी सावधानी से अपनी कोठरी में ताला लगाया, और

एन्डरसन लेन के बगल की एक गली में ले गया। एक घर के सामने पहुँचकर वह एक आदमी पर चीख कर दौड़ा जो दीवार में एक कील गाढ़ रहा था। "तुम, अरे तुम, मेरी दीवार को बरबाद करने पर तुले हो। इस तरह मेरा घर नष्ट करोगे तो मैं तुम्हें घर छोड़ने का नोटिस दे दूँगा..."

श्रीनिवास पर उस इतने बड़े मकान का कोई अच्छा असर नहीं पड़ा? घर के बीचोंबीच आँगन में एक नल लगा था जिसे घेरे बहुत से लोग खड़े थे, और आँगन पूरी तरह गीला था। इकट्ठे लोगों में चार बच्चे हाथ धोने के लिए खड़े थे, तीन औरतें पानी भरने के लिए वहाँ मौजूद थीं, और तीन आदमी भी जो अभी खाना खाकर उठे थे, हाथ धोने का इन्तज़ार पर रहे थे। इनके अलावा एक छोटा-सा बच्चा भी जिसके हाथ में एक रस्सी थी, जिसके दूसरे सिरे पर एक मर-गिल्ला सा कुत्ता बँधा था, उसे नहलाने का इन्तज़ार कर रहा था। बूढ़े को वहाँ आया देखकर एक औरत उसकी तरफ़ मुड़कर कहने लगी, "अरे, आप यहीं हैं! आप इस कुत्ते के लिए कुछ क्यों नहीं करते? जिस नल से हम अपने पीने का पानी भरते हैं, उसी पर यह कुत्ता भी नहलाया जाएगा?" तभी बच्चा कुत्ते को नल की तरफ ले चला। किसी ने कुत्ते को खींचने की कोशिश की, तो बच्चा बोला, "काट ले इसे...।" इस पर कुत्ता भूँक-भूँककर रस्सी से अपने को छुड़ाने की कोशिश करने लगा। वहाँ खड़े सभी लोगों में हलचल मच गई। लोग चीखने-चिल्लाने लगे और बूढ़ा भी सबके सवाल अनसुने करके वहाँ से भागने लगा। लेकिन एक आदमी ने कसकर उसकी बाँह पकड़ ली और बोला, "आप सबके लिए एक और नल लगवा रहे हैं या नहीं?"

"नहीं—आप चाहें तो घर छोड़ कर जा सकते हैं—"

"आपको किराएदार से इस तरह बात नहीं करनी चाहिए—" श्रीनिवास कहने लगा।

बूढ़े ने उसे समझाया, "बात यह है कि अब लोगों में कृतज्ञता की भावना नहीं रही है। मकानों की कमी के इन दिनों में मैं उन्हें रहने को घर देता हूँ—और वे इस तरह मुझे खाने को दोड़ते हैं—"

"यह सचमुच गलत बात है," श्रीनिवास ने हाँ-में-हाँ मिलाते हुए कहा। बूढ़ा यह सुनकर खुश हुआ और अंधाधुप्प गलियारे में एक दरवाज़े के सामने जाकर खड़ा हो गया। "यह होगा तुम्हारा हिस्सा। एकदम स्वतन्त्र घर है।" फिर उसने चाभी घुमाकर दरवाज़ा पूरा खोल दिया—भीतर से अँधेरा जैसे बाहर धक्के मारने लगा। "यहाँ सिर्फ़ ज़रा सी हवा की ज़रूरत है...। किसी भी काम में कोई मेरी मदद नहीं करता। मुझे ही घूम-घूमकर सब कुछ करना पड़ता है।" फिर उसने तेज़ी से आगे बढ़कर दो खिड़कियाँ खोल दीं।

"भीतर आ जाओ...आओ," उसने श्रीनिवास को न्योता देते हुए कहा, जो अँधेरे में आगे बढ़ते हुए डर रहा था। वह अन्दर घुसा। दीवारें मिट्टी की बनी थीं, जिन पर सफ़ेद चूना पुता था, और जिसकी सतह असमान और गुलगुली थी। जिस लकड़ी के ढाँचे पर मिट्टी जमाई गई थी, उसकी खपच्चियाँ कई जगह से बाहर निकली दिखाई दे रही थीं। चूना भी भूरा और काला पड़ चुका था। बूढ़े ने प्यार से दीवार पर हाथ फेरा और कहा, "पुराना स्टाइल है, लेकिन लोहे की तरह मज़बूत है। डायनामाइट से भी टूटने वाली नहीं है..."

"इसमें क्या शक है," श्रीनिवास बोला, "इसे मोहेन्जोदाड़ो के समय में बनाया गया होगा। उसी जैसी कारीगरी नज़र आ रही है..."

"यह क्या चीज़ है?"

"अरे, हज़ारों साल पहले की इमारत-कला का नमूना। इन्हें दिखाने के लिए लाखों रुपये खर्च किए गए हैं..."

"इस तरह की दीवारें दिखाने के?"

"जी हाँ, बिलकुल।" बूढ़ा खुश नज़र आया। कहने लगा, "कितने समझदार थे वे लोग! यूरोप के लोग ही ऐसी चीज़ों की क़दर कर सकते हैं। हमें अपने पुरखों से बहुत-सी बातें सीखनी हैं। क्या आज की सीमेंट इनका मुकाबला कर सकती है?" यह कहकर उसने जवाब का इन्तज़ार किया, तो श्रीनिवास बोला, "डायनामाइट लगाने पर सीमेंट की दीवारें तो पिसे हुए चावल की तरह भरभराकर गिर जाती हैं।"

"हाँ, इसीलिए तो मैं अपने घरों की इतनी चौकसी करता हूँ। किसी को भी दीवार में कील तक ठोंकने नहीं देता।...जब भी किसी को कील ठोंकते देखता हूँ तो गुस्से से पागल हो जाता हूँ। तुम्हारे पास कोई तस्वीरें तो नहीं हैं?"

"बिलकुल नहीं। मुझे तस्वीरें पसन्द ही नहीं हैं।"

"अच्छी बात है," बूढ़े ने कहा, उसे आपसी सहमति का एक और विषय मिल गया।' "मेरी समझ में नहीं आता कि लोग दीवारों पर तस्वीरें लगाने के इतने दीवाने क्यों हैं?"

"ये तस्वीरें ज़्यादातर रवि वर्मा की बनाई देवी-देवताओं की होती हैं।"

"उसके बनाए देवी-देवता तो बड़े बढ़िया होते हैं। इन सबके उसने दर्शन किए होंगे। बड़ा गुनी आदमी था...," बूढ़े ने ज़ोर देकर कहा।

"लेकिन तस्वीर-कला के जानकार कई लोग तो इन्हें बहुत अच्छी नहीं मानते..."

"अच्छा, ऐसा कहते हैं लोग?" बूढ़े ने आँखें फाड़कर कहा। "तो फिर सब लोग इन पर पैसा क्यों बरबाद करते हैं और कीलें ठोक-ठोककर दीवारें भी खराब

करते हैं? मैंने देश भर में एक घर भी ऐसा नहीं देखा जिसमें कृष्ण जी, लक्ष्मी या सरस्वती की तस्वीरें न लगी हों।"

"लक्ष्मी तो धन-सम्पत्ति की देवी है, जो हर घर में होनी चाहिए, और सरस्वती विद्या तथा ज्ञान की देवी है, यह भी हर घर में रहना ज़रूरी है। आपको इनके बारे में ऐसी बातें नहीं कहनी चाहिए, नहीं तो आपका किराया वसूल नहीं होगा, या उसके इकट्ठा करने में आपकी मति ही मारी जाएगी। ये दोनों देवियाँ तो बहुत ज़रूरी हैं। इसलिए आपको सावधान रहना चाहिए..."

"तुमने यह बहुत बढ़िया बात कही," बूढ़ा बोला, और इसके समर्थन में संस्कृत का एक श्लोक भी सुना दिया।

श्रीनिवास ने देखा कि उसके हिस्से में एक बड़ा कमरा और रसोई तथा सामान रखने के लिए दो छोटी-छोटी कोठरिया हैं..."

"यह मेरा सबसे अच्छा फ्लैट है। मैंने बीसियों को इसे देने से मना कर दिया। हर कोई इसे ही लेना चाहता है। बहुत बड़ा है न, इसलिए!" बूढ़े ने चारों तरफ़ सिर घुमाया और पूछा, "तुम्हारे परिवार में कितने लोग हैं?"

"कुल मिलाकर तीन।"

"तब तो यह बड़ा आरामदेह साबित होगा। मुझे पक्का यकीन है। यहाँ एक आदमी रहता था जिसके ग्यारह बच्चे थे।"

फिर उसने खिड़की की तरफ़ इशारा करके कहा, "यहाँ से बहुत अच्छा नज़ारा दिखाई देगा। बाहर कैसे पेड़-पौधे लगे हैं!" बाहर गज़-भर के बग़ीचे में एक नीबू का सूखा-सा पेड़ नज़र आ रहा था। यह देखकर उसने कहा, "जब यह फूलेगा, तब इसकी बहार देखना।" उसे लगा कि पेड़ श्रीनिवास को प्रभावित नहीं कर रहा है। उसने झुग्गी-झोपड़ियों के पार एक तरफ़ इशारा करते हुए कहा, "यहाँ से मन्दिर का शिखर भी दिखाई देता है।" काफ़ी दूर सूरज की रोशनी में चमकता उसका सुनहरा शिखर दिखाई दे रहा था।

"लेकिन...लेकिन," श्रीनिवास ने अचकचाते हुए पूछा, "पानी के लिए—नलका एक ही है?"

"अरे, इसमें कोई मुश्किल नहीं है। ज़रा-से तालमेल की ज़रूरत है, बस। तुम दूसरों से ज़रा जल्दी उठ जाया करना—तुम्हारा काम हो जाएगा। और सब लोग तो जंगली हैं—"

दूसरे ही दिन श्रीनिवास अपना बक्सा और बिस्तर लेकर वहाँ आ पहुँचा। एक पड़ोसी

उससे गपशप करने आ धमका। वह किसी बैंक में क्लर्क था और चालीस रुपये महीना कमाता था। परिवार में माता-पिता के अलावा ढेर सारे छोटे-बड़े भाई-बहन थे। एक कमरे का उसका घर था, जिसका किराया दो रुपये महीना था, और इसी में सब लोग भरे रहते थे। बच्चे ज़्यादातर सड़क के आखिर में बने चबूतरे पर खेलते-कूदते रहते थे। अब श्रीनिवास के यहाँ आ जाने पर यह बहुत प्रसन्न दिखाई देने लगा था, जैसे इसे बैठने की जगह देने के लिए श्रीनिवास ने यह हिस्सा किराये पर लिया हो। खाली समय में यह आदमी उसकी चटाई पर चुप बैठा रहता और उसे देखता रहता था। किराएदारों में श्रीनिवास का वही पहला मित्र बना था। उसने कहा, ''तुम जानते हो, बूढ़े ने यह घर तुम्हें क्यों दिया है?''

''नहीं।''

''क्योंकि कोई इसमें रहने नहीं आता। यह दो साल से खाली पड़ा है। इस कमरे में किराएदार ने अपने को फाँसी लगा ली थी—कुँवारा था वह। बिलकुल अकेला। उसके बारे में कोई कुछ नहीं जानता था। बस, एक दिन सबेरे क्या देखा कि वह रस्सी से लटक रहा है—''

यह सूचना पाकर श्रीनिवास दुखी हो उठा।

''उसने यह क्यों किया?''

''कोई मुश्किल आ खड़ी हुई होगी, और क्या...मूडी आदमी था, अकेला। हर रोज़ यही सवाल पूछता था, कि उसके लिए कोई खत तो नहीं आया। मरने के बाद पुलिस उसे उठा ले गई, फिर कुछ भी सुनाई नहीं दिया। उसके बाद एक-दो किराएदार आये, लेकिन वे अचानक घर छोड़कर चले गए, कि यहाँ उसका भूत घूमता है।'' श्रीनिवास यह सुनकर कुछ सोचने लगा, तो उसने पूछा, ''क्या डर लगता है?''

''डर तो नहीं लगता, मैं शायद उसे यहाँ से भगा दूँगा। लेकिन बना रहे तो भी मुझे कोई फर्क नहीं पड़ता। मुझे भूत और ज़िन्दा आदमी में कोई अन्तर दिखाई नहीं देता। इस तरह तो हम सब भी भूत हैं, बस, हमारे शरीर पर खाल चढ़ी है।'' बचपन में उसने घर के रसोइये से भूतों की दर्जनों कहानियाँ सुनी थीं। उसने एक दिन श्रीनिवास से कहा कि स्कूल के मैदान में इमली के पेड़ के नीचे रात को अकेले सोकर दिखाए। एक दिन शाम को वह वहाँ गया और रात-भर अकेले वहीं रहा; उसका दिल थोड़ा-बहुत डर से धड़कता भी रहा और वह भूतों से प्रार्थना भी करता रहा कि कोई उसे परेशान न करे। उसने कहा, ''मैं कमरे के भूत से अच्छी तरह निपट लूँगा।''

''मेरा ख्याल है कि अच्छे आदमी अच्छे भूत बनते हैं, और बुरे आदमी—हमारा जनरल मैनेजर जब मरेगा तो पता नहीं, वह कैसा भूत बनेगा?''

"कौन है यह?"

"एडवर्ड शिलिंग—लम्बा-चौड़ा, गोश्त और शराब से बना आदमी। अपने दफ्तर में भी शराब की बोतल रखता है। मैं उसका व्यक्तिगत क्लर्क हूँ। हे भगवान, जब उसका बज़र सुनता हूँ, तो कँपकँपी छूट जाती है। मुझे डर है, किसी दिन मुझे भी मार ही डालेगा। हर कुछ मिनट बाद, "डैम" "डैम" कहता रहता है। डिक्टेशन लेने में ज़रा-सी गलती हो जाए, तो मेज़ पर मुक्के मारने लगता है, और मेरा दिल...।" वह देर तक इसी तरह बोलता रहा, और श्रीनिवास अपना काम करता रहा। पहले तो उसने सुनते हुए सहानुभूति व्यक्त की, फिर सोचा कि यह व्यावहारिक नहीं है। यद्यपि इस आदमी के घर में बहुत सारे लोग थे, जिन सबकी ज़िम्मेदारी उसके ऊपर थी, लेकिन उनकी चर्चा वह बिलकुल नहीं करता था। वह सिर्फ अपने अफ़सर की ही बातें करता था। लगता था, उसने अपने क्लर्क के दिलो-दिमाग़ पर पूरी तरह कब्ज़ा किया हुआ था, जिससे वह किसी और के बारे में सोच भी नहीं पाता था। रात-दिन वह उसी के बारे में सोचता रहता था। इस आत्मिक दबाव के कारण वह शरीर और मन दोनों से एकदम दुर्बल हो गया था। उससे बातें करके दो-तीन दिन में ही श्रीनिवास उसके बारे में सब कुछ जान गया था। इसलिए यद्यपि उसे उससे सहानुभूति होती थी, लेकिन वह उसे एक ही बात को तरह-तरह से दोहराते हुए सुनता ही रहता था, उसमें कभी बाधा नहीं डालता था।

वह अपने लिए नया घर बसा रहा था, इसलिए बहुत से काम करने थे। मकान-मालिक की सलाह मानकर वह सवेरे पाँच बजे ही उठ जाता था, और सब लोगों से पहले ही नहा लेता था। इसके बाद वह एक कप कॉफ़ी पीने चला जाता था, हालाँकि सारा शहर अब तक सोता ही रहता था। उसे पता था कि मार्केट रोड पर फ़व्वारे के बगल में एक छोटा-सा रेस्तराँ उसी वक्त से काम करने लगता था। इसके लिए उसे आधा मील चलना भी पड़ता था। फिर कॉफ़ी पीकर वह सीधा कमरे पर वापस आ जाता। यहाँ वह नटराज की एक छोटी-सी मूर्ति के सामने, जो बचपन में उसकी दादी ने उसे दी थी, कुछ क्षण प्रार्थना करता। उसने सालों से यह मूर्ति बहुत सँभालकर अपने पास रखी थी। समय के दबाव के विरुद्ध उसके लिए यह बड़ा सहारा थी। चार इंच की यह मूर्ति चन्दन की लकड़ी की बनी थी, और इतने दिन बीत जाने के बाद काली भी पड़ गई थी। मूर्ति में बने नटराज एक पैर ऊपर उठाए खड़े थे, दूसरे पैर के नीचे एक राक्षस दबा हुआ था, चारों हाथ चारों दिशाओं में फैले थे, बाल उड़ रहे थे, और नेत्र ध्यानमग्न थे। उसके आठवें जन्मदिन पर दादी ने उसे

यह मूर्ति भेंट में दी थी। दादी को उसके पिता से यह मूर्ति प्राप्त हुई थी, जो उन्हें केसर की एक थैली में रखी मिली थी जिसे वे खरीद कर लाए थे। श्रीनिवास को यह बड़ी प्रिय थी। जब वह घर पर रहा, तब यह उसकी मेज़ पर सामने रखी रहती थी, और होस्टल में भी यह उसके साथ ही रही। यह छोटी-सी मूर्ति जैसे उसके जीवन का अंग बन गई थी। वह अक्सर इसके सामने बैठकर प्रार्थना करता, 'हे देवता, तुम अपने पैरों से एक दानव को रौंद रहे हो, और अपने हाव-भाव से हमें लय की शिक्षा दे रहे हो, हालाँकि तुम्हारा शरीर एकदम स्थिर है। मैं तुम्हारे प्रतीक को समझ रहा हूँ, लेकिन पूरी तरह आत्मसात नहीं कर पा रहा। तुम्हारे हाथ में एक लपट है। उसकी एक चिनगारी मेरे मस्तिष्क को प्रकाश से भर दे।' इस प्रकार वह मन-ही-मन नटराज को सम्बोधित करता। कई दशकों से यह उसका पहला काम होता था। इस प्रतिमा के सामने कुछ मिनट बिताकर ही वह दिन की शुरुआत करता था।

अब उसने अपने कागज़ निकाले। वह 'झंडा' अखबार निकालना चाहता था, जिसकी उसे काफ़ी ज़्यादा तैयारी करनी थी। उसके पास एक पतली-सी लिखने की कापी और एक पेंसिल थी। कापी के पन्नों पर उसने अखबार से सम्बन्धित ज़रूरी काम नोट किए। इसके जन्म लेने की प्रक्रिया में ढेर सारी मुश्किलें आती दिखाई दे रही थीं। वह चाहता था कि छोटी-से-छोटी समस्या भी अनदेखी न रह जाए। सब समस्याएँ एक-के-बाद-एक लिखकर उसने उन पर नम्बर लगाया। फिर उससे नीचे वाले पन्ने पर हरेक का सम्भव उपाय भी नोट किया। मिसाल के तौर पर, नोट बुक में नम्बर 20 पर यह समस्या लिखी थी : "पृष्ठ का मेक-अप तीन कॉलम और आठ पॉइंट टाइप में किया जाए या दो कॉलम और दस पॉइंट टाइप में? दूसरा वाला मेक-अप देखने में अच्छा और पढ़ने में आसान रहेगा, लेकिन पहले वाला अखबार के उद्देश्य के अनुरूप होगा और इसमें मैटर भी ज़्यादा आएगा। इसके बारे में मुद्रक से बातचीत करना सही होगा।" उसने इसके बारे में लिखा : "समस्या नं. 20 : इसका उपाय एकदम आसान निकला। मुद्रक ने कहा कि मेरे पास दो या तीन कॉलम में छापने का इन्तज़ाम नहीं है। मेरे पास सिर्फ एक टाइप है, 12 पॉइंट का। वह कहता है कि देश भर में यह सबसे बढ़िया टाइप है, ऐसा टाइप किसी और प्रेस में नहीं मिलेगा। लेकिन मुझे डर है कि इस टाइप में अखबार छापने पर वह नीलामी के सूचीपत्र जैसा लगेगा। पर इस स्थिति का इस समय कोई उपाय नहीं है।" जिस दिन अखबार की पहली नमूने की प्रति छपकर सामने आई—जिसे मजिस्ट्रेट के सामने पेश किया जाना था, उसे देखकर श्रीनिवास का दिल डूबने लगा। यह उसकी कल्पना से बिलकुल भिन्न कोई चीज़ बन गई थी। उसने सोचा था कि इस टाइप में अखबार नीलामी का सूचीपत्र-सा लगेगा, लेकिन वह तो किसी कुश्ती-प्रतियोगिता का विज्ञापन

लगने लगा था। इस तरह के विज्ञापन की पर्चियाँ हफ्ते के आखिरी दिनों में बाँटी जाती थीं, जिनमें एक रद्दी से कागज़ पर दो पहलवानों की तस्वीरें बनी होती थीं, और जिसकी स्याही कागज़ के दूसरी तरफ तक चिपकती नज़र आती थी। छपाई का यह नमूना उसे सबसे घटिया लगता था, लेकिन कुश्तियों के आयोजक इनसे अच्छा दे भी क्या सकते थे! परन्तु 'झंडा' के लिए क्या यह ठीक था? उसने दबी ज़बान से मुद्रक से कहा, ''क्या तुम यह नहीं सोचते कि हमें–''

वाक्य पूरा होने से पहले ही उसने जवाब दिया, ''नहीं, यह तो बहुत अच्छा लग रहा है। पूरे दक्षिण भारत में इतनी अच्छी छपाई नहीं मिलेगी।'' वह इतने आत्मविश्वास से बोल रहा था, कि श्रीनिवास को लगने लगा कि हो सकता है, वह ग़लती कर रहा हो। मुद्रक बड़बोला और शान-बान से बात करने वाला व्यक्ति था। जब उसने मशीन से पहला छपा हुआ कागज़ उतारा, तब वह उसे बड़ी कोमलता से अपनी हथेलियों पर रखकर कुछ इस तरह उसे दिखाने को ले गया, जैसे वह नवजात शिशु हो। ''ज़रा इसकी फ़िनिश तो देखो,'' यह बात वह कुछ ऐसे लहज़े में कहता, जैसे सामने वाले को हिप्नोटाइज़ कर रहा हो, और वह सचमुच प्रभावित भी लगने लगता। वह अपने पीछे पड़े परदे को बन्द ही रखता था, जिससे कोई भीतर झांक न सके, लेकिन कहता यह कि ''मैं नहीं चाहता कि मेरे कर्मचारी अपने ग्राहकों से मुझे बात करते देखें या सुनें।'' वह अपने कर्मचारियों के साथ बड़े गर्व और दृढ़ता से व्यवहार करता था, हालाँकि श्रीनिवास को कभी यह पता नहीं चला कि उसके प्रेस में कितने लोग काम करते हैं और इस छपे हुए पर्दे के पीछे जिस पर सामने बैंगनी रंग की एक तस्वीर बनी थी जिसमें एक शेर चित्तीदार हिरन पर हमला कर रहा है–क्या हो रहा है। श्रीनिवास सिर्फ मोटे तौर पर कल्पना कर सकता था कि वहाँ कितने लोग काम कर रहे होंगे। बाहर से उसे सिर्फ ट्रेडिल मशीन चलने की घरघराहट सुनाई देती थी। लेकिन इसका भी उसे पूरा भरोसा नहीं होता था। कई दफ़ा मुद्रक ख़ाकी निकर पहने वहाँ दिखाई देता, जिस पर स्याही के दाग़ पड़े होते थे, और वह कहता, ''यहाँ के काम के लिए यही कपड़े सबसे अच्छे हैं। आज मैं खुद मशीन चलाऊँगा। देखो, मैं लेबर की समस्या इस तरह हल करता हूँ कि उनका गुलाम न बनूँ। ज़रूरत पड़ने पर मैं गोंद लगाने और चिपकाने तक, सभी प्रकार के काम कर सकता हूँ–''

श्रीनिवास के लिए भी उसकी सहायता अमूल्य थी। वह दिनोंदिन उसके प्रति कृतज्ञता के बंधन में कसता चला जा रहा था। उसने कहा, ''जब कोई ग्राहक हमारे यहाँ प्रवेश करता है, तब वह हमारे लिए 'सत्य मुद्रणालय' का अतिथि होता है।

आप सोचते हैं कि 'झंडा' आपका अखबार है। यह गलत है। मैं इसे अपना समझता हूँ।''

उसने इस सिद्धान्त के अनुसार काम भी कर दिखाया। 'झंडा' के प्रकाशन के दिनों में उसने दूसरे सारे काम ताक़ पर रख दिए—इनमें एक किसी कोआपरेटिव सोसायटी का बैलेंस शीट था, चार शादी के निमन्त्रण-पत्र थे, एक कविताओं की पुस्तिका भी थी, और ये सब एकदम ज़रूरी थे। उसने इन ग्राहकों को समझाने की कोशिश की, लेकिन कोई परिणाम नहीं निकला। ''आपको आज शाम तक प्रूफ़ ज़रूर मिल जाएँगे, और कल छपकर तैयार चीज़। देरी के लिए क्षमा करें, मेरे कर्मचारी इस समय ज़रा ज़्यादा ही व्यस्त हैं। मैंने उन्हें आदेश दे रखा है कि आपके साथ पूरा सहयोग करें।'' ये सब मीठी-मीठी बातें करने के बाद भी वह ठीक समय पर किसी को मिलता ही नहीं था। उसने अपने गले में एक स्कार्फ़ लपेटा, सिर पर फ़र की टोपी लगाई और 'झंडा' के किसी-न-किसी काम से जहाँ-तहाँ घूमना शुरू कर दिया। पहले उसने अखबार के लिए कागज़ का इन्तज़ाम किया, फिर श्रीनिवास के साथ घूम-घूम कर अख़बार के ग्राहक बनाने में लग गया। इसके लिए उसने सबसे पहले एक हज़ार पर्चे छापे जिनमें 'झंडा' अखबार के उद्देश्य तथा लक्ष्यों को समझाकर बताया गया था। इसका ले-आउट वगैरह तैयार करने में उसने पूरे चार दिन लगाए। अंत में उसने तय किया कि हरे रंग के कागज़ पर लाल स्याही से मैटर छापेगा। श्रीनिवास ने छपा हुआ पर्चा देखा, तो उसका दिल बैठ गया। लेकिन मुद्रक ने उसे समझाया! ''इस काम के लिए यही सबसे अच्छा ले-आउट है। इसका मैं तुमसे कोई पैसा चार्ज नहीं करूँगा, बस, कागज़ की ही थोड़ी-सी कीमत लगाऊँगा।'' इसके अलावा उसने एक दर्जन छोटी-छोटी रसीद बुक भी छापीं। उसने हरे और लाल रंग के पर्चे शहर के सब इलाकों और हर घर में बाँट दिए, फिर रसीद बुक हाथ में लेकर ग्राहक बनाने निकल पड़ा। उसने अख़बार का सालाना चंदा दस रुपये निश्चित किया, और पहली डमी तैयार होने से पहले ही हज़ार रुपये इकट्ठा कर लिए।

श्रीनिवास जानता था कि मुद्रक की सहायता के बिना वह कानूनी कार्यवाहियाँ पूरी नहीं कर सकेगा। उसे कोर्ट-कचहरी और मजिस्ट्रेटों से हमेशा चिढ़ थी, और यह डर भी था कि यह सब काम वह कैसे कर सकेगा। मजिस्ट्रेट के सामने पेश की जाने के लिए डमी तैयार हो गई। उसे देखकर श्रीनिवास ने मुद्रक से कहा, ''इसकी दूसरी कॉपी तैयार कीजिए। यह कागज़ तो बिलकुल अच्छा नहीं लगता।''

''अच्छा, आपको यह कागज़ अच्छा नहीं लगा? नारवे बॉन्ड है, मैंने कई पुराने ग्राहकों को इसके लिए मना कर दिया—बाज़ार में यह सबसे मज़बूत पार्चमेंट पेपर है।''

"लेकिन स्याही आर-पार निकल रही है।"

"ठीक है, इसका इन्तज़ाम कर लेते हैं। दरअसल मैंने इसमें ज़रा ज़्यादा स्याही लगाई है, क्योंकि मजिस्ट्रेट लोग ज़्यादातर खूब काले रंग के कवर पसन्द करते हैं–इतनी ज़्यादा कि अँगूठे पर चिपकने लगे।" फिर बोला, "मजिस्ट्रेट का यह मामला आप मुझपर छोड़ दें।"

वह रेसकोर्स रोड पर स्थित कचहरी के भवन में आराम से टहलता हुआ घुसा, अपनी टोपी ठीक की, और क्लर्क के सामने सीधे खड़े होकर रजिस्ट्रेशन की अर्ज़ी उसे पकड़ा दी।

"क्या आप शपथ लेते हैं कि इसमें दिए आपके सब बयान सच हैं?"

"जी, मैं शपथ लेता हूँ।"

"आप घोषणा करते हैं कि आप "झंडा' अखबार के मुद्रक हैं?"

"जी, मैं मुद्रक होने की घोषणा करता हूँ।"

क्लर्क ने कागज़ों पर एक बार फिर नज़र डाली। जब वह उन्हें उलट-पलटकर देख रहा था, मुद्रक ने अपनी जेब से भुनी हुई मूंगफली निकाली, उसका छिलका तोड़ा, और दाने निकाल कर मुँह में डाल लिये। श्रीनिवास यह देखकर डर गया। उसे लगा, यह कोर्ट का अपमान है। लेकिन मुद्रक की आँखें सन्तोष से चमक रही थीं; उसने जेब में हाथ डालकर एक मूँगफली और निकाली और मेज़ के नीचे से हाथ बढ़ाकर उसे श्रीनिवास को देने लगा। लेकिन श्रीनिवास ने उस तरफ से अपनी नज़र फेर ली, तो उसने वह दाना भी तोड़कर अपने मुँह में रख लिया। कमरे में चारों ओर लोग भरे थे; घोड़े की नाल जैसी एक मेज़ पर कई वकील बैठे थे, कुछ अपनी किताबें और कागज़ देख रहे थे, कुछ सिर्फ इधर-उधर ताक रहे थे; दरवाज़े पर सिपाही खड़ा था; और क़ैदी सुनवाई के लिए अपना नाम पुकारे जाने का इन्तज़ार कर रहे थे। श्रीनिवास को लगा कि मुद्रक को मूँगफली खाते देखकर उन दोनों को निकाल दिया जाएगा–ये दोनों मजिस्ट्रेट की मेज़ के ऐन नीचे ही खड़े थे। लेकिन वह बड़ी शान्ति और आराम से मूँगफली खाये चला जा रहा था, और किसी ने इस पर ध्यान नहीं दिया। फिर क्लर्क ने श्रीनिवास पर नज़र डाली और प्रश्न किया, "आपका नाम क्या है? आप अपने को 'झंडा' अखबार का सम्पादक और प्रकाशक घोषित करते हैं?

"जी हाँ!"

"आप बिलकुल सच कह रहे हैं?'

"जी हाँ, सच कह रहा हूँ।" अब क्लर्क ने कागज़ उठाए और उन्हें मजिस्ट्रेट के सामने पेश कर दिया–वह निरुद्देश्य सा इधर-उधर देख रहा था। अब उसके ओंठ

हिले, और क्लर्क ने पूछा, "क्या आप वादा करते हैं कि अपराध और द्रोह के मामलों से हमेशा दूर रहेंगे?"

मुद्रक ने फुर्ती से जवाब दिया, "मैं दोनों की ओर से यह वादा करता हूँ।"

मजिस्ट्रेट के ओंठ फिर हिले, तो क्लर्क ने दूसरा सवाल किया, "क्या आप राजनीति में भाग लेंगे?"

इस बार भी मुद्रक ने फुर्ती से जवाब दिया, "जी नहीं! यह अखबार साहित्य की सेवा करेगा।" यह सुनकर मजिस्ट्रेट ने सन्तोष से सिर हिलाया, और क्लर्क ने अर्ज़ी पर दो-तीन रबड़-स्टाम्प लगा दिए। मजिस्ट्रेट ने उस पर अपने हस्ताक्षर कर दिए, और काम खत्म हो गया। अखबार निकालने की आज्ञा प्राप्त हो गई।

जब वे कोर्ट से बाहर निकलने लगे, तो श्रीनिवास ने मुद्रक से कहा, "तुमने यह क्यों कहा कि अखबार साहित्य की सेवा करेगा? यह गलत है। मैं राजनीति पर ज़रूर लिखूँगा, हालाँकि सिर्फ राजनीति को ही नहीं लूँगा, मुझे तय करना होगा कि–"

"आप राजनीति करें, या क्रान्ति करें, या जो चाहे करें, लेकिन कोर्ट में यह बात कह नहीं सकते; अगर कहेंगे तो आपसे पैसा जमा कराने को कहा जा सकता है, और तरह-तरह की समस्याएँ खड़ी हो सकती हैं। जानते हैं, मैंने अपने जीवन में एक महत्त्वाकांक्षा पाली थी–कि कोर्ट में मूँगफली खाऊँ–जिससे वहाँ की घनघोर उदासी से छुटकारा पा सकूँ। वह आज पूरी हो गई।"

दफ़्तर के पते से उसके भाई का खत आया था। उसने मालगुडी पहुँचने के बाद से उन्हें कोई ख़त नहीं लिखा था। भाई ने लिखा था :

"मुझे तुम्हारे अखबार से, जिसकी प्रति तुमने मुझे भी भेजी है, तुम्हारे बारे में जानकर खुशी हुई। तुमने अपने सम्पादकीय में जो बहुत-सी बातें लिखी हैं, वे सब मैंने पढ़ीं–लेकिन कहीं तुमने बहुत ज़्यादा बड़ा काम तो अपने सिर पर नहीं उठा लिया है? इसकी चार आने कीमत रखी है, तो तुम्हें और ज़्यादा पढ़ने की सामग्री नहीं देनी चाहिए? जो दिया है, उसे पढ़ने में ज़्यादा समय नहीं लगता, और अगले अंक के लिए हफ्ते भर इन्तज़ार करना पड़ेगा। मैं तुम्हारी कुछ आलोचना भी करना चाहता हूँ–इसमें तुम बहुत ज़्यादा गुस्सैल नज़र आते हो। अखबार की हर लाइन में किसी-न-किसी पर हमला किया गया है। एक पन्ना तुमने राजनीति के लिए दिया है–इसमें गालियाँ भरी पड़ी हैं। तुम किसी भी दल या नेता का समर्थन नहीं करते। एक पन्ना स्थानीय चर्चा के लिए है, और इसमें भी गालियों की भरमार है। एक

पन्ना सिनेमा और कला के लिए है–इसमें भी हरेक पर चोटें की गई हैं। नई पुस्तकों में भी यही नज़ारा है? तुम्हें क्या हो गया है? हालाँकि हर लेख पर अलग नाम छपा है, या कोई उपनाम, लेकिन सारे एक ही व्यक्ति ने लिखे हैं, यह साफ़ ज़ाहिर होता है। मैं तुमसे यही कहना चाहता हूँ, कि सावधान रहना। कहीं पहले ही अंक से अपमान के मामले खड़े न होने लगें।''

श्रीनिवास दफ्तर में बैठा इस पत्र पर विचार करता रहा। उसे आश्चर्य हुआ कि भाई ने कैसे यह जान लिया कि सारे लेख उसी के लिखे हैं। ऊपर वाला ही जानता है कि उसे इन दिनों कितनी मुसीबतों से गुज़रना पड़ रहा था, एक तरफ तो उसे अखबार के पूरे बारह पन्नों का कुल मैटर खुद लिखना पड़ता था, दूसरी तरफ़ मुद्रक महाशय को भी काबू में रखना पड़ता था, जो सम्पादकीय कार्यों में भी घुसने की कोशिश कर रहा था। अखबार का रंग रूप और छपाई तथा व्यापार में तो उसने कब्ज़ा कर ही लिया था, अब वह चाहता था कि मैटर वगैरह के चुनाव में भी उससे राय ली जाए। लेकिन श्रीनिवास ने इसे चतुराई से सुलझाने की कोशिश की। जब वह नई लिखी कापी उसे छपाई के लिए नीचे देता, तो मास्टर साहब के सामने खड़े छात्र की तरह डरा-डरा रहता। मुद्रक ने कहा, ''मेरा ख्याल है, इस मामले में आप मेरी राय नहीं लेना चाहेंगे?''

''नहीं,'' श्रीनिवास ने हलके मज़ाकिया लहज़े में कहा जिससे उसे बुरा न लगे।

''ठीक है। लेकिन श्रीमानजी, यह फिल्म बम्बई में नहीं बनी थी, कलकत्ता के एक स्टूडियो में बनी थी।''

''अच्छा! तो फिर–'', यह कहते हुए श्रीनिवास ने कागज़ उसके हाथ से झपट लिए और उसे पढ़ने लगा। ''इस भूल के लिए माफ़ करना–''

''कोई बात नहीं, ऐसा तो हो ही जाता है'', मुद्रक ने सीना फुलाकर माफ़ करने के लहज़े में कहा–जिससे यह मतलब भी निकाला जा सकता था कि बहुत सारे विषयों पर लिखने के दबाव में इस तरह की ग़लतियाँ हो जाना कोई विशेष बात नहीं है। श्रीनिवास को यह स्थिति पसन्द नहीं आई, लेकिन वह कर भी क्या सकता था! बात सच ही थी–उसने बहुत सारे विषयों में एक साथ हाथ डाल दिया था। लेकिन इस समस्या का कोई उपाय भी तो नहीं था। वह किसी को अपनी सहायता करने के लिए रख भी नहीं सकता था। मोटे तौर पर उसका लिखने का प्रोग्राम इस तरह था : सोमवार को पहला पन्ना; मंगल को दूसरा; बुध को सिनेमा और कला पर लिखना; बृहस्पति को चिट्ठी-पत्री और सम्पादकीय; और शुक्र को चुटकुले, टिप्पणियाँ और बची-खुची चीज़ें। ऐसी पक्की योजना के बाद भी सब कुछ गड्ड-मड्ड होता रहता था और सारे विषय एक साथ ही, कभी कुछ, कभी कुछ, लिखे जाते

थे, हर रोज़ इसी तरह और शुक्र को सारा काम किसी तरह पूरा करना पड़ता था, और हर पाँच मिनट के बाद मुद्रक सीढ़ियों के नीचे से 'कापी लाओ' 'कापी लाओ' की आवाज़ लगाता रहता था। जैसे ही एक पन्ना लिख जाता, वह उसे नीचे डाल देता था, और मुद्रक दौड़कर उसे पकड़ कर पर्दे के पीछे घुस जाता था। कुछ कमी होने पर वह नीचे से फिर चीखता। चार बजे आखिरी फ़र्मा वह नीचे डाल देता और चैन की साँस लेता। छह बजे ट्रेडिल भी शान्त हो जाती और कबीर स्ट्रीट के पूरे इलाके में अचानक निस्तब्धता छा जाती।

काम का बौद्धिक भाग अब खत्म हो जाता, और सम्पादक सीढ़ियों से नीचे उतर कर प्रेस में आता और 'झंडा' अखबार की प्रतियाँ भिजवाने में लग जाता। इसमें मुद्रक भी उसकी सहायता करता था। अखबार की पाँच सौ प्रतियाँ ज़मीन पर चारों तरफ़ पड़ी होतीं। वे दोनों वहीं बैठकर बड़ी तेज़ रफ़्तार से उन्हें मोड़कर लेबिल लगाते और गोंद से चिपकाकर पता लिखते, फिर टिकट लगाकर भेजने के लिए तैयार कर देते। अब उनके बंडल बनाकर एक छोटे से लड़के के कंधे पर लाद देते, जो दौड़ते हुए उन्हें रेलवे स्टेशन के पोस्ट ऑफिस में ले जाकर पटक देता—जहाँ से आठ बजे रात तक बिना लेट फ़ीस दिए उन्हें भेजा जा सकता था।

इसके कारण श्रीनिवास को आर.एम.एस. का सामना करना पड़ा। यह क्या बला है, इसे समझने में उसे कुछ वक्त लगा। लेकिन इसकी पूरी जानकारी उसके लिए ज़रूरी थी। एक दिन उसे अपनी डाक में एक पत्र मिला, जिसमें लिखा था : "आपसे निवेदन है कि अपनी सुविधा के अनुसार किसी दिन निम्न हस्ताक्षरित व्यक्ति से आकर मिलें।" इस समय वह मालगुडी कस्बे की भवन-निर्माण नीति पर सम्पादकीय लिख रहा था। पड़ोस के ज़िलों से बहुत सारे मज़दूर वहाँ लाए जा रहे थे, क्योंकि ज़िला बोर्ड तथा नगरपालिका ने सड़कों के विकास तथा टैंकों के निर्माण का बड़ा भारी कार्यक्रम आरम्भ कर दिया था, और तीन-चार रुई की मिलें इलाके में रातोंरात खड़ी हो गई थीं। लगता था कि खेत-खलिहान की बस्ती मालगुडी कस्बा अचानक औद्योगिक कस्बे में बदलने लगा है, और तरह-तरह के लोग यहाँ रहने आ गए हैं और आते जा रहे हैं। दूर-पास के ज़िलों से आए कामगार और मज़दूर खुले मैदानों में अपना डेरा जमा लेते थे—पेड़ों की डालों पर लटकते धोतियों से बने झूलों पर सोते छोटे-छोटे बच्चे, सड़क के किनारे चूल्हे बनाकर उन पर खाना बनाती औरतें, फुटपाथों पर सोते हुए आदमी—कस्बे में चारों तरफ यही नज़ारा था। सारा इलाक़ा जिप्सियों के कैंप की तरह दिखाई देता था।

श्रीनिवास ने शहर के इन हालात पर गहरी चोट करना जैसे अपना मिशन बना लिया था। वह हर अंक में इस बारे में कुछ-न-कुछ लिखता था। नगरपालिका

को डर लगा कि देश भर में उसका मज़ाक उड़ रहा है, इसलिए उसने 'झंडा' की टिप्पणियों पर ध्यान देना शुरू किया। उन्होंने एक पुरानी योजना बस्ते में से निकाली, जिसे कई साल पहले बनाया गया था—कि कस्बे की पूर्वी सीमा पर एक नया शहर बसाने के लिए लोगों को सहायता दी जाए। 'झंडा' के सम्पादक को यह देखकर अच्छा लगा कि उसके शब्दों का प्रभाव पड़ने लगा है। उसे अख़बार की ताकत पर विश्वास होने लगा। इन ख्यालों में वह मगन ही था, कि नगरपालिका का एक पत्र उसे प्राप्त हुआ : "नगरपालिका के प्रधान सम्पादक जी से मिलना चाहते हैं, इसलिए उनसे निवेदन है कि वे किसी कार्यदिवस पर अपनी सुविधा के अनुसार यहाँ पधारें।" दूसरा पत्र खोला, तो उसमें आर.एम.एस. में जाने की बात लिखी थी। "बाप रे! मैं कितने लोगों से मिलने जाऊँगा? इतना समय मेरे पास कहाँ है?" कार्य दिवसों और दूसरे दिवसों पर भी अपनी बरसाती में उसे अख़बार की कापी लिखनी पड़ती थी; इसमें ज़रा भी देर होती तो सारा कार्यक्रम बिगड़ जाता था। नीचे ट्रेडिल की घरघराहट होती रहती, तो लगता था कि ज़िन्दगी सही चल रही है। यह आवाज़ बन्द हो जाती तो वह इन्तज़ार करने लगता कि अब मुद्रक की पुकार सुनाई देगी, 'एडिटर, मैटर भेजो।' वह हर वक्त इस दबाव के नीचे काम करता था कि प्रिन्टर की ज़रूरत पूरी करनी है। इसका मतलब था रात-दिन काम, हर दिन काम, इतवार के दिन भी काम। वह जो भी पहले लिखता, वह उसे पसन्द नहीं आता था, तो वह उसे फाड़कर फेंक देता और दोबारा लिखता, और इसी तरह बार-बार लिखता, लेकिन मुद्रक की आवाज़ सुनने पर जो भी लिखा होता, उसे ही अन्तिम मानकर दे देता।

उसने अपने-आप से कहा, "समय की इतनी कमी है मुझे फिर भी ये परेशानियाँ आ रही हैं।" उसने दोनों पत्र एक कोने में फेंक दिए, जहाँ और भी बहुत से कागज़-पत्र पड़े थे, और जिनमें वे भी गुम हो गए। अपनी ढेर सारी डाक से वह इसी तरह निपटता था। इन कागज़ों से उसने कहा, "जब तक मैं एक सेक्रेटरी रखने लायक नहीं हो जाता, एक उप सम्पादक नहीं रख लेता, एक व्यक्तिगत सहायक, एकाउंटेंट, एक लड़का चपरासी, और इन सबसे ज़्यादा, एक टाइपरायटर—इन सारी चिट्ठियों को इन्तज़ार करना पड़ेगा। हर डाक से ढेर सारी चिट्ठियाँ आ धमकती थीं। लम्बे-लम्बे लिफ़ाफ़ों में जो भी कागज़ आते, उन सबको वह बिना खोले सामने रख देता, फिर उन्हें मेज़ के नीचे डाल देता। लम्बे लिफ़ाफ़ों में क्या आता है, यह वह जानता था : बिन माँगे लेख, कविताएँ, कहानियाँ, स्केच। उसे आश्चर्य होता था कि कितने ज़्यादा लोग अपनी रचनाएँ भेजते हैं—सिर्फ अखबार में उन्हें छपा देखने के लिए, पैसा चाहे कुछ भी न मिले। फिर बहुत सारी चिट्ठियाँ यह जानने के लिए आतीं कि उनकी

भेजी रचनाओं का क्या हुआ। कई लोग पूछते कि डाक टिकट भेजे जाने पर भी जवाब क्यों नहीं दिया गया। श्रीनिवास मन ही मन उन्हें जवाब देता, "दोस्त, यह काफ़ी नहीं है। तुम्हारी रचनाओं को देखने के बदले मुझे भी कुछ मिलना चाहिए। इसलिए मैं लिफ़ाफ़े ही नहीं खोलता। हाँ, आप चाहें, तो दफ्तर आकर मेज़ के नीचे से अपनी रचनाएँ ले जा सकते हैं।"

इनके अलावा पाठकों के पत्र होते थे, शादियों के निमन्त्रण होते थे बिलकुल ऐसे लोगों के जिन्हें वह जानता तक नहीं था, स्याही तथा दूसरी चीज़ों के नमूने आते थे, कि इनके बारे में अपनी राय दें, पतले कागज़ों पर छपे सरकार और नगरपालिका के समाचार और सूचनाएँ होती थीं। इन सूचनाओं से उसे बहुत-सी नई जानकारियाँ प्राप्त होती थीं। एक सूचना में कहा गया था : 'आपको सूचना दी जाती है कि 13 से 15 तारीख तक सवेरे 6 बजे से शाम के 6 बजे तक रेल-लाइन की क्रॉसिंग बन्द रहेगी।'

"ठीक है, यह सूचना मुझे मिल गई, अब इसके बाद?" श्रीनिवास ने पूछा। नगरपालिका उसे औसत वर्षा और अधिकतम तथा न्यूनतम तापमान की सूचना देता था, कोई उसे केलेन्डर भेजता था, एक ने सूचना दी कि उसके यहाँ नाती पैदा हुआ है। पहले उसने ज़रा डरते हुए पूछा, "ये लोग यह सब बातें मुझे क्यों बताते हैं, मेरा इन से क्या वास्ता?" लेकिन धीरे-धीरे उसका रुख कड़ा होता गया और उसने इन पर ध्यान देना बन्द कर दिया। उसकी ज़्यादातर चिट्ठियाँ इस तरह निबट जाती थीं, लेकिन आर.एम.एस. और नगरपालिका चेयरमैन की चिट्ठियाँ बनी रहीं।

बहुत जल्द आर.एम.एस. की एक दूसरी चिट्ठी उसके यहाँ आ पहुँची। "हमारे दि...के पत्र की ओर आपका ध्यान आकर्षित किया जाता है,...इसका शीघ्र उत्तर देने की कृपा करें।"

उसने यह पत्र भी एक तरफ रखते हुए कहा, "आप यह न सोचें कि मैं भी आपकी लालफीता दुनिया का हिस्सा हूँ।" नगरपालिका चेयरमैन का भी दूसरा पत्र आया लेकिन इस बार उसका विषय बदला हुआ था : "मुझे अपनी मालगुडी विस्तार योजना की एक प्रति आपको भेजते हुए प्रसन्नता हो रही है, जिसे आप देखने की कृपा करें। आप पाएँगे कि सन् 1930 से यह विषय हमारे ध्यान में है। व्यावहारिक कारणों से इस पर उस समय कार्य नहीं किया जा सका था...," इत्यादि।

उसने योजना पर नज़र डाली। इसमें नगर के पूर्वी किनारे पर एक बाग-बगीचों से हरे-भरे शहर की कल्पना की गई थी जिसका अपना बाज़ार हो, व्यापार की मंडी हो, सिनेमा तथा स्कूल हों, और अच्छे निवास योग्य मकान हों। किसी ने काफी सोच-विचार के बाद यह योजना बनाई थी। उसे खुशी हुई कि 'झंडा' अखबार ने

नगरपालिका अधिकारियों को इस हद तक जगा दिया, कि वे अपनी अलमारियों में काम की चीज़ें ढूँढ़ने लगे। उसने ध्यान से यह पुस्तिका पढ़ी और 'अलमारी में रखी योजनाएँ' शीर्षक से एक लेख लिखने का मन बनाया।

आर.एम.एस. की चिट्ठियाँ इससे ज़्यादा आक्रामक साबित हुईं। "आप से सम्पर्क करने के हमारे कई प्रयत्न व्यर्थ हुए हैं। कृपया ध्यान दें कि डाक से अखबार भेजने के आखिरी दिन रात को आपके बंडल प्राप्त होने से आर.एम.एस. के कार्य में बाधा पड़ती है। यदि आप सारा दिन, अथवा सप्ताह में प्रतिदिन, अखबार भेजने का प्रयत्न करें, तो आर.एम.एस. को बड़ी सुविधा होगी।" यह पत्र पढ़कर श्रीनिवास को उनकी नासमझी पर आश्चर्य हुआ। अखबार के बंडल हफ्ते के हर दिन कैसे तैयार हो सकते हैं?

उसने इस पत्र का तुरन्त उत्तर लिख भेजा :

"श्रीमन्, शुक्रवार की रात को 8 बजे डाक भेजने का हमारा निश्चित समय है। यदि हम आपकी सलाह पर काम करें, तो नक्शा कुछ ऐसा बनेगा : दोपहर 12 बजे हम अखबार का चौथा पन्ना भेजेंगे, 1 बजे छठा पन्ना, 5 बजे सातवाँ और दसवाँ पन्ना, 7 बजे ग्यारहवाँ और 8 बजे बारहवाँ। चूँकि हमारे पाठकों को इस तरह एक-एक पन्ना प्राप्त करने से परेशानी होगी, इसलिए हमें सब पन्ने एक साथ 8 बजे भेजने के लिए विवश होना पड़ता है। इसके अलावा अन्य दिनों में तो कुछ भी भेजना सम्भव नहीं है, क्योंकि उन दिनों में तो कुछ भी तैयार नहीं होता।"

इसके जवाब में उसे यह उत्तर प्राप्त हुआ : "आपकी कृपा होगी यदि अधो हस्ताक्षरित व्यक्ति से आप अपनी सुविधानुसार किसी कार्य दिवस पर मिल लें।" उसने इस पत्र के साथ भी वही व्यवहार किया, जो उसने पिछले पत्रों के साथ किया था, इसे भी कूडेदान में डाल दिया, और आर.एम.एस. पहले की तरह कष्ट पाता रहा।

2

प्रूफ़ के कागज़ों में आलपीन लगाते वक्त उसके अँगूठे से खून निकल आया। उसने कागज़ अलग रख दिए और मुँह में अँगूठा रखकर खून चूसकर थूकने लगा, और आराम से बैठ गया। उसने अपनी उँगलियाँ चटकाईं, वे ढीली पड़ गई थीं, और उँगलियों के सिरे छपाई की काली स्याही लगती रहने से बदरंग हो गए थे। उसकी हड्डियों में दर्द होने लगा था। उसे याद आया कि प्रूफ़ पढ़ने के लिए वह घंटों उकड़ूँ बैठकर काम करता रहता था। वह पैरों पर ज़ोर देकर खड़ा हुआ, सब प्रूफ़ इकट्ठे किये, उन्हें गुडी-मुडी एक साथ मोड़ा और मुद्रक को आवाज़ देकर कहा, "प्रूफ़ ले लो" और उन्हें नीचे लुढ़का दिया। फिर उत्तरी खिड़की की तरफ टहलता हुआ गया, बाहर नीले आसमान पर नज़र डाली और लौट पड़ा। धीरे-धीरे टहलता रहा। वह सही शब्द की तलाश में लगा था, जो उसकी पकड़ में नहीं आ रहा था। वह एक नई माला के लिए लेख लिख रहा था : "जीवन की पृष्ठभूमि"। पिछले कुछ अंकों से बीच का पूरा पेज उसी से भरा रहता था। इस लेखमाला में वह आधुनिक जीवन की आवश्यकताओं के परिप्रेक्ष्य में उपनिषदों में पढ़े आदर्शों के सन्देशों को संक्षिप्त करके प्रस्तुत करने की कोशिश कर रहा था, जो एक तरह से मनुष्य के सामाजिक मूल्यों को नई दृष्टि से प्रस्तुत करता था। उसके सवाल करने वाले मस्तिष्क के लिए इस प्रकार का विवेचन आवश्यक था, क्योंकि जब वह नगरपालिका और सामाजिक कुरीतियों के विरुद्ध दहाड़कर नारे लगाता था, तब उसके मन के एक कोने में यह प्रश्न भी उठता था, कि यदि यह दुनिया और हमारी ज़िन्दगी सब आनी-जानी है, तो इनकी इतनी चिन्ता क्यों? पूर्ण और अपूर्ण सब एक समान हैं, तो इतना शोर-शराबा क्यों? उसे इस सवाल का जवाब पाना था। इस लेखमाला में वह इसी की चर्चा करता था। उसे यह भी लगता था कि उसके सामान्य पाठकों के लिए यह विषय ज़रा गरिष्ठ है, इसलिए वह कोशिश करता था कि सरल शब्दों में, अनुभव को आधार बना कर, इन्हें प्रस्तुत करे। लेकिन यह कार्य आसान नहीं था। बृहस्पतिवार को सारा

दिन वह इसी पर विचार करता रहा, इधर-उधर टहल-टहल कर, यहाँ तक कि अनजाने में उसने कई दफ़ा आलपिन अपने शरीर में चुभो ली; नींद में चलने वाले आदमी की तरह अपनी छोटी-सी कोठरी में वह चारों तरफ चक्कर काटता रहा, और आखिरी खिड़की पर जा-जाकर नीचे दूर बहती सरयू नदी की आवाज़ सुनता रहा। उसे लगा कि नदी किनारे घूमने वह कई युग से नहीं गया है—उसने फ़ैसला किया कि अब बहुत जल्द वह यह काम कर डालेगा। जब वह दूसरी खिड़की के पास जाकर खड़ा होता, तो उसे नीचे फैली झुग्गियों से हो रहा शोर सुनाई पड़ता, और वह कुछ देर तक ध्यान से ये आवाज़ें सुनता। उसे इच्छा होती कि वह खिड़की खोलकर नीचे देख सकता, कि वहाँ क्या हो रहा है, लेकिन यह करना सम्भव नहीं था, क्योंकि बस्ती के निवासियों ने इस ताक-झाँक के खिलाफ़ अदालत से आज्ञा प्राप्त कर रखी थी। एक क्षण के लिए उसके दिमाग़ में इन बस्तियों के मालिकों का विचार आया।

अपने लेख के लिए सही वाक्य की तलाश में उसके कई घंटे गुज़र गए, लेकिन उसे यह लेख शाम तक ज़रूर दे देना था, नहीं तो प्रेस के काम में बड़ी अड़चन पैदा हो जाएगी। और कल तो उसे दूसरे बहुत से काम करने हैं। तभी वह हाथ हिलाकर चिल्ला पड़ा, "मिल गया, मिल गया, सही वाक्य...", और मेज़ की तरफ वह तेज़ी से दौड़ा। वह कलम उठाकर लिखने को हुआ, लेकिन वाक्य बड़े धीरे-धीरे और बड़ी कोमलता से शक्ल ले रहा था, उसे लगा कि उसे बड़े ध्यान से यह काम करना चाहिए, कहीं यह बीच में ही गायब न हो जाए—यह कुछ इस तरह था जैसे फोटो डेवलेप करने वाली रसायन की ट्रे में पड़े कागज़ पर चित्र का पहला अंकन, ज़रा सी भी चूक होने पर सारी तस्वीर बिखर कर खराब हो सकती है। उसने कलम को कागज़ पर टिकाया और इस तरह ध्यान से सुनने लगा जैसे भीतर से कोई आवाज़ आ रही हो। उसने साँस रोक ली, कि कहीं तार न टूट जाए, और अपना सारा मस्तिष्क इसी वाक्य पर लगा दिया—कितनी सीढ़ियों के नीचे से एक तीखी खड़-खड़ाहट सुनाई दी। उसने दाँत पीस लिए, "राक्षस हमेशा परेशान करने को तैयार रहते हैं, जैसे उन्हें मानसिक चिन्तन से डर लगता हो।" क्षण भर, में मुद्रक हँसता हुआ सामने आ खड़ा हुआ, जैसे कोई बड़ी अच्छी खबर लाया हो।

उसने हाथ आगे बढ़ाकर कहा, "बहुत-बहुत बधाइयाँ! बड़ी शानदार खबर लाया हूँ। आपकी पत्नी और बेटा बाहर खड़े हैं"

श्रीनिवास ने कुर्सी पीछे सरकाई और बोला, "क्या? क्या?" उसे समझ में नहीं आ रहा था कि क्या कहे। तेज़ी से बाहर निकलकर उसने नीचे झाँका : नीचे बीवी और बच्चा खड़े थे और ज़मीन पर उनका सामान एक-दूसरे के ऊपर लदा था।

"अरे!" वह चिल्लाया। "अरे!" फिर ज़ोर से चिल्लाकर कहा, "ऊपर आ जाओ।" वह अपने को अपराधी और बेवकूफ़ महसूस कर रहा था।

उसकी पत्नी शान्त रहने की ज़बरदस्त कोशिश कर रही थी। वह ऊपर आई और कोठरी में पड़ी अकेली कुर्सी के बगल में दुविधा में खड़ी हो गई; पीछे बेटा था। सफर से वह काफ़ी थकी लग रही थी, चेहरे पर रेल के धुएँ की कालिख बिछी थी। बड़ी कोशिश करके उसने एक मुस्कराहट फेंकी। मुद्रक ने उत्साह से कहा, "मैडम, आप बैठिए। इस तरह खड़ी मत रहिए।" ज़ाहिर था कि वह एकदम पस्त हो चुकी है, इसलिए उसने तुरन्त मुद्रक की सलाह मान ली। वह मेज़ पर ही बैठ गई और आँखें फाड़कर इधर-उधर देखने लगी।

"क्यों? तुम लोग इस तरह अचानक कैसे आ गए? चिट्ठी क्यों नहीं लिखी?"

उसने धीरे से कहा, "मैंने चार ख़त लिखे थे, और पिताजी ने भी दो लिखे थे।" यह सुनकर श्रीनिवास ने दया के भाव से मुद्रक की ओर देखा। वह जानता था कि क्या हुआ था। श्रीनिवास ने इन्हें भी नहीं खोला होगा। बेटे ने समझाकर कहा, "दादा ने इसी पते पर लिखे थे"..."क्योंकि हमारे पास और कोई पता ही नहीं था," पत्नी ने स्पष्ट किया। वातावरण में तनाव और बनावटीपन पैदा हो गया था, इसे देखकर मुद्रक यह कहते हुए बाहर निकल आया कि, "मैं लड़के को भेजकर कॉफ़ी और नाश्ता मंगवाता हूँ।"

उसके बाहर जाते ही पत्नी रो पड़ी, "यह तुम्हें क्या हो गया है! इस तरह हमें निदरने क्यों लगे हो? महीनों से कोई खबर नहीं है, ऐसा मैंने तुम्हारे साथ क्या बुरा किया है?" दुख से उसकी आवाज़ टूटी पड़ रही थी। श्रीनिवास परेशान हो उठा।

"देखो, सुनो, तुम्हें चिन्ता करने की ज़रूरत ही नहीं थी। इन दिनों मैं काम से घिरा रहा। अकेला होने के कारण और सब कुछ मुझे ही करना पड़ता था..."

"एक पोस्टकार्ड ही डाल देते। सिर्फ अपना पता भेज देते। तुमने तो समझ लिया जैसे मैं मर गई, और गाँव भर के लोग मेरी हँसी उड़ाते थे। मैंने तुम्हें चार दफ़ा खत लिखा कि मैं आ जाऊँ..."

बेटे ने बताया, "दादा ने एक अख़बार से पता ढूँढ़कर निकाला।" वह इस तरह बता रहा था जैसे यह जासूसी का काम किया हो। "अच्छा, हाँ...लेकिन बात यह है कि यहाँ ढेरों चिट्ठियाँ आती हैं। कई दफ़ा यह होता है...", वह सफ़ाई देने लगा।

पत्नी ने रोना बन्द कर दिया और सिर उठाकर, कमरे में चारों तरफ नज़र डाली। "यहीं रहते हो?"

"अरे नहीं, मेरा अलग घर है। चलो, वहाँ चलते हैं।"

उसकी नज़र मेज़ पर रखे कागज़ पर पड़ी। इसे वह यहाँ नहीं छोड़ सकता था। उसने पूछा, "यहाँ आने का रास्ता कैसे पता चला? बहुत परेशानी हुई होगी।"

"हम दो बजे स्टेशन पहुँचे, फिर तीन घंटे से ज़्यादा तुम्हारा पता ढूँढ़ते रहे। आखिर एक लड़के ने यहाँ तक पहुँचाया।" यह कहते हुए पत्नी की आवाज़ काँप रही थी, और लगता था कि वह फिर रोने की तैयारी कर रही है। लेकिन उसने आँसू पेट में ही गुटक लिए और बोली, "यह ज़रा सा बच्चा, रामू, बड़े की तरह दिलासा देता रहा। मैं नहीं जानती थी कि यह इस तरह मेरी ज़िम्मेदारी उठा लेगा।" उसने गर्व से लड़के की तरफ़ देखा, श्रीनिवास ने उसकी तरफ एक मुस्कान फेंकी और पीठ थपथपाई। उसने ध्यान से बेटे को देखा तो लगा कि वह एक-दो इंच लम्बा हो गया है। उसका पहना हुआ कोट छोटा पड़ गया था, अब वह उसकी कमर तक ही आता था, बाँहें चार इंच ऊपर चढ़ गई थीं, कालर तुड़-मुड़ गया था, उसने सचमुच अपने परिवार की उपेक्षा की थी। फिर उसने अपनी बीवी की तरफ नज़र डाली, तो वह भी एक गन्दी-सी साड़ी बदन पर लपेटे थी, जिसमें जगह-जगह थिगले लगे थे। 'क्या मैं सचमुच लापरवाही का दोषी हूँ?" उसने अपने से सवाल किया। "परिवार के प्रति कर्तव्य दूसरे सभी कर्तव्यों से पहले आता है। यह निश्चित नियम है। यदि मैं अपनी स्थिति स्वीकार न करूँ, तो? यदि मैं अपने मूल विश्वासों के प्रति दृढ़ रहूँ, तो बाकी बातें अपने आप सही हो जाएँगी।"

वह क्षण भर तक इस समस्या पर विचार करता रहा। अब तक उसकी पत्नी उठकर खड़ी हो गई थी और बाहर जाने को तैयार थी। श्रीनिवास ने धीरे से कहा, "एक मिनट ठहरो।" फिर कलम उठाकर स्याही में डुबोई और कागज़ पर लिखा, "तीसरे हफ्ते के लेख के लिए नोट्स। पारिवारिक जीवन। दार्शनिक ने जब परिवार की परेशानियों से मुक्ति की बात कही तो क्या उसका आशय पारिवारिक जीवन की सर्वग्रासी समस्याओं से था? अपने शरीर की ओर ध्यान देने और उसे हमेशा काम लायक बनाए रखने के उद्योग की तुलना में पारिवारिक जीवन कम है या अधिक? यह मनुष्य का भाग्य है कि इसके लिए उसे यहाँ नहीं तो परलोक में दोषी ठहराया जाएगा। उसे यह तय करना है कि कहाँ वह इसे स्वीकार करना चाहेगा।"

उसने वाक्य पूरा किया ही था कि मुद्रक वहाँ आ पहुँचा और उसने यह टिप्पणी की, "श्रीनिवास, मैं कहता हूँ कि तुम सचमुच बड़े कठोर हो, इनसे क्यों इतना इन्तज़ार करा रहे हो!" श्रीनिवास ने कलम रख दी और कहने लगा, "मुझे तुरन्त कुछ लिख लेना था, नहीं तो मैं इसे भूल ही जाता।" तभी एक लड़का ट्रे पर नाश्ता और कॉफ़ी लिए वहाँ आया। मुद्रक ने कहा, "मैडम, आप बैठ जाइये और कॉफ़ी लीजिए।"

“नहीं, नहीं”, उसने विरोध किया, “मुझे ज़रूरत नहीं है–”, वह संकोची थी और मुद्रक के सामने परेशानी महसूस कर रही थी। रामू अनिच्छा और बोरियत से इस दृश्य को देख रहा था। वह नाश्ते की ट्रे पर तिरछी नज़रों से देख रहा था और सोच रहा था कि माँ के मना करने के कारण कहीं इसे उठा तो नहीं लिया जाएगा। यह देखकर मुद्रक ने कहा, “बेटे, तुम खाना शुरू करो”, और उसमें से एक प्लेट उठाकर उसे पकड़ा दी। फिर श्रीनिवास की तरफ़ घूमकर बोला, “अपनी पत्नी को खाने के लिए समझाओ। सफ़र के कारण बहुत थक गई होगी।” यह कहकर वह नीचे उतर गया। श्रीनिवास ने प्लेट उठाकर पत्नी के सामने की और कहा, “लो, खाओ...।”

“यह होटल का खाना है। इसे तो मैं खा ही नहीं सकती।” वह गाँव के बहुत दकियानूस वातावरण में पली थी। “और बिना नहाये भी मैं कुछ नहीं खाऊँगी। यह तो सोचा भी नहीं जा सकता।” लड़के ने मरे हुए मुँह से कहना शुरू किया, “माँ कल से उपास पर है। रास्ते में भी कुछ नहीं खाया।”

“क्यों?” श्रीनिवास ने पूछा।

“यह कैसा सवाल है?” पत्नी ने कहा।

“आखिर तुम क्या चाहती हो?” श्रीनिवास चीख कर बोला। वह खड़े होकर क्षण भर उसकी तरफ देखता रहा, जैसे वह समस्याओं की गठरी हो। वह जानता था कि बात क्या है : कठोर वातावरण में पालन-पोषण, दूसरी जात का छुआ खाने से छूत का भाव, पुराणपंथी बेवकूफ़ियाँ–मनुष्य को बहुत से खानों में बाँट देने के परिणाम। उसने निराशा से उसकी ओर देखा, “देखो, मुझे यह सब पसन्द नहीं है। तुम्हें खा लेना चाहिए। इसे जिसने भी बनाया हो, अगर साफ़-सुथरे ढंग से बनाया है, तो यह अच्छा है। हम सब यही खाते हैं, और हममें से कोई इसे खाने से अब तक न मरा है, और न स्वर्ग में उसे स्थान नहीं मिला है। जो दूसरों के साथ हुआ है, वही तुम्हारे साथ भी होगा।” उसने प्लेट जबरदस्ती उसके हाथ में पकड़ा दी। बच्चे ने भी कहा, “माँ, बहुत अच्छा है। खा लो।”

गाँव के घरों में बड़े-बड़े कमरों और आँगनों में पली-बढ़ी होने के कारण पत्नी ने जब एन्डरसन लेन में अपना घर देखा, तब वह चुप खड़ी रह गई। पहला सवाल उसके मुँह से यही निकला, “यहाँ हम कैसे रह पाएँगे?”

“कोई बात नहीं, आदत पड़ जाएगी,” श्रीनिवास ने कहा।

“लेकिन इतने ज़रा-ज़रा से कमरे और दालान।”

"हाँ, ऐसे ही हैं ये! मकान-मालिक बड़ा लालची है। तुम उससे जैसे चाहो, निपट लेना।"

"लेकिन कैसी अजीब बस्ती है! इससे अच्छा..."

"हाँ, बस्ती तो अच्छी नहीं है। लेकिन यहाँ बहुत सारे आदमी, औरतें और बच्चे रहते हैं; हम भी उन्हीं में हैं।"

तभी उन्होंने देखा कि रामू वहाँ नहीं है। इधर-उधर तलाश की तो उसे अपनी उम्र के एक लड़के से घुट-घुट कर बातें करते पाया, वह पड़ोस के एक घर में रहता था। रामू उस लड़के के डिब्बे को खोलकर उसमें से कुछ देख रहा था। श्रीनिवास बोला, "उस घर में कहाँ क्या है, यह रामू को पता चल गया है।" फिर उसने रामू को पुकारा। रामू के पीछे उसका दोस्त भी आया। उसने कहा, "यह हमारा घर है।" रामू घर देखकर खुश लगा। श्रीनिवास ने पूछा, "अच्छा लगा घर?" रामू और उसके दोस्त ने घर पर नज़र डाली, फिर खिलखिलाकर हँस पड़े। "तुम्हारे दोस्त का नाम क्या है?"

रामू बोला, "पता नहीं।...जिस स्कूल में यह पढ़ता है, क्या उसी में मैं भी जा सकूँगा?"

"हाँ, हाँ, क्यों नहीं?," श्रीनिवास ने जवाब दिया।

श्रीनिवास का परिवार आ गया, यह देखकर पड़ोस के लोग खुश थे। उन्हें अच्छा लग रहा था कि श्रीनिवास की ज़िन्दगी अब पटरी पर आ जाएगी। उन्होंने उसकी बीवी से कहा, "यह अब तक बेवजह ही किराया दे रहा था। तुम्हारे रहने का हिस्सा तो बन्द पड़ा रहता था। उसे अपने काम के अलावा और किसी बात की फ़िक्र नहीं रहती।" बूढ़ा मकान-मालिक भी उसे देखने आया। वह बोला, "मैं तुमसे बड़ा हूँ, मेरी बात ध्यान से सुनना। तुम जैसे चार लोगों के बराबर मेरी ज़िन्दगी का अनुभव है। कुछ भी हो जाए, अपने पति से दूर मत होना। आराम से रहना। दीवार में कीलें मत ठोंकना। मुझे यह पसन्द नहीं है।"

घर की ज़रूरतें श्रीनिवास को एक नया बोझ लगने लगीं। और ये थीं कितनी ज़्यादा? वह देख रहा था कि उसकी पत्नी उसकी आदतों से परेशान हो जाती है। उसे पहली दफ़ा अपनी पत्नी का अकेले साथ मिला था, और उसने इसे एक नई नज़र से देखा। अभी तक संयुक्त परिवार में दूसरे ही उसकी देखभाल करते थे, पर अब वह अकेले उसी पर निर्भर थी। और उसे यह बहुत ज़्यादती लगी। हर कदम पर उसे यह लगता था कि वह परिवार के किसी-न-किसी कर्तव्य का पालन नहीं कर रहा है। वह अक्सर

सोचता, 'इस तरह तो मैं अख़बार के लिए बिलकुल भी समय नहीं निकाल पाऊँगा।' वह उन सैकड़ों-हज़ारों लोगों को बड़ी इज्ज़त से देखने लगा, जो परिवार की सब ज़िम्मेदारियाँ निभाने के साथ और दूसरे बहुत से लोगों के काम करने के बाद भी, दुनिया में बड़े-बड़े काम कर जाते हैं। उसने अपने को बताया, "शायद यह ज़िन्दा रहने की कोई विशेष तकनीक है, जिसे मैं आज तक समझ नहीं पाया हूँ। यदि इसका मुझे ज्ञान हो जाए, तो मैं ज़्यादा अच्छी तरह ज़िन्दगी बिता सकूँगा।" वह अक्सर सोचता, 'क्या मैं सचमुच इतना ज़बरदस्त मूर्ख हूँ, कि हर काम ज़्यादा अच्छी तरह नहीं निभा पाता?' इसके आगे उसे विचार आता, 'एक तरफ तो मैं जीवन में सन्तुलन की बात करता हूँ, और सवेरा होते ही झगड़ों से घिर जाता हूँ।' उठते ही उसकी मुश्किलें शुरू हो जातीं। उसकी बीवी को यह पसन्द नहीं था कि वह बहुत सवेरे उठे और कॉफ़ी पीने बाहर चला जाए। वह कहती, "जब तुम्हारा अपना घर है, तो बाहर जाकर कॉफ़ी पीने की क्या ज़रूरत? लोग यह देखेंगे कि घर का मालिक कॉफ़ी पीने बाहर जाता है, तो वे क्या कहेंगे?"

इसका जवाब वह मज़ाक में देता, "घर की मालिक तो तुम हो? फिर मैं बाहर जाकर कॉफ़ी पियूँ, तो क्या ग़लत है?"

"मज़ाक मत करो," वह चिढ़कर कहती। "तुम्हें समझना चाहिए कि लोग इसे अच्छा नहीं मानते।" लेकिन उसे यह बात बहुत अनोखी लगती कि ज़िन्दगी के हर काम के लिए दूसरों की सहमति की चिन्ता की जाए—दूसरे तो कभी भी सहमति नहीं दिखाते। उसने ज़रा ज़्यादा गम्भीरता से ही सही, यह परिणाम निकाला कि सफलता की यात्रा इस एक कारण से ही रुक गई है, कि "दूसरे क्या सोचते हैं" या जनता की राय ही उनके जीवन का सबसे बड़ा पैमाना बन गया है। इसके आगे उसके विचार पालन-पोषण की दिशा में बढ़े। उसकी पत्नी बचपन में अपनी दादी को खुश करने के लिए ही, क्योंकि वह उसे अच्छे व्यवहार के लिए इनाम देती थी, सब काम करती रही होगी। पिता, माता, दादी और चाचा-चाचियों के बीच बचपन में उनकी अनुमति के अनुसार व्यवहार करके; फिर शादी के बाद सास-ससुर, पति और दूसरे लोग, और इसी तरह हमेशा दूसरों के समर्थन से ज़िन्दगी बिताने वाली उसकी पत्नी को आज तक कभी ऐसा अवसर ही नहीं मिला कि वह स्वतन्त्र रूप से सोचे, यहाँ तक कि अब यह उसका मेनिया ही बन गया है। वह नहीं चाहती कि मैं इतने सवेरे उठूँ और बाहर निकल जाऊँ, क्योंकि पड़ोसी क्या सोचेंगे; वह खुद अपने घर में ज़ोर से नहीं बोलती, क्योंकि पड़ोसी उसे कर्कशा मानने लगेंगे; न वह बच्चे को दूसरे बच्चों के साथ खेलने बाहर जाने देती है, क्योंकि वे गन्दे कपड़े पहनते हैं, और पड़ोसी उसे भी गँवारिन समझेंगे। उसे ताज्जुब होता कि अब तक

के विवाहित जीवन में उसने पत्नी को कभी नहीं जाना। लेकिन वह चुपचाप ये परेशानियाँ झेलता, अपने विचार अपने भीतर ही रखता, और 'झंडा' अखबार के तहखानों में ही इन पर सोच-विचार करता।

जब भी वह घर की चौखट के भीतर कदम रखता, यह सवाल उसका सामना करता, "आप यह भूल गए कि आपका अपना घर है?"

"क्या हुआ?" यह कहकर वह अपना कोट या शर्ट उतारता हुआ उसे टाँगने के लिए आगे बढ़ता। वह देखता कि बेटा ज़मीन पर बिछी चटाई पर सो रहा है और पत्नी एक कोने में बैठी कोई उपन्यास पढ़ रही है। और "क्या हुआ?" यह पूछने की उसे ज़रूरत ही नहीं थी, क्योंकि कारण वे ही सब होंगे जो हमेशा होते हैं, पहला और सबसे महत्त्वपूर्ण यह कि देर से क्यों आए; दूसरा यह कि घर चलाने में रुचि क्यों नहीं लेते; तीसरा, बच्चे की लापरवाही; चौथा, खर्च के लिए पैसे की कमी, वगैरह, वगैरह, और जिनका कोई अंत नहीं होता था। उसे अपने सवाल का कोई उत्तर नहीं मिलता, और वह सवाल को बढ़ाता भी नहीं था, क्योंकि उसे दिख जाता कि सामने वाली खिड़की के पीछे बैंक-क्लर्क की माँ छिपी हुई खड़ी है, और आगे क्या कहा-सुनी होती है, इसे सुनने का इन्तज़ार कर रही है। वह खाने के कमरे की तरफ़ बढ़ जाता जहाँ दो केले के पत्ते एक साथ बिछे होते थे। "तुम मेरे लिए इन्तज़ार करने की जगह जब भूख लगे तो खा क्यों नहीं लेतीं?"

"यह मैं कभी नहीं कर सकती," वह तीखा जवाब देती, फिर उपन्यास एक तरफ़ रखकर उठती और मुस्कराए बिना हाथ में बत्ती लिए आगे बढ़ती। खिड़की के नीचे बिछा पत्ता उसके लिए होता था। वह उसके सामने बैठ जाता; उसकी उँगलियों में छपाई की स्याही लगी होती।

"अपनी उँगलियाँ धो लो," वह ज़ोर देकर कहती, "स्याही में ज़हर होता है।"

"मैं धो चुका हूँ। यह पक्का धब्बा है। साफ़ करूँगा तो खाल उतर जाएगी। मैं इसी के साथ पैदा हुआ हूँ।" यह मुहावरा बोलकर वह खुश हुआ। दीया कमरे की चौखट पर रखा गया, जिससे सामने के कमरे में और किचेन में भी रोशनी रहे। कमरे में बच्चा सो रहा था। पत्नी ने सादा चावल खाने के लिए परोसा। बोली, "इसके लिए मुझे दोष मत देता। कहीं कोई सब्ज़ी नहीं मिली।"

"कोई बात नहीं," वह बोला। "तुम जानती हो, मैं इन बातों पर ध्यान नहीं देता।"

"लेकिन सुबह और शाम खाली भात खाना भी तो अच्छा नहीं है। पता नहीं, सब सब्ज़ी-वालों को क्या हो गया है? मुझे भी ऐसा कोई नहीं मिलता जो बाज़ार चला जाए और सब्ज़ी खरीद लाए। मैंने रामू को समझा-बुझाकर भेजा कि धनिये

की पत्तियाँ ले आए। वह गया भी, लेकिन खाली हाथ लौट आया।''

''अभी वह बच्चा ही है,'' श्रीनिवास ने कहा और अँधेरे कमरे में सोते हुए बच्चे पर नज़र डाली। लेकिन पत्नी बहस करने पर उतारू थी, ''वह नहीं लाएगा, तो और कौन है जो लाएगा?''

''लेकिन तुम खुद क्यों नहीं जातीं और ज़रूरी सामान खरीद कर ले आतीं? इस तरह तुम्हारा घूमना भी हो जाएगा,'' श्रीनिवास ने कहा।

पत्नी ने उसके चेहरे पर नज़र डाली, कि वह सच कह रहा है या मज़ाक कर रहा है। कुछ रुककर उसने कहा, ''पता नहीं, लेकिन कोई मेरे साथ चले तो शायद मैं जाकर कुछ खरीदारी कर सकूँ; और शायद यही सबसे अच्छा उपाय है।''

3

श्रीनिवास ने मेज़ पर पड़े प्रूफ़ों का बंडल उठाकर एक तरफ़ रख दिया। उसने अभी-अभी सम्पादकीय, कुछ फुटकर सामग्री तथा छापने योग्य पत्र तैयार कर लिए थे। उसने अपनी दर्द करती उँगलियाँ चटकाईं, कुर्सी पर पीठ सीधी की, फिर उठकर चहलकदमी की और दरवाज़े पर खड़ा होकर नीचे गली में देखने लगा। उसे ताज्जुब हुआ कि उसका पड़ोसी बैंक क्लर्क गली में चला जा रहा है। उसने आवाज़ दी, 'रवि, रवि!' तो वह ऊपर देखकर रुक गया। श्रीनिवास ने कहा, ''ऊपर आ जाओ और 'झंडा' अखबार देखो।'' रवि ऊपर चढ़ आया और संकोच से इधर-उधर नज़र डालने लगा। बोला, ''मैं तुम्हें डिस्टर्ब तो नहीं कर रहा?''

''इस वक्त तो नहीं,'' श्रीनिवास ने जवाब दिया। ''इस वक्त मेरे पास समय है। यहाँ क्यों आए? ऑफिस नहीं गए?'' रवि एक साथ इतने सवालों से जैसे घिर-सा गया। उसने ओठों पर जीभ फेरी, पिनकुशन उठाया और उसकी पिनें निकाल-निकाल कर तरतीब से लगानी शुरू कर दीं। श्रीनिवास उसे देखता रहा, फिर पूछ बैठा, ''तुम्हारा बॉस कैसा है?''

''हमेशा की तरह बुरा,'' उसने जवाब दिया, ''आज मैंने घंटे भर की छुट्टी माँगी, तो सुनते ही कैसे ज़ोर से दहाड़ा। मेरे कान के पर्दे अब तक काँप रहे हैं।''

''छुट्टी तो दे दी?''

''हाँ, दे दी। लेकिन इतना ज़्यादा चीखा-चिल्लाया और मेज़ पर मुक्के मार कर बोला, 'तुम हमेशा छुट्टी माँगते रहते हो। भाड़ में जाओ? लेकिन फिर मत माँगना,' और मैं यहाँ हूँ।'' यह कहकर वह हँसा। ''वह हमेशा ऐसा ही व्यवहार करता है। मैं तो अब आदी हो चुका हूँ।''

''इधर लोग कम ही आते हैं,'' श्रीनिवास ने ज़रा तल्खी से कहा।

रवि ने पिनकुशन सरका दिया, पेपरवेट उठा लिया और उसे उलटा खड़ा करने की कोशिश करने लगा। फिर बोला, ''तुम जानना चाहोगे कि मैं इधर क्यों आया

हूँ। मैं किसी ऐसे आदमी की तलाश में यहाँ आया हूँ जो मुझे सालों से नहीं मिला है।'' श्रीनिवास मुस्कराया, उसने सवाल को ज़्यादा नहीं बढ़ाया क्योंकि इसमें उसे कुछ उलझन नज़र आई। इस बीच रवि ने एक पेंसिल उठाई, एक कागज़ का टुकड़ा खींचा, और कुछ मिनट तक उसपर पेंसिल को इधर-उधर घुमाने के बाद उसे आगे बढ़ा दिया ''यह है वह व्यक्ति।'' कागज़ पर उन्नीस साल की एक लड़की की तस्वीर बनी थी, सुन्दर, सही लाइनों में, जैसे दिमाग़ में बसे चित्र को कागज़ पर उकेरा गया हो। उसके बालों में दो फूल लगे थे, इयररिंग में लगे मोती से रोशनी की किरण निकल रही थी, और उसकी आँखों पर भी एक किरण गिर रही थी। श्रीनिवास इसे देखकर जैसे हक्का-बक्का रह गया। ''मैं कहता हूँ...यह तो, यह तो...'', वह प्रशंसा में कुछ कहना चाहता था लेकिन सही शब्द मिल नहीं पा रहा था। ''यह तो बहुत ही सुन्दर है। मुझे नहीं पता था कि तुम इतने अच्छे कलाकार हो।''

''लेकिन बैंक में कला की ज़रूरत नहीं पड़ती,'' यह कहकर रवि ने चित्र उठाया, उसका एक कोना फाड़ा, उसे गहरी नज़र से देखा, और तोड़ने-मोड़ने लगा।

श्रीनिवास ने झपटकर कागज़ उसके हाथ से छीन लिया, ''अरे, फाड़ो मत इसे,'' कहकर उसे देखने लगा। ''इसकी मुस्कान कितनी प्यारी है?''

''यह उसका स्थायी भाव था,'' रवि ने उत्साह से कहा। ''बड़ी हलकी मुस्कराहट देती थी, लेकिन—मालूम है, उसमें कितनी ताकत थी!''

''कौन है यह?''

''अब इस सबमें जाने की क्या ज़रूरत है,'' रवि ने लम्बी साँस लेकर कहा। ''कई साल पहले की बात है। एक शाम मैंने उसे ईश्वर मन्दिर से बाहर निकलते हुए देखा...''

''तुम वहाँ क्या करने गए थे?''

''तब मैं बड़ा धार्मिक था। महीनों मैं वहाँ जाता रहा, और कुछ नहीं देखता था, लेकिन उस दिन अचानक जैसे किसी सपने में—वह मन्दिर की चौखट पर मूर्ति की तरह खड़ी थी; आसमान में उस समय सिर्फ छह तारे थे, जिनके बीच मन्दिर का गुम्बद दिखाई दे रहा था; उसके बालों में एक फूल था, हाथों में चाँदी की थाली सजी थी—कितनी लम्बी और मनोहर! समझ नहीं पाता, कैसे उसका वर्णन करूँ, मैं मन्दिर में घुस ही रहा था, कि वह दिखाई दी। मैं ठगा-सा वहीं खड़ा रह गया।''

लड़का कॉफ़ी ले आया। श्रीनिवास ने एक कप उसकी तरफ़ सरकाया। दोनों चुपचाप कॉफ़ी पीने लगे। नीचे ट्रेडिल की घरघराहट सुनाई दे रही थी, सड़क पर ठेले वाले की आवाज़ दूर तक गूँज रही थी। रवि ने पूछा, ''मैं अपनी कहानी ज़ारी रखूँ?''

"हाँ, हाँ, ज़रूर!"

"इसके बाद मैं उससे मन्दिर में मिलने लगा। हर शाम घर लौटकर मैं उसका तैल-चित्र बनाता था। तस्वीर अभी पूरी नहीं हुई है, क्योंकि अचानक उसका दिखाई पड़ना खत्म हो गया।"

"वह कहाँ रहती है, यह नहीं जानते थे?"

"जानता था; कार स्ट्रीट में रहती थी।"

"वहाँ मिलने नहीं गए?"

"नहीं, वे मुझे बाहर निकाल देते। उसका पिता बड़ा खतरनाक दिखता था। मैं उसे दरवाज़े पर खड़े देखता, तो चुपचाप निकल जाता, लेकिन मैं हर रोज़ वहाँ से कई दफ़ा निकलता था।"

"नाम क्या था उसका?"

उसने उदासी से सिर हिला दिया। "पता नहीं, मैं कभी पूछ ही नहीं सका।"

"तुममें दोस्ती थी?"

"पता नहीं। हम इस तरह दोस्त थे कि वह रोज़ मुझे मन्दिर में देखती थी, और एक दफ़ा उसने देवता पर चढ़ाए नारियल का एक टुकड़ा भी मुझे दिया। मैंने उसे कितना सम्भाल कर रखा! लेकिन नारियल का टुकड़ा कब तक रखा जा सकता है—"

"वह शादीशुदा थी?"

"पता नहीं। मैं पूछ ही नहीं सका। अरे, जब वह मन्दिर से घर लौटती तो मैं दस कदम पर उसके पीछे-पीछे उसके घर तक जाता—और मुझे कितना सुख होता था। हमारे बीच एक शब्द भी कभी नहीं बोला गया, लेकिन मैं हर रोज़ मन्दिर जाता था, और मेरा ख्याल है, वह भी मुझे देखती थी। फिर अपने घर के फाटक पर पहुँचकर वह अपना सिर ज़रा सा मेरी तरफ़ हिलाकर भीतर चली जाती; और मैं दौड़कर अपने घर आता और उसकी तस्वीर, उस अँधेरे में ही, बनाने लगता।"

श्रीनिवास ने ज़ोर से कहा, "मैं नहीं जानता था कि तुम कलाकार हो।"

"नहीं, मैं कलाकार तो क्या, सिर्फ बैंक-क्लर्क हूँ। लेकिन उन दिनों कुछ और था। कॉलेज का छात्र था। पिता जी बड़े वकील थे और उनका स्वास्थ्य अच्छा था। मैं क्या कर रहा हूँ, इसकी कोई परवाह नहीं करता था—लेकिन एक दिन अचानक सारे परिवार की ज़िम्मेदारी मेरे ऊपर आ गई, क्योंकि पिताजी को लकवा मार गया।"

"और उस तस्वीर का क्या हुआ?"

"कुछ नहीं हुआ। उसे खत्म करना पड़ा। एक दिन वह गायब हो गई और तस्वीर भी वहीं रुक गई। फिर मैंने अपना रंग का डिब्बा हमेशा के लिए बन्द करके रख दिया। तस्वीर अब सामान के बक्से में कहीं नीचे पड़ी है।"

"लड़की का क्या हुआ?"

"एक शाम वह मुझे मन्दिर में दिखाई नहीं दी, तो मैं देर तक उसका इन्तज़ार करता रहा; मुझे अभी तक याद है कि राह चलते लोग मुझे देख-देख कर कैसे हँस रहे थे। आठ बजे रात तक मैंने इन्तज़ार किया, फिर कार स्ट्रीट उसके घर तक गया। घर में अँधेरा था। बाद में मुझे पता चला कि वे लोग शहर छोड़ गये हैं। सालों तक उनका कोई पता नहीं था। पर आज जब मैं अपनी मेज़ पर बैठा खिड़की से बाहर देख रहा था, तो मुझे लगा कि उसके पिता जैसा कोई आदमी कार में बैठा वहाँ से गया है—और मैं तुरन्त दफ्तर से निकलकर कार स्ट्रीट की तरफ दौड़ा, यह देखने कि क्या वे वापस आ गए हैं। फिर मैं शहर भर में घूमता रहा कि कोई दिखाई दे जाए। और उस दिन के बाद से यह मैंने पहली तस्वीर बनाई है।" यह कहकर वह हँसा, "अब यह तुम्हारे पास है, तो इसे सम्भालकर रखना, और आँखें भी खुली रखना। अगर कभी कहीं भी दिखाई दे जाए, तो—"

"हाँ, हाँ, ज़रूर" मैं तुम्हें फौरन बताऊँगा।"

इस सम्भावना पर रवि की आँखें चमक उठीं। उसने मेज़ पर झुककर श्रीनिवास की बाँह कसकर पकड़ ली और कहा, "तुम मुझे फौरन बताओगे, वादा करो! तुम मुझे बताओगे। मैं फिर सैकड़ों चित्र बनाऊँगा, वादा करता हूँ, सिर्फ मुझे बता देना कि तुमने उसे देखा है—"

इसके बाद रवि अक्सर दफ्तर आने लगा, सिर्फ यह जानने के लिए। श्रीनिवास को हर शुक्रवार को बहुत डर लगता था, कि कोई उस दिन उसे परेशान न करे, क्योंकि वह अखबार के अन्तिम रूप लेने और छपने का बहुत व्यस्त दिन होता था। इस दिन वह ज़रा ज़्यादा ही परेशान रहता था, और उसे डर लगता था कि खड़-खड़, करती लकड़ी की सीढ़ियों से उसके चढ़ने की आवाज़ें भी न सुनाई देने लगें। रवि को भी इन्हीं दिनों में वहाँ आना पसन्द था। दफ्तर बन्द होते ही वह यहाँ आ पहुँचा और दरवाज़े पर खड़े होकर दाँत निकाल कर खड़ा हो गया। श्रीनिवास ने एक बेजान-सी मुस्कराहट उसकी ओर फेंकी और मेज़ पर रखे कागज़ उलटने-पलटने लगा। रवि कमरे के कोने में पड़े स्टूल पर बैठ गया। श्रीनिवास को झुँझलाहट हुई और उसने ज़ोर से कहना चाहा, "तुम मुझे परेशान क्यों करते रहते हो, और खास तौर से आज के दिन?" लेकिन आत्म-नियन्त्रण के भाव के अधीन उसने यह विचार अपने मन में ही कुचलने की कोशिश की। उसके मन के एक कोने में यह बात उठी, "मुझे इतना असभ्य नहीं होना चाहिए।" रवि तो शान्ति से अपना कष्ट सहन कर रहा

है। उसका मित्र होने के नाते मेरा यह कर्तव्य बनता है कि उसे सहारा दूँ।'' यह सोचकर उसने सिर उठाकर कहा, ''दफ्तर खत्म हो गया?'' ''हाँ'', जवाब आया। फिर रवि ने धीरे से पूछा, ''चित्र कैसा लगा?'' श्रीनिवास ने कलम अलग रख दी और मेज़ की दराज़ खोलकर एक फाइल निकाली, जिसमें उसने बहुत सम्भालकर चित्र रख दिया था। फाइल खोलकर उसने चित्र निकाला, और उस पर नज़र डाली—जिससे वातावरण एकदम बदल गया। चित्र के नेत्रों से निकलती रोशनी की किरण, और सामने बैठे कलाकार के भावोद्रेक ने मिलकर उसे एक नया रूप दे दिया। अब यह व्यक्ति एक साधारण, उलटी-सीधी बातें करने वाला बैंक क्लर्क नहीं था, न वह कोई निरादरयोग्य व्यक्ति था जो बिना सोचे-समझे वहाँ आकर बैठ जाता था, बल्कि वह एक रचनाशील चित्रकार था, एक महत्त्वपूर्ण व्यक्ति, जिसे श्रेष्ठ पुरुषों की श्रेणी में रखा जा सकता था।

श्रीनिवास जानता था कि इस फटे-पुराने कपड़े पहने व्यक्ति के भीतर कैसी तड़पन चल रही है। वह जानता था कि उसके जीवन की प्रेरणा उसे छोड़कर चली गई है। उसका अपना घर है, माता-पिता, भाई और बहनें हैं, लेकिन किसी का कोई अर्थ नहीं है। उसका हृदय घर में नहीं है, जैसे वह बैंक में भी नहीं होता। उसे रवि पर दया आई और वह क्षमा माँगने के भाव से कहने लगा, ''देखो, रवि, आज ज़रा ज़्यादा काम का दिन होता है, इसलिए—,'' और रवि ने तुरन्त उत्तर में कहा, ''हाँ, हाँ, मैं बिलकुल शान्त रहूँगा। मैं तो सिर्फ यह देखने चला आया कि तुम कैसे हो। परेशान मत होओ—,'' हालाँकि यह बात एकदम झूठ थी, और श्रीनिवास जानता था कि वह अपने खोए हुए प्यार के बारे में खबर प्राप्त करने आया था। वह 'स्केच कैसा लगा' प्रश्न के द्वारा भी यही बात जानना चाहता था। श्रीनिवास ने स्केच उसे पकड़ा दिया और अपने काम में लग गया। रवि एक घंटे से ज़्यादा वहाँ अँधेरे में बैठा चुपचाप स्केच की तरफ देखता रहा। इधर श्रीनिवास अपना काम निबटाने में लग गया।

आखिरी प्रूफ़ पढ़कर दे देने के बाद श्रीनिवास उठा और बोला, ''मैं नीचे प्रेस में जा रहा हूँ।'' रवि ने स्केच उसे वापस कर दिया। श्रीनिवास ने उसे दराज़ में बन्द कर दिया और दोनों नीचे उतर आए। मुद्रक ने उसे उत्सुकता से देखा। श्रीनिवास ने बताया, ''मेरे मित्र हैं। पड़ोस में ही रहते हैं।'' यह सुनकर मुद्रक ने ज़रा दिखावे के साथ कहा, ''आइये, भीतर आइये। आपका स्वागत है।'' नीचे 'झंडा' के ढेर लगे थे, उन्हें लपेट और चिपकाकर डाक घर भेजे जाने के लिए। सम्पादक वहीं बैठ गया, उसके साथ मुद्रक और उसका लड़का भी काम करने लगे। ट्रेडिल घरघराती 'झंडा' की प्रतियाँ छाप-छापकर निकालती जा रही थी, और मुद्रक अपनी जगह से ही बार-बार दोहराता था, ''धीरे चलाओ—स्याही का ध्यान रहे।''

यह सब देखकर श्रीनिवास सोचने लगा, जैसे वह पहले भी कई बार सोचता रहा था, कि इस बैंगनी पर्दे के पीछे कितने लोग 'झंडा' अखबार निकालने के लिए काम करते हैं। वह कभी भी उसके भीतर झाँकने की हिम्मत नहीं जुटा पाया था, क्योंकि मुद्रक हमेशा बहुत ज़ोर देकर यह बात कहता था, "इस एक नियम का मैं पूरी सख्ती से पालन करता हूँ—मेरे अच्छे-से-अच्छे दोस्त और रिश्तेदार भी उसमें नहीं जाते। आपने कभी मेरा मशीन-रूम नहीं देखा, इसका मैं शुक्रिया अदा करता हूँ, और आपका कृतज्ञ हूँ कि आपने मेरे सिद्धान्तों का आदर किया है। अपने सैंकड़ों ग्राहकों को मैं आपकी मिसाल भी देता हूँ।" यह सुनने के बाद तो श्रीनिवास और ज़्यादा उसमें प्रवेश करने से कतराने लगा। उसे याद आया कि चिदम्बरम् मन्दिर के भीतर भी एक बड़ा रहस्य निहित है, मुख्य प्रतिमा के पीछे फैले अंधकार में, जहाँ उसके बाहर जगमगाती कोई भी रोशनी नहीं पहुँचती। वह हमेशा आश्चर्य करता था कि देवालय की उस गुहा में क्या हो सकता है, लेकिन जिस किसी ने भी यह रहस्य भेदने की चेष्टा की, उसने प्राण भले ही न गँवाए हों, अपनी आँखें ज़रूर खो दीं। यह एक प्रकार का प्रतीक था, जैसे यह जीवन और सत्ता की ही अभिव्यक्ति हो; इसलिए श्रीनिवास को मुद्रक के इस आग्रह में कोई अनौचित्य नहीं लगा, कि बैंगनी पर्दे के पीछे उसके कार्य के अन्तरतम रहस्य में बाहर का कोई व्यक्ति प्रवेश न करे।

रवि एक कुर्सी पर बैठा 'झंडा' की एक प्रति के पन्ने उलट-पलटकर देख रहा था, और दूसरे सब लोग बड़ी तेज़ी से उन्हें मोड़ने और चिपकाने में लगे थे। मुद्रक ने उस पर एक-दो बार नज़र डाली, फिर उसकी ओर एक अंक बढ़ाकर कहा, "श्रीमान..., मुझे आपका नाम जानने का सौभाग्य नहीं प्राप्त हुआ।"

"रवि।"

"कितना सुन्दर है आपका नाम! श्रीमान रवि, आप इस अंक पर ज़रा सा गोंद लगाकर उसे दबाने की कृपा करेंगे?" रवि ने जो कहा गया था, किया। इसका अगला चरण यह हुआ कि उसे भी दूसरों की तरह काम में लग जाना पड़ा। मुद्रक ने उसे शाबासी से लाद दिया। "बहुत अच्छा लगाया है। हम सबको मिल-जुलकर काम करना चाहिए। मैं खुद यह क्यों कर रहा हूँ, जबकि मेरा काम अखबार छाप देने के बाद खत्म हो जाता है। इसलिए क्योंकि इसे मैं राष्ट्रीय कर्तव्य मानता हूँ; यह न सम्पादक का काम है, न किसी और का काम है, यह देश का काम है और हर आदमी जो अपने को देश की सच्ची सन्तान मानता है, उसे इसमें अपना हिस्सा अदा करना चाहिए।" श्रीनिवास को लगा कि यह जरा ज़्यादा ऊँची बात है। "नहीं, नहीं, मैं आपको विश्वास दिलाता हूँ कि यह इतनी ऊँची चीज़ नहीं है। 'झंडा' एक साधारण साप्ताहिक अखबार है, इससे ज़्यादा कुछ नहीं। हर काम को हमें राष्ट्र सेवा

नहीं मान लेना चाहिए।'' लेकिन मुद्रक ने उसकी बात काटते हुए तुरन्त कहा, ''मैंने आज सवेरे ही एक ग्राहक से कुछ कहा—सज्जनता से कभी किसी का भला नहीं हुआ है। उसका विज़िटिंग कार्ड छापने में ज़रा सी देर हुई तो वह शोर मचाने लगा। मैंने उससे साफ़ कह दिया कि तुम मुझे एक लाख रुपये भी दो, तब भी मैं इस दिन 'झंडा' का ही काम करूँगा।''

श्रीनिवास अँधेरे में, कहीं-कहीं जलती रोशनियों के बीच घर की ओर चला। रवि उसके पीछे चुपचाप चल रहा था। श्रीनिवास ने पूछा, ''तुम्हारे लिए बहुत देर तो नहीं हो गई है?'' उसने जवाब दिया, ''एक ही बात है। मुझे तुम्हारे दफ्तर में बहुत अच्छा लगा। सच बात यह है कि मुझे यह जगह बहुत पसन्द है।'' उसने यहाँ के घरों की खिड़कियों से निकलती हलकी-हलकी रोशनियों की तरफ इशारा किया, जो यहाँ की अकेली रोशनियाँ थीं, क्योंकि मार्केट रोड खत्म होने के बाद गलियों में सरकारी रोशनियाँ नहीं थीं। ''मुझे ये झिलमिलाती रोशनियाँ बहुत अच्छी लगती हैं। किसी दिन मैं इन आधी-अधूरी रोशनियों और सायाओं को लेकर ही एक चित्र बनाऊँगा—लेकिन पता नहीं, वह दिन कब आएगा।''

उसकी बूढ़ी माँ दरवाज़े पर खड़ी इन्तज़ार कर रही थी। उसने चिन्तित होकर पूछा, ''इतनी देर क्यों हो गई?'' वह बिना कोई जवाब दिए घर के अपने हिस्से की तरफ बढ़ा तो उसका सबसे छोटा भाई और बहिन उसकी बाँहों से लिपट गए।

'झंडा' का नया अंक अपने हाथ में लिए श्रीनिवास अपने घर में घुसा। उसकी बीवी हमेशा की तरह लैंप की रोशनी में उपन्यास पढ़ रही थी। उसने अंक उसकी ओर बढ़ाते हुए कहा, ''मुझे उम्मीद है कि इस अंक में तुम्हें अपने मतलब का कुछ ज़रूर मिलेगा।'' बीवी ने फुर्ती से पत्रिका खोली, उस पर एक नज़र डाली, फिर उसे एक तरफ़ रखकर कहा, ''इसे बाद में पढ़ूँगी,'' और श्रीनिवास के लिए खाना निकालने चली गई। अब उसने श्रीनिवास की आदतों के अनुरूप अपने को ढाल लिया था, और बिना भुनभुनाए उसका देर से आना स्वीकार कर लिया था। लेकिन वह पत्रिका की ज़बरदस्त आलोचक थी। वह हमेशा अपने लिए लाई पत्रिका को देखकर यही कहती थी, ''इसमें हमारे मतलब का कुछ क्यों नहीं छापते?''

''तुम पढ़ती रहोगी तो तुम्हें यह अपने मतलब का भी लगने लगेगा,'' यह कहकर उसे लगा कि उसने ज़्यादा बड़ी बात कह दी है। उसे सचमुच यह लगा कि आर्थिक, सामाजिक और नगरपालिका के मुद्दों की घिसाई करके उसने पत्रिका को सचमुच सामान्य पाठक की पहुँच से दूर कर दिया है। जब कभी वह ज़रा गहराई से इस बात को सोचता, हमेशा इसी परिणाम पर जा पहुँचता था। इसलिए जिस दिन पत्रिका निकलती, उसका मूड खराब ही रहता था। वह यही सब सोचता खाना

खाता रहा। उसकी पत्नी परोसने के लिए उसके पत्ते पर झुकी। उसने पति के लिए घी में तलकर आलू के चिप्स बनाए थे, दही में कचरी घोलकर रायता तैयार किया था; और अब जब उसने देखा कि वह बिना किसी चीज़ की चर्चा किए खाना खाए जा रहा है, तब उसे बड़ी निराशा हुई। वह मशीन की तरह एक-एक चीज़ मुँह में डालकर खाता जा रहा था, तो वह क्षण भर उसे देखती रही। वह पत्रिका के बारे में ही सोच रहा था, 'झंडा' में ज़रूर कोई कमी रह जाती है। काश, मैं जान पाता कि यह क्या है! कोई ऐसी चीज़ ज़रूर है जिससे यह आम पाठक को पसन्द नहीं आती। मेरी पत्नी की शिकायत में ज़रूर कुछ सचाई है।'' पत्नी ने उसकी ओर देखकर पूछा, ''तुम जो खा रहे हो, वह पता है, क्या है?'' वह एक झटके से सहज हुआ और मुस्कराया। लेकिन पत्नी ने बताने का इसरार किया। ''उस कोने में क्या रखा है, जिसे तुम खा रहे हो?'' श्रीनिवास ने पत्ते के कोने को ध्यान से देखा और कहा, ''कोई तली हुई चीज़ है।'' ''हाँ, लेकिन चीज़ क्या है?'' अब वह भौंहें ऊपर उठाकर सोचने लगा। वह जानता था कि सही न बताने पर पत्नी दुखी हो जाएगी। उसे यह सोचकर तकलीफ़ हुई। वह बोला, ''माफ़ करना, मैं कुछ और सोच रहा था। यह कच्चा केला है?''

पत्नी ने धीरे से अपना सिर ठोंका और बोली, ''क्या मज़ाक है! कच्चा केला? मैं सारी शाम अपना बटुआ टटोलती रही, कि तुम्हारे लिए आलू लाऊँ और उसे तलूँ, और तुम इसे कच्चा केला कह रहे हो! दोनों में कोई फ़र्क न हो तो इतनी मेहनत क्यों की जाए?'' श्रीनिवास ने उसके चेहरे पर नज़र डाली, वह ज़रा लाल हो रहा था। ज़ाहिर है कि इससे वह नाराज़ हो गई थी। अब उसे खुद अपने ऊपर गुस्सा आने लगा। ''मैं पारिवारिक जीवन की कला नहीं जानता। पत्रिका में कमी की तरह मेरे भीतर भी कोई कमी है, जिससे लोगों में असन्तोष पैदा होता है।'' उसने महसूस किया कि अगर वह सचेत नहीं रहा तो पत्नी बहुत दुखी हो जाएगी। इसलिए उसने कहा, ''इस बात को ज़्यादा तूल मत दो।'' इसके बाद वह चुपचाप खाना खाता रहा, हाथ धोये और 'झंडा' का अंक लेकर चटाई पर बैठ गया। लैंप की रोशनी में उसकी एक-एक लाइन को दोबारा पढ़ा और यह जानने की कोशिश की कि इसमें क्या कमियाँ हैं जिन्हें अगले अंक में निकालने की कोशिश करे। उसके दिमाग़ का एक कोना किचेन की तरफ भी लगा था, जहाँ उसकी पत्नी ज़मीन साफ कर रही थी, बर्तन धो रही थी, उन्हें अलमारी में रख रही थी जिसकी खड़खड़ाहट सुनाई दे रही थी, फिर उसने किचेन का लैंप बुझाया और अंत में दरवाज़ा बंद कर दिया। फिर वह श्रीनिवास के सामने क्षण भर रुकी, और अपने बिस्तर पर जाकर बेटे की बगल में लेट गई। श्रीनिवास ने इस पर ध्यान दिया और उसे उस पर दया

आई। उसे पत्नी की ज़िन्दगी अकेली और खाली लगी। उसे यह भी अन्दाज़ नहीं था कि वह सारा दिन कैसे बिताती है, शायद उसके लौटने का इन्तज़ार ही करती रहती है। इसलिए अगर उसे शिकायतें हैं तो वे सही हैं। मैंने पिछले दिनों उसकी उपेक्षा की है। न जाने कब से मैंने उसे छुआ ही नहीं है, और सच बात यह है कि पति-पत्नी का सम्बन्ध इस दृष्टि से विशिष्ट ही है। शायद वह इसी कारण मुरझाती चली जा रही है कि उसने कानों में कोई रोमांटिक बात नहीं पहुँच रही और उसे कोई आलिंगन नहीं मिल रहा है। एक क्षण वह झिझका और सोचता है कि ऐसा कुछ करे या नहीं। लेकिन क्षण भर बाद उसने यह विचार स्थगित कर दिया और हाथ का काम पूरा करने के लिए कागज़ और कलम उठाकर अगले अंक के लिए नोट्स लिखने लगा।

श्रीनिवास ने फैसला किया कि अगला पूरा दिन वह घर पर ही बिताएगा। अखबार निकलने के बाद वाले दिन छुट्टी होनी चाहिए। उसने अपने आपसे कहा, 'मुझे याद रखना चाहिए कि मैं परिवार वाला व्यक्ति हूँ।' अगले दिन देर तक सोते रहकर उसने पत्नी को चौंका दिया। उसने साढ़े सात बजे उसे उठाया। कहा, ''आज सोते ही रहोगे, उठोगे नहीं?''

''नहीं, श्रीमतीजी'', उसने जवाब दिया। ''आज छुट्टी है। आज मैं ऑफिस के पास भी नहीं फटकूँगा।'' पत्नी ने खुशी जताई और पूछा, ''सारा दिन घर पर ही रहोगे?''

''बिलकुल।''

पत्नी ने ज़ोर से आवाज़ दी, ''रामू, रामू!'' वह कहीं से दौड़कर आया और पूछने लगा, ''क्या है, माँ?''

''तुम्हारे पापा आज दफ़्तर नहीं जाएँगे।''

''क्या हुआ, पापा?'' बच्चे ने सन्देह जताते हुए पूछा। श्रीनिवास उसके सवाल का सही जवाब नहीं दे सका। वह यह देखकर खुश हो रहा था कि उसके इस निर्णय का इन दोनों पर क्या प्रभाव पड़ रहा है। उसने कहा, ''अच्छा, अब तुम जाकर खेलो। मैं आधा घंटा और सोऊँगा, फिर तुमसे बात करूँगा।''

बच्चे ने अपनी फिरकी उठा ली और बाहर दौड़ गया। श्रीनिवास ने आँखें बन्द कर लीं और अकर्म के सुख का आनन्द लेने लगा। मिली-जुली आवाज़ें उसके कानों में पड़ने लगीं : किचेन में पत्नी की खटपट, दूर कहीं से आती बेटे की आवाज़ें जो अपने किसी दोस्त से बहस कर रहा था, बाहर लगे नलके पर बहुत से स्त्री-पुरुषों

की पतली-सी आवाज़ें, 'बैंगन ले लो, हरी सब्ज़ियाँ'—ये सब आवाजें एक-दूसरे में घुल-मिलकर उसके कानों में पड़ रही थीं। हर आवाज़ को अलग-अलग करके उसकी जड़ तक पहुँचने में उसे लगाने वाले की आकांक्षाओं और ज़रूरतों का पता चलता था। सब्ज़ी वाली इसलिए चिल्ला रही है, क्योंकि उसके पीछे उसका घर और बच्चे हैं, जिनकी ज़िन्दगी इस बात पर निर्भर है कि वह समाज में कितने बैंगन और दूसरी सब्ज़ियाँ वितरित कर सकती है—और कोई उसे पुकार रहा है और दूसरा सौदेबाज़ी कर रहा है। किसी बूढ़े को बैंगन बहुत पसन्द हैं, एक स्कूली छात्र बैंगन के नाम से ही मुँह बिचकाने लगता है, हरेक की रुचि अलग है, घर की मालकिन इन सबसे ज़्यादा सहमति बना पाती है—उसे घर चलाने के काम में सब्ज़ी-वाली का प्रवेश बहुत पसन्द है क्योंकि इससे उसकी मूल समस्या हल होती है—लेकिन बदले में वह कम-से-कम पैसा देना चाहती है, और यही उसे सबसे ज़्यादा सन्तोष प्रदान करता है। हर सूर्योदय और सूर्यास्त के बीच कितनी मानव शक्तियाँ एक-दूसरे के सम्पर्क में आती हैं और उनसे उलझती हैं! ज़िन्दगी की इस तस्वीर की बहु-आयामिता और विस्तार की कल्पना करके श्रीनिवास आश्चर्य से चकित रह गया—हर आवाज़ को उसके स्रोत तक ले जाकर आगे-पीछे करके उसकी उपयोगिता समझने से एक ऐसी तस्वीर सामने आती है, जो कल्पना करने के लिहाज़ से बहुत ज़्यादा विशाल है। इसके विस्तार और अनंतता ने श्रीनिवास को गहराई तक हिला दिया। उसने अपने से कहा, 'यह सचमुच इतनी ज़्यादा बड़ी है कि कल्पना में भी नहीं समा पाती—क्योंकि इसकी समग्र तस्वीर में ही हम ईश्वर को देखते हैं। सृष्टि में कुछ और इतना अपार विस्तार और विविधता लिए नहीं है। यही वह वस्तु है जिसे हम धर्म कहते हैं। मैं कितना चाहता हूँ कि इसका एक कण भी अपने पाठकों तक पहुँचा सकूँ। कई विचार ऐसे हैं, जिन्हें व्यक्त करें तो उनका गला घुटने लगता है। काश, लोग यह समझ सकते, कि कितनी बड़ी योजनाओं के हम अंग हैं!' इसी क्षण सारी आवाज़ों के ऊपर उसे किसी औरत की यह आवाज़ सुनाई पड़ी, "अगर यह गन्दा कुत्ता नल के पास आया, तो मैं इसे जान से मार डालूँगी।"

"मेरे बेटे के डॉगी के बारे में कुछ कहा तो मैं तुम्हारा घड़ा फोड़ दूँगी," दूसरी उससे भी तीखी आवाज़ सुनाई दी। "अब दोनों यहाँ से दफ़ा हो जाओ, मैं आधे घंटे से एक गिलास पानी के लिए खड़ी हूँ।" अब इन दोनों को मिलाकर एक नई तस्वीर बनती थी। एक आदमी ने आदेश देने की तरह कहा, "मैं यह नलका उखड़वा दूँगा, अगर तुम लोग—" यह बूढ़े मकान-मालिक की आवाज़ थी, जिसे सुनकर लोग चुप हो गए। फिर सिर्फ नल में से बर्तन में पानी गिरने की आवाज़ आने लगी। इसके बाद उसने श्रीनिवास के घर में झाँका और कहा, "बाबू श्रीनिवास, अभी तक

सो रहे हो! क्या तबियत ख़राब है?" वह भीतर जाकर श्रीनिवास के बिस्तर पर जाकर खड़ा हो गया और बोला, "मैं सोच रहा था कि तुम दफ्तर की तैयारी कर रहे होंगे।" वह बगल में ही ज़मीन पर बैठ गया और कहने लगा, "मैं तो कभी-कभी सोचता हूँ कि इन घरों में ताला डालू दूँ और सबको बाहर निकाल दूँ। इनके लिए तो कुछ भी नहीं किया जा सकता।"

"आप इनके लिए क्या करना चाहते हैं?"

"मैंने इन्हें पानी के लिए नलका दिया है जिसका, एक-दूसरे को फाड़ खाए बिना ये इस्तेमाल ही नहीं कर सकते। इन लड़ाई-झगड़ों से मैं कभी-कभी इतना दुखी हो उठता हूँ कि सोचता हूँ, भगवान अब मुझे उठा क्यों नहीं लेता।"

"आपको इतनी परेशानी होती है तो दो नल और क्यों नहीं लगवा देते?"

"अरे, मैं बीस नल भी लगवा दूँ, तो भी ये इन हरकतों से बाज़ नहीं आएँगे।" फिर वह कहने लगा, "मैंने ऐसे भी दिन देखे हैं जब लोग नल के बिना ही काम चलाते थे। गाँव भर में एक ही कुआँ होता था। उसी पर सबको निर्भर करना पड़ता था। दरअसल बात यह है कि अब लोगों में भाईचारा खत्म हो गया है।" वह इस तरह की उपदेश की बातें करता रहा। श्रीनिवास को लगा कि और ज़्यादा पड़े रहना ठीक नहीं है; वह उठा, बिस्तर लपेटा, और दीवाल में बने एक छोटे से ताख में से हरे हैंडिल का टूथ ब्रश और पेस्ट उठाया और उसकी घुंडी खोलने लगा। बूढ़े ने यह देखकर कहा, "पता नहीं, दुनिया को क्या हो गया है! सब लोग इन टूथ ब्रशों का इस्तेमाल करने लगे हैं; लोगों का कहना है कि ये सुअर के बालों से बनते हैं। हम शुद्ध आर्य लोग हैं, हमें इन चीज़ों का उपयोग क्यों करना चाहिए? तुमने कभी नीम या बरगद की डंडियों का उपयोग किया है? सबसे अच्छे होते हैं और हमारे लोग बेवकूफ़ नहीं थे जो शास्त्रों में इनके बारे में लिखा। वे हम सबसे ज़्यादा साइंस जानते थे—तुम मेरे दाँत देखो," यह कहकर उसने अपने दाँत निपोर दिए। फिर पूछा, "कैसे लगते हैं?"

"ज़्यादातर तो ग़ायब हैं," श्रीनिवास बोला।

"जो नहीं हैं, उनकी बात छोड़ दो। लेकिन जब थे, तब बहुत दिन रहे। और पता है, मैं क्या इस्तेमाल करता था?" श्रीनिवास ने उसकी बात खत्म होने का इन्तज़ार नहीं किया, और बाथरूम की तरफ बढ़ गया।

वह बाथरूम में ज़रा ज़्यादा देर तक रहा, तब तक शायद बूढ़ा वापस चला जाए। लेकिन जब वह लौटा, वह अपनी जगह जमा बैठा था। श्रीनिवास तौलिया से अपना चेहरा रगड़ रहा था। बूढ़े ने यह देखकर पूछा, "यह तौलिया कैसा है, बालदार कीड़ों से बना लगता है। काफ़ी महँगा होगा?"

''हाँ...ठीक है। आप अपने दिनों की सोच रहे हों, तो ज़रूर...,'' श्रीनिवास ने उत्तर दिया।

''तुम ठीक कहते हो। मालूम है, मैं एक रुपये के बीस तौलिये खरीदता था, अब तक उन्हीं का इस्तेमाल कर रहा हूँ, चल ही रहे हैं।''

''आपके जैसे सौदों की वजह से ही हमारे देश में उद्योग पनप नहीं पाया।''

''तुम ठीक कहते हो,'' बूढ़े ने बात का आशय समझे बिना ही कहा? ''कीमतों के मामले में उन्हें इस तरह हम पर डाका नहीं डालना चाहिए।'' श्रीनिवास खिड़की की चौखट की तरफ़ गया, जहाँ एक छोटा सा शीशा रखा था, उसके बगल में एक लकड़ी का कंघा था। उसने पारम्परिक ढंग से उसे अपने सफेद होते हुए बालों पर फेरा, और इन्तज़ार करने लगा कि बूढ़ा इस पर क्या टिप्पणी करता है। उसने मुँह बिचकाकर कहा, ''क्या ज़माना आ गया है, आदमी औरतों की तरह बालों में पट्टियाँ निकालने लगे हैं। उन दिनों में तुम्हारी उम्र के लोग सिर घुटाकर उसके बीचोबीच एक चोटी रखते थे, और कितने मरदाने और सुन्दर लगते थे। इसी कारण उनके दिमाग़ भी बहुत साफ़ सोचते थे।''

''जी, और आजकल के नाई लोगों के साथ पूरा सहयोग भी नहीं करते। यह सबसे बुरी बात है,'' श्रीनिवास बोला। ''इसीलिए हम एक के बाद दूसरी बेवकूफ़ी करते रहते हैं।''

बूढ़ा इस मज़ाक पर हँसा और बोला, ''तुमने मुझसे यह तो पूछा ही नहीं कि मैं इस वक्त यहाँ क्यों आया हूँ।'' श्रीनिवास ने कहा, ''एक मिनट रुकिए,'' और यह कहकर अपने छोटे से किचेन में घुस गया। वहाँ उसकी पत्नी चूल्हे पर चावल का केक बना रही थी। धुएं से उसकी आँखों से आँसू आ गए थे। लेकिन वह बहुत खुश नज़र आ रही थी। उसकी पीठ श्रीनिवास की तरफ थी और वह केक पलटते हुए एक गाना भी गुनगुना रही थी। चारों तरफ़ घी की खुशबू भरी थी। श्रीनिवास दरवाज़े पर रुककर उसका गाना सुनता रहा। ''बड़ी अच्छी धुन है,'' श्रीनिवास ने कहा, तो वह मुड़कर मुस्कराई। ''मैं तुम्हारे लिए केक बना रही हूँ। अभी कॉफ़ी मत पीना,'' उसने कहा। आज से पहले उसे कभी सवेरे का नाश्ता नहीं मिला था, उसने सोचा कि आज वह छुट्टी का जश्न मना रही है। लेकिन उसे यह सोचकर ज़रा सी परेशानी हुई कि पत्नी को काम की जगह छुट्टी ज़्यादा पसन्द है—जबकि खुद उसे अपने काम पर ही ज़्यादा गर्व महसूस होता था। वह बोली, ''आज खाना देर से मिलेगा। रात के खाने के लिए मैं अवियाल बना रही हूँ, रामू सब्ज़ियाँ खरीदने बाज़ार गया है।'' इसमें एक दर्जन से ज़्यादा सब्ज़ियों का रस होता था, जो श्रीनिवास को बहुत पसन्द था। जब वह छुट्टियों में घर आता था, तो माँ

उसे यही बनाकर देती थी—इस लड़की को भी मेरी पसन्द की चीज़ें अच्छी तरह याद हैं और कितनी कुशलता से वह यह सब बनाकर उसे खिलाती है। यह सोचकर वह भावविभोर हो उठा। उसने खुद से कहा, ''इन बातों से उसकी अपनी ज़िम्मेदारी भी बढ़ती है।'' उसने कहा, ''एक मेहमान आए हैं। उनके लिए कुछ कर सकती हो?''

''हाँ, क्यों नहीं, लेकिन कौन आए हैं?'' फिर उसने दरवाज़ा ज़रा सा खोलकर बाहर देखा। ''अच्छा, ये हैं। लेकिन क्यों आए हैं ये? तुमने किराया तो दे दिया है?'' फिर बोली, ''लेकिन कॉफ़ी दो लोगों के लायक नहीं होगी।'' श्रीनिवास ने कहा, ''काम चला लेंगे। तुम बैठने का इन्तज़ाम करो।''

बूढ़ा नाश्ते का निमन्त्रण पाकर खुश हो उठा। खुशी के मारे उसकी ज़बान फिसलने लगी। खुशी के साथ उसे संकोच भी हुआ। श्रीनिवास ने पहली दफ़ा देखा कि वह कभी संकुचित भी महसूस कर सकता है। ''नहीं, नहीं। मैं कभी बाहर नहीं खाता। तुम लोग परेशान मत हो...नहीं, नहीं...।'' वह मना भी कर रहा था, लेकिन किचेन की तरफ़ भी बढ़ता जा रहा था। वह श्रीनिवास की पत्नी की तरफ़ देखकर मुस्कराया और बोला, ''मैं बहुत से लोगों से कह चुका हूँ कि आदर्श घरवाली देखना हो तो यहाँ आकर देखो। कितनी अच्छी तरह देखभाल करती है। आजकल की लड़कियों को इसकी नकल करनी चाहिए।''

श्रीनिवास ने उसे चौकी पर बैठने के लिए आगे बढ़ाया और वह आराम से उस पर बैठ गया। उसने देखा कि पत्नी अपनी प्रशंसा सुनकर खुश हुई है, यानी अब वह अच्छी कॉफ़ी पिलाएगी। पत्नी पानी के गिलास और केले के दो पत्ते लेकर बाहर आई और दोनों के सामने बिछा दिए। फिर उसने दोनों के सामने दो-दो केक रख दिए। बूढ़े ने खुशी के मारे अपने हाथ रगड़ने शुरू कर दिए और कब खाना शुरू करना है, इसका इन्तज़ार करने लगा। श्रीनिवास का इशारा पाते ही वह खाने पर टूट पड़ा और बड़ी तेज़ी से खाने लगा। श्रीनिवास को लगा जैसे कई दिनों का भूखा हो। इसकी जांच करने के लिए उसने सवाल कर दिया, ''आप रात को क्या खाते हैं?'' बूढ़े ने जवाब देने से पहले केक का एक बड़ा टुकड़ा तोड़कर मुँह में भर लिया और उसे तेज़ी से गले के नीचे उतार कर बोला, ''मैं अब जवान नहीं रहा। एक ज़माना था जब मैं दिन में तीन दफ़ा डटकर खाता था—साथ ही दो दफ़ा नाश्ता करता था। पता है तुम्हें—''

''यह तो बड़ी अच्छी बात है,'' श्रीनिवास ने प्रशंसा के भाव से कहा। ''लेकिन अब क्या लेते हैं?''

''भले आदमी, अब तो मैं संन्यासी हूँ—और असली संन्यासी को दिन में एक

दफ़ा से ज़्यादा नहीं खाना चाहिए।'' शान से यह बात कहकर उसने केक को फिर तेज़ी से खाना शुरू कर दिया। इसके बाद कॉफ़ी उसके सामने आई तो वह बोला, ''संन्यासी होने के नाते अब मैंने कॉफ़ी एकदम छोड़ दी है, लेकिन प्रेम से दी गई चीज़ ठुकराना भी तो पाप है।''

''आप ठीक कहते हैं,'' श्रीनिवास ने कहा, ''अब इसे आराम से पी लीजिये।'' बूढ़े ने गिलास ऊपर उठाया, अपना सिर पीछे किया और मुँह खोलकर उसने कॉफ़ी उंड़ेली। फिर बायें हाथ से ओंठ पोंछ लिए। इसके बाद प्रशंसा के भाव से सिर हिलाकर कहने लगा, ''अगर कोई इतनी स्वादिष्ट कॉफ़ी बनाएगा, तो मुझ जैसे लोगों के लिए उसे छोड़ पाना सम्भव नहीं होगा।'' श्रीनिवास की पत्नी ने मुस्करा कर प्रशंसा स्वीकार की और दरवाज़े से बाहर ज़रा सा मुँह निकाल कर पूछने लगी, ''अब आप दूसरा नलका कब लगवा रहे हैं?''

''अच्छा,'' बूढ़े ने चौंककर कहा, ''हर सवेरे कितने लोग यह सवाल करते हैं!''

पत्नी कहने लगी, ''मैं सवेरे तीन बजे उठकर सारे बर्तन भरती हूँ फिर भी कई लोग मुझसे पहले से वहाँ खड़े होते हैं।'' बूढ़े ने अफ़सोस जताते हुए सिर हिलाया, ज़बान चलाकर 'टिक' की आवाज़ की, और उठ खड़ा हुआ, फिर बिना एक शब्द बोले हाथ धोने के लिए चला गया। आराम से हाथ-मुँह धोकर वह सामने वाले कमरे में चटाई पर आकर बैठ गया। श्रीनिवास पत्नी से कुछ बात करता रहा, कि तभी बाहर से बूढ़े की आवाज़ सुनाई दी, ''बस, सुपारी का एक टुकड़ा और देना—कुछ खाने के बाद इसकी ज़रूरत महसूस होती है। आदत बुरी है लेकिन इससे मैं उबर नहीं पाया हूँ।''

श्रीनिवास ने पत्नी से पूछा, ''कहीं कोई सुपारी पड़ी है तुम्हारे पास,'' वह भुनभुनाई, ''यह बूढ़ा आज पूरी मेहमानी वसूल रहा है, हालाँकि नल के बारे में कुछ भी नहीं बोलता।'' यह कहकर वह अलमारी के पास गई और एक डिब्बी में से खुशबूदार सुपारी निकालकर श्रीनिवास को पकड़ाई। श्रीनिवास ने उसे तुरन्त अपने मुँह में रख लिया और कहने लगा, ''बड़ी ज़ायकेदार है।''

''लेकिन यह तुम्हारे लिए नहीं थी।'' फिर उसका एक और टुकड़ा निकालकर दिया और बोली, ''अब यह पान की माँग तो नहीं करेगा!''

श्रीनिवास को यह सब कुछ अच्छा लग रहा था, इतना सुख उसने पिछले कई महीनों से महसूस नहीं किया था। उसने खुद अपने से कहा, ''चूल्हे को भी कुछ दिन आराम मिलना चाहिए।'' यह कहकर वह सुपारी अपने मेहमान को देने दूसरे कमरे में गया। बूढ़े ने उसे अपनी जीभ पर रख लिया और दोनों आँखें बन्द करके स्वाद लेने लगा। ''आपको पान या बीड़ी वगैरह तो नहीं चाहिए?'' श्रीनिवास ने

पूछा तो वह चौंककर कहने लगा, "अरे, राम, राम—तुम लोग अब मेरा मज़ाक क्यों बनाना चाहते हो? मैं इस उम्र में ओठों को लाल-लाल रँगकर क्या अच्छा लगूँगा?" उसने यह कुछ ऐसे कहा, जैसे यह बड़ा पाप हो, और श्रीनिवास सोचने लगा कि इसके बाद क्या करना होगा। बूढ़े ने उस पर एक नज़र डाली और चटाई पर अपने पास बैठने को कहा। "अब ज़रा यहाँ आकर आराम से बैठो।" श्रीनिवास सोचने लगा कि वह क्या सोचा बहाना करे जो सच भी लगे और उसे वहाँ से छुटकारा मिल जाए। बूढ़ा बोलता रहा, "तुमने यह तो पूछा ही नहीं कि मैं आज आया क्यों हूँ। आज इतनी जल्दी में एक खास काम से तुम्हारे पास आया हूँ।" श्रीनिवास दीवाल का सहारा लेकर उसके बग़ल में बैठ गया, और पैर ज़रा आगे फैलाकर कहने लगा, "मैं बड़ों के सामने इस तरह बैठूँ तो आपको बुरा तो नहीं लगेगा?" "अरे नहीं, नहीं। यह तुम्हारा घर है—जब तक तुम किराया देते रहो।" फिर उसके कानों के पास मुँह ले जाकर बोला, "तुम जानते हो, मेरी एक नातिन है जिसकी शादी की उमर हो चली है।"

"मुझे अभी किसी से पता चला कि आपके एक बेटी भी है। इनमें से कोई आपसे मिलने क्यों नहीं आता?"

"अरे, हाँ—," बूढ़े ने इस जाल से निकलने की कोशिश करते हुए कहा, "इस वक्त इस चर्चा में पड़ने को ज़रूरत नहीं है। मैं सिर्फ अपनी नातिन की बात करना चाहता हूँ। लड़की को तो मैं भूल ही जाना चाहता हूँ। ये सब बड़े नाशुक्रे हैं।"

"कितने बेटे-बेटियाँ हैं आपके?" श्रीनिवास ने ज़बरदस्ती-जैसी करते हुए पूछा। उसने गुस्से में भरकर श्रीनिवास को घूरा और बोला, "तुम यह सवाल खत्म नहीं करोगे?"

"नहीं," श्रीनिवास ने उसी सख्ती से उत्तर दिया, "मैं आपके बेटे-बेटियों के बारे में जानने के बाद ही नातिन के बारे में बात करूँगा।"

"ठीक है, तो मैं बताता हूँ। मेरे तीन बेटे और दो बेटियाँ हैं—एक बेटी इसी शहर में रहती है। दूसरी कराची में है। उसकी मैं चिन्ता नहीं करता—क्योंकि उसका पति कस्टम अफ़सर है, और वह सोचती है कि अब उसका रुतबा इतना बड़ा है कि उसे अपने पिता वगैरह की ज़रूरत नहीं है। बारह साल पहले उसकी चिट्ठी आई थी। अब वह शायद यह सोचती है कि वह दक्षिण भारत की नहीं है, बल्कि फ़ारस के शाही खानदान की लड़की है।" यह कहकर वह अपने मज़ाक पर हँसा और आगे कहने लगा, "और मैं भी क्यों परवाह करूँ? मैं तो नहीं करता। उसे भूल जाता हूँ तो मेरा डाक का खर्चा बचता है। उसकी माँ कभी-कभी उसके लिए परेशान होती थी, और उसकी खुशी के लिए मैं पोस्ट कार्ड का खर्चा बरदाश्त कर लेता

था। लेकिन बुढ़िया के ग़ुज़र जाने के बाद मैं उसे एकदम भूल गया हूँ...दूसरी बेटी के बारे में मैं कुछ नहीं कहूँगा।''

''अपने बेटों के बारे में तो आपने कुछ नहीं बताया?''

''अब इन पर राख डालो...तुम मुझ जैसे संन्यासी को इनकी याद क्यों दिलाते हो?''

''ये लोग हैं कहाँ?'' श्रीनिवास ने पूछा।

''ये जन्नत में हों या नरक में, मैं परवाह नहीं करता।'' बूढ़े ने तलख़ी से कहा। ''मैं उनसे बात ही नहीं करता। वे सब लालची, नाशुक्री औलादें हैं, मैं क्यों उनसे कोई सम्बन्ध रखूँ?''

''आपकी दूसरी बेटी की लड़की है यह नातिन?'' नातिन की बात सुनकर बूढ़े की आँखों में चमक दौड़ गई। ''तुम ठीक कहते हो। बिलकुल देवी है मेरी नातिन। उसे जब भी देखना चाहता हूँ, मेथॉडिस्ट गर्ल्स स्कूल चला जाता हूँ, जहाँ वह पढ़ती है, और इन्टर्वल में उससे बात करके लौट आता हूँ।'' वह जैसे गिड़गिड़ाकर कहने लगा, ''अब मैं चाहता हूँ कि उसकी शादी हो जाए। उसके लिए मैंने पाँच हज़ार रुपये निकालकर रखे हैं। उसके लिए अच्छा पति मिल जाए, तो मैं यह रुपया उसकी शादी में लगा दूँगा। इसी में से दहेज दे दिया जाए और बाजा-गाजा कर लिया जाए।''

''आपका दामाद क्या करता है?''

''उसी स्कूल में टीचर है।''

''तो जब आप नातिन को देखने जाते हैं तब उससे भी मिलना होता होगा?''

''मैं स्कूल के भीतर तो जाता ही नहीं। बाहर से ही लड़की को बुलाता हूँ, एक क्षण उसे देखता हूँ, फिर वापस लौट आता हूँ। मैं उस आदमी से नहीं मिलता, और न उसकी बीवी से बात करता हूँ।''

''ऐसा उन्होंने क्या किया?''

''उसने अपनी माँ की बिलकुल परवाह नहीं की, और उसकी बीमारी में एक पैसा भी खर्च नहीं किया। डॉक्टर का पूरा बिल मुझे ही भरना पड़ा—एक सौ पचहत्तर रुपये—सब मुझे ही देने पड़े। और यह बुढ़िया इन पर कितनी जान छिड़कती थी! मैं हमेशा कहता था कि वह दोनों की आदतें खराब कर रही है, लेकिन उसने एक न सुनी। उसकी मौत के बाद मैंने हरेक से अपना नाता खत्म कर दिया। ऐसे निकम्मों से मैं क्यों कोई वास्ता रखूँ? तुम मेरी बात से सहमत हो या नहीं?'' श्रीनिवास ने यह सवाल दरगुज़र कह दिया, तो वह कहने लगा, ''मेरी इस नातिन के लिए तुम कोई अच्छा लड़का क्यों नहीं ढूँढ़ते? अब मैं किसी भी दिन ऊपर जा सकता हूँ। मेरी काफ़ी उमर हो गई है, और जैसे गीता में कहा—'' उसने संस्कृत का एक श्लोक

बोला, फिर आँखें बन्द करके कहने लगा,"अब मैं सिर्फ यह चाहता हूँ कि इस लड़की की शादी हो जाए।"

श्रीनिवास बोला, "इसके लिए मैं क्या कर सकता हूँ?"

"उस हिस्से में रहने वाला मेरा किराएदार—रवि नाम है जिसका, वह तुम्हारा दोस्त है न? उसे मैंने कई दफ़ा तुम्हारे साथ देखा है? मैं चारों तरफ़ नज़र रखता हूँ। तुम उससे क्यों नहीं कहते कि अपनी कुंडली मुझे ला दे? मेरा ख्याल है, यह लड़का मेरी नातिन के लिए एकदम सही है।"

श्रीनिवास को अपने कानों पर विश्वास नहीं हो रहा था। रवि का नाम सुनकर उसके सामने उसका अनिश्चित जीवन घूमने लगा, और वह समझ नहीं पाया कि क्या कहे। "आपकी इस लड़के पर नज़र क्यों है?"

"मैं उसे काफी दिन से देख रहा हूँ। उसकी नौकरी भी अच्छी है।"

"लेकिन उसे बहुत से लोगों का पेट भरना होता है।"

"हाँ, यह बात तो है। लेकिन मैं सोचता हूँ कि उसका किराया कम कर दूँ, और कमरा भी बदल दूँ। और उसके परिवार के बारे में क्या किया जा सकता है? ये सब बातें बाद में सोचेंगे, लेकिन तुम मेहरबानी करके उससे बात करो और उसकी कुंडली माँग लो। जब से मैं उसे देख रहा हूँ, यही सोचता हूँ कि लड़की के लिए यह बहुत अच्छा रहेगा। उससे कहना कि लड़की सुन्दर है, और स्कूल में पढ़ती है।" श्रीनिवास ने विश्वास दिलाया कि वह जो भी कर सकता है, ज़रूर करेगा—हालाँकि यह उसे अनोखा ही लग रहा था।

प्रेसवाला श्रीनिवास की मेज़ के सामने पड़े स्टूल पर आकर बैठ गया और कहने लगा, "आपके साथ उस दिन जो दोस्त आया था, वह मुझे अच्छा लगा। कौन है वह?" श्रीनिवास ने उसे रवि के बारे में बताया। फिर उसका बनाया स्केच दराज़ से निकालकर दिखाया और बोला, "पता है, पेंसिल से ऐसा स्केच बनाने वाले आर्टिस्ट इस देश में बहुत कम हैं।"

"लड़की अच्छी है," प्रेसवाला सिर हिलाकर कहने लगा, जैसे वह किसी गाने या प्रकृति-चित्र की प्रशंसा कर रहा हो। "यह है कौन?"

"ईश्वर जाने। पहले ये लोग कार स्ट्रीट में रहते थे, पर अब वहाँ नहीं हैं। रवि इतना ही जानता है। जब उसका दिखाई देना बन्द हो गया, तब उसने चित्र बनाना भी रोक दिया। अब जब वह फिर दिखेगी, तभी इस पर हाथ लगायेगा। यह भी उसने इसीलिए बनाया क्योंकि उसे लगा कि वह वापस आ गई।" प्रेसवाला इस

पर गम्भीर होकर सोचने लगा। 'कैसा बेवकूफ़ है कि एक अनजानी लड़की के पीछे दौड़ रहा है। जब कोई चीज़ दिखाई देनी बन्द हो जाए, तब आदमी को अपनी आँखें कसकर बंद कर लेनी चाहिए—मेरा तो ज़िन्दगी में यही नियम है।' श्रीनिवास ने उसे पहली दफ़ा इस तरह बात करते हुए सुना। उसे उसकी पारिवारिक ज़िन्दगी के बारे में बहुत कम पता था, क्योंकि वह कभी-कभी ही घर की बात करता था, कि न्यू एक्सटेंशन के एक चौराहे पर वह रहता है, जहाँ उसकी बीवी और पाँच बच्चे हैं। श्रीनिवास ने कुछ पूछने के लिए ओंठ खोले, लेकिन फिर बन्द कर लिए, पर प्रेसवाला जैसे उसके मन की बात समझ गया और कहने लगा, "मैं उतना बुरा पति नहीं हूँ, जैसा शायद आप समझते होंगे।" फिर उसने चित्र मेज़ पर किनारे सरका दिया और बोला, "मेरा ख्याल है यह आदमी ज़रा पागल है—ये कलाकार लोग ऐसे ही होते हैं। ये न तो ठीक से नौकरी कर पाते हैं और न किसी का चेहरा भूल पाते हैं।"

"लेकिन, मैं चाहता हूँ कि इसे लड़की फिर दिखाई दे जाए, जिससे और कुछ नहीं तो यह चित्र पूरा हो सके।"

"तुम इसे इतना ज़रूरी समझते हो?" प्रेसवाले ने सवाल किया। "ऐसी तस्वीर बनाने वाले मैं बीसियों लोग जमा कर सकता हूँ।" यह कहकर उसने चित्र पर फिर से नज़र डाली और ईमानदारी से यह तलाश करने की कोशिश करने लगा कि इसमें क्या खास बात है। फिर बोला, "जो हो, यह उसकी रोज़ी-रोटी तो नहीं है। फिर अफसोस की क्या बात है?" श्रीनिवास ने उस पर एक चुभती नज़र डाली और मेज़ पर हाथ मारकर बोला, "तुम यह क्यों नहीं समझ रहे कि इस तरह हम एक बढ़िया कलाकार खोए दे रहे हैं। यह सचमुच कलाकार है, तुम्हें दिखाई नहीं देता!"

"अच्छा, हाँ," वह इस तरह बोला जैसे पहली बार यह बात समझ पा रहा हो। "आप ठीक कह रहे हैं।" यह कहकर वह फिर ध्यान से चित्र देखने लगा, जिससे उसकी विशेषता समझ सके। "ठीक है, आप इसे मुझे सौंप दीजिए। मैं इसे सम्भाल लूँगा। आप देखेंगे कि यह चित्र पर चित्र बनाए जा रहा है—और आप कहेंगे, 'अब बस करो!" '

कुछ दिन बाद एक शाम जब वह प्रेस पहुँचा, तो देखा कि रवि प्रेसवाले के सामने कुर्सी पर बैठा है। श्रीनिवास को यह देखकर ताज्जुब हुआ। रवि ज़्यादातर उसके स्टूल पर बैठता था पर अब उस पर प्रेसवाला जमा हुआ था। कलाकार के चेहरे से श्रीनिवास को लगा कि वह काफी देर से बात कर रहा था। श्रीनिवास जैसे ही वहाँ पहुँचा, कलाकार उठा और उसकी बाँह पकड़कर उत्तेजना से कहने लगा, "इन्हें

पता है, इन्हें पता है।'' उसकी आवाज़ खुशी से काँप रही थी और हाथ हिल रहे थे। मुद्रक ने आँख दबाते हुए कहा, ''इन्होंने वादा किया है कि कल शाम ये मेरे घर आएँगे और मेरे छोटे बेटे का चित्र बनाएँगे। आपको भी किसी का बनवाना है?''

जब वह घर वापस लौटा तो कलाकार उसके साथ था। मुद्रक ने हमेशा की तरह उन्हें उत्साह के साथ विदा किया। सड़क पर उनसे अलग होते हुए उसने कलाकार से कहा, ''कल ठीक सात बजे बच्चा आपका इन्तज़ार करेगा। याद रखना, न्यू एक्सटेंशन, फोर्थ क्रॉस रोड। मैं दरवाज़े पर खड़ा मिलूँगा।''

कलाकार रास्ते भर चहकता हुआ आया। ''कल मुझे काफ़ी जल्दी निकलना पड़ेगा—दो घंटे प्रेसवाले के घर पर रहना है, फिर वहीं से दफ़्तर निकल जाऊँगा। मैं ठीक समय पर पहुँचूँगा, बच्चा चित्र बनाने लायक होगा।...कैसा है वह, आपने देखा है?''

''नहीं,'' श्रीनिवास ने कहा। ''उसने और क्या-क्या बात की?''

''अरे भाई, मैं नहीं जानता था कि सफलता इतनी पास होगी। मैं सिर्फ एक नज़र देखना चाहता हूँ लड़की को, इससे मेरी ज़िन्दगी बदल जाएगी। मुझे नहीं पता था कि ये साहब इतने मददगार साबित हो सकते हैं। एकदम बढ़िया आदमी हैं ये तो!'' श्रीनिवास यह चर्चा ज़्यादा नहीं बढ़ाना चाहता था, इसलिए वह चुप रहा। उसे प्रेसवाले के बारे में कुछ बात करने की इच्छा भी नहीं हुई। जब वे मार्केट रोड की आखिरी क्रॉसिंग के बाद एन्डरसन लेन की तरफ़ मुड़े, तो उसने पूछ लिया, ''अगर कोई अपनी लड़की की तुमसे शादी करना चाहे, तो तुम्हारा जवाब क्या होगा?'' रवि ने तुरन्त तल्खी से जवाब दिया, ''मैं उसे ठोकर मारूँगा।'' श्रीनिवास यह सुनकर चुप हो गया, और सोचने लगा कि जो हो, उसने बूढ़े के प्रति अपना कर्तव्य पूरा कर दिया है।

दूसरे दिन जब वह दफ्तर जाने की जल्दी में था, और सड़क पर मुड़ ही रहा था, पीछे से बूढ़े की आवाज़ सुनाई दी, जो गली के नल पर नहा रहा था, ''एडिटर साहब, अरे, एडिटर बाबू, ज़रा सुनना!'' गली के दूसरे सिरे तक और उसके अपने पीछे खड़े नहाने के लिए नलका खाली होने का इन्तज़ार कर रहे बहुत से लोगों के ऊपर से होती यह आवाज़ चारों तरफ़ फैल गई। श्रीनिवास घूमने को हुआ और उसने चाहा कि एक छलांग में सड़क पार कर जाए, लेकिन यह सम्भव नहीं था। बूढ़ा तेज़ी से उसके पास पहुँच गया; उसके बदन से पानी टपक रहा था। उसने तल्ख़ी से सिर हिलाकर कहा, ''तुम्हें मुझ जैसे बूढ़े के साथ ऐसा व्यवहार नहीं करना चाहिए।'' श्रीनिवास ने कहा, ''मुझे ज़रा जल्दी है।''

"जल्दी किसे नहीं है," बूढ़े ने तुरन्त उत्तर में कहा, "हर प्राणी को जल्दी है, हर चींटी को जल्दी है, हर चिड़िया को जल्दी है, मैं जिससे भी मिलता हूँ, वह जल्दी में है, सूरज को जल्दी है, चाँद को जल्दी है—अगर किसी को जल्दी नहीं है तो वह इस भगवान के भगत बूढ़े को है, है न यह बात?" लेकिन श्रीनिवास अपने ख़्यालों में इस क़दर डूबा हुआ था, कि इस बात का जवाब ही न दे सका। उसने यही कहा, "इस वक्त तो मैं रुकूँगा नहीं, शाम को आपसे मिलूँगा।" यह कहकर वह झपाटे से आगे बढ़ा, लेकिन बूढ़े ने भी तेज़ी से दौड़ कर उसे पकड़ने की कोशिश की। इस कारण वह हाँफने लगा, और श्रीनिवास को लगा कि अगर वह मरकर इस जगह गिर पड़ा तो इसकी ज़िम्मेदारी उसी पर डाली जाएगी—उसने तय किया कि आगे से वह रास्ता बदल देगा। बूढ़े ने हाँफ़ते-हाँफ़ते मुश्किल से कहा, "आप यह भूल गए कि मेरी एक नातिन भी है।"

"मैं बिलकुल नहीं भूला," श्रीनिवास ने उत्तर दिया। "मुझे आपकी बात याद है। लेकिन उसका वक्त अभी नहीं आया है।"

"आप क्या यह कहना चाहते हैं कि अब तक लड़के से मिले ही नहीं?" श्रीनिवास सोचने लगा कि क्या जवाब दे, लेकिन बूढ़ा कह रहा था, "यह मत कहना क्योंकि कुछ दिन पहले मैंने तुम दोनों को एक साथ देखा था। तुम दोनों सड़क पार नहीं कर रहे थे? मैं बूढ़ा ज़रूर हूँ लेकिन ऐसा भी नहीं है कि सड़क की रोशनी में किसी को न देख सकूँ।" श्रीनिवास यह सुनकर परेशान हो उठा, "यह बूढ़ा इस तरह मेरे पीछे क्यों पड़ गया है?" वह आज घर से कुछ मिनट पहले ही निकला था, कि सारे ज़रूरी काम निबटा दे। उसने झुँझलाकर कहा, "यह लड़का किसी से भी शादी करने को तैयार नहीं है।"

इस पर बूढ़े ने उसकी बाँह कस कर पकड़ ली और बोला, "तुम क्या यह सोचते हो कि मैं तुम्हारी बात पर विश्वास कर लूँगा?" उसने पानी से भरी आँखें मिचमिचाकर श्रीनिवास की तरफ़ देखते हुए कहा, "आजकल के लड़के शादी-ब्याह की बात करने में शर्माते हैं। वे मुँह से हाँ नहीं कहेंगे। जानते हो तुम, जब लोग मेरी शादी की बात करने आए, तब मैं चारे के ढेर में जा छिपा था। मेरी उम्र उस वक्त बारह की थी—"

"लेकिन यह लड़का अट्ठाईस का है—"

"वाह! यह भी कोई उम्र है!" बूढ़े ने टिप्पणी की। "अट्ठाईस की उम्र में कोई क्या फैसला कर सकता है! और उसके घरवालों ने उसे अब तक कुँवारा क्यों छोड़ दिया है? शायद इसलिए कि आजकल के लोग बाल-विवाह वगैरह को बेवकूफ़ी भरी बातें कहने लगे हैं। मैं बारह का था जब मेरी शादी हुई, और मेरी बीवी नौ की—लेकिन क्या इसका कोई बुरा नतीजा हुआ?"

श्रीनिवास बोला, "मैं शाम को ज़रूर आपसे कमरे में ही आकर मिलूँगा। वादा करता हूँ। इस वक्त मुझे जल्दी है।"

"ठीक है, जाओ। मुझे ऐसे लोग पसन्द हैं जो अपना काम सही ढंग से करते हैं। लेकिन मेरी नातिन के बारे में मत भूलना।" यह सुनकर श्रीनिवास तेज़ी से वहाँ से भाग निकला, कि कहीं दोबारा न पकड़ लिया जाए।

एक शाम कलाकार उसके दफ्तर में जा पहुँचा, और स्टूल खिड़की के पास खींचकर उस पर बैठ गया। और श्रीनिवास की तरफ पीठ करके बाहर देखने लगा। श्रीनिवास हमेशा की तरह अपने कागज़ों में लगा था, उसने सीढ़ियों के चरमराने की आवाज़ भी सुनी थी, लेकिन उसने अपने दिमाग़ में चल रही बातों में दखल देने की कोशिश नहीं की और न यह अंदाज़ा लगाया कि आनेवाला कौन हो सकता है। वह बिना सिर उठाए लिखता रहा और कागज़ पर ही काटपीट करता रहा। लिखना पूरा करके उसने कलम मेज़ पर रखी, कागज़ मोड़ कर नीचे छपने के लिए डाला, और अपनी सीट पर आराम से बैठकर बोला, "रवि, तुम जाग रहे हो या सो गए?"

"कुछ भी नहीं हुआ, मैं मर चुका हूँ।" यह कहकर वह स्टूल घसीट कर उसके पास ले आया, और खखारकर इस पर लम्बी चर्चा के लिए तैयार हो गया। श्रीनिवास समझ गया कि अब उसे देर तक उसकी बातें सुननी पड़ेंगी। वह इसके लिए तैयार हो गया। वह सोचता था कि उसका कर्तव्य रवि को उत्साहित करना है, क्योंकि अब उसने दूसरों के चित्र बनाने में रुचि लेनी शुरू कर दी है। इसलिए उसने पूछा, "तुम्हारा यह चित्र कहाँ तक पहुँचा है?" रवि ने सिर आगे बढ़ाकर पूछा, "उस बच्चे का?" फिर सीढ़ियों के नीचे इशारा करते हुए बोला, "तुमने देखा नहीं, मैं उससे बचकर सीधे ऊपर आ गया?"

"अभी पूरा नहीं हुआ?"

"होगा भी नहीं," उसने ज़बान दबाकर कहा, "लेकिन उन्हें नहीं बताया है।"

"क्यों, क्या बात है?"

"विषय सही नहीं है। मैं उसे नहीं बना सकता।"

"लेकिन जाते तो तुम वहाँ रोज़ हो?"

"हाँ, हाँ, रोज़ जाता हूँ और बच्चे के सामने बैठता हूँ, घंटे भर तक उसका अध्ययन करता हूँ, कि एक भी ऐसी बात मिल जाए जिसे मैं पकड़ सकूँ। लेकिन उसमें कुछ भी सही नहीं है, सारी रेखाएँ ग़लत हैं, भाव एकदम बेजान हैं। बड़े अफ़सोस की बात है।"

"लेकिन यह आदमी तो यही सोचता है कि तुम चित्र बना रहे हो।"

"इसीलिए तो मैं उससे बच रहा हूँ। लेकिन यह कैसे करूँ, समझ नहीं पाता। उससे मिलकर कैसे यह बताऊँ कि बच्चा ऐसा है?"

"ऐसा हरगिज़ मत करना। किसी भी पिता से यह नहीं कहा जा सकता।"

"मैं चाहता था कि पिता का दृष्टिकोण जान लेता। तुमने तो बच्चे को कभी नहीं देखा?" श्रीनिवास ने इस बात का जवाब नहीं दिया, "उसका दिमाग़ कुछ और सोच रहा था। क्या वह खुद उसे यह बता दे?" "नहीं," उसने खुद फैसला किया, "उसे दूसरों की बातों में दख़ल देने का अधिकार नहीं है।" उसका सोचना था कि मानवीय सम्बन्धों में सन्तुलन रहना चाहिए। उसे सृष्टि की उन अदृश्य शक्तियों पर आश्चर्य होता था, जो प्रत्येक विषय में सबके बीच सन्तुलन बनाए रखती हैं—यह व्यवस्था इतनी पूर्ण और प्रभावी है कि कहीं भी किसी को हस्तक्षेप करने की आवश्यकता नहीं होती। सब कुछ अपने-आप चलता रहता है। क्षण भर के लिए उसे यह भी लगा कि इस कारण किसी भी विषय का विश्लेषण करने, आलोचना करने और कुछ भी सही करने के विचार ही निरर्थक और मूर्खतापूर्ण हैं।

मिसाल के लिए : यह प्रेसवाला है जो रवि की प्रेमिका को ढूँढ़ निकालने के लिए उसे तरह-तरह की कहानियाँ गढ़-गढ़कर सुनाता रहता है। इन कहानियों की वजह से रवि का मन आसमान में घूमता रहता है; और दूसरी तरफ यह कलाकार भी प्रेसवाले का दिमाग़ भी उसी आसमान में यह कहकर पहुँचा देता है, कि वह उसके बेटे का चित्र बना रहा है; और दोनों का व्यवहार एक-दूसरे के प्रति कितना सन्तुलित है—यह सोचकर श्रीनिवास देवताओं की व्यवस्था पर आश्चर्य से भर उठा। मानवता का समग्र चित्र सामने रखकर ही उसे सही तरह से समझा जा सकता है—न कोई चीज़ पूरी तरह ग़लत है और न पूरी तरह सही; दोनों एक-दूसरे से सन्तुलित रहकर ही चल रही हैं। जितने भी लोग गलत काम करने वाले हैं, जिन्हें सज़ा मिलनी चाहिए, उतने ही सिपाही उन पर नियन्त्रण करने के लिए हैं; दूसरी तरफ़ जितने भी सिपाही हैं, उतने ही बदमाश उनकी नौकरी बनाए रखने के लिए रोज़ पैदा होते रहते हैं—और इसी तरह यह चक्र चलता रहता है। यह सोचकर उसने फ़ौरन कलम उठा लिया और लिखा, "शक्तियों का सन्तुलन"—जिस पर लेख लिखना है। पूरे पन्द्रह मिनट तक वह इसी विचार पर सोचता रहा। फिर बोला, 'रवि, मुझे गलत मत समझना। अभी जो विचार मुझे आए, उन्हें नोट करना ज़रूरी था, नहीं तो वे हमेशा के लिए गायब हो जाते। वह यह सोचकर प्रसन्न हो रहा था कि मानवीय अस्तित्व के सम्बन्ध में उसने कितने क्रान्तिकारी विचार सोचे हैं—ये उन अनेक समस्याओं के हल भी हैं जो उसे हमेशा परेशान करती रही हैं। वह बोला, "मैंने कुछ ऐसे नए विचार सोच निकाले हैं जो 'झंडा' पत्रिका की काया ही पलट देंगे।"

4

'झंडा' पत्रिका में क्रान्ति हुई, परन्तु एक दूसरे ढंग से। एक शुक्रवार को सम्पादक ने जब 'मैटर' शब्द लिखकर सामग्री नीचे फेंकी, तो सीढ़ियों के तले से आवाज़ आई, ''सम्पादक जी, आपको मुझे कुछ मिनट देने होंगे,''—और मुद्रक सीढ़ियाँ चढ़कर ऊपर आ गया। उसके चेहरे से हमेशा की मुस्कान गायब थी, और वह मेज़ पर झुककर कहने लगा, ''आज आपके फ़र्मे कंपोज़िंग में नहीं जा रहे।''

''क्यों, क्या हुआ?''

''आज मेरे वर्कर हड़ताल पर हैं।''

श्रीनिवास यह सुनकर परेशान हो उठा। वह उछलकर कुर्सी से खड़ा हो गया और बोला, ''हम इस तरह अपने ग्राहकों को धोखा नहीं दे सकते।''

''मैं जानता हूँ,'' मुद्रक बोला। ''हमें कुछ करना होगा, लेकिन क्या...लेबर समस्या, दुनिया भर में लोग इससे परेशान हैं।''

''कितने लोग हैं?'' श्रीनिवास ने पूछा, उसने सोचा कि शायद अब उसे पता चल जाए कि बैंगनी पर्दे के पीछे कितने लोग काम करते हैं।

''सारे ही हड़ताल पर हैं,'' मुद्रक ने जवाब दिया, जिससे उसकी उम्मीद टूट गई। ''हरेक ने काम बन्द कर दिया। किसी ने भी इशारा तक नहीं दिया और दोपहर से सब हड़ताल पर चले गए। पहला फ़र्मा भी मशीन पर जा चुका था। सब इकट्ठे होकर बाहर निकल आए।'' श्रीनिवास फिर सोचने लगा कि कम-से-कम कितने मज़दूर काम पर न जाएँ, तो हड़ताल मानी जाती है, लेकिन उसके सभी अन्दाज़े पर्दे से टकराकर वापस आ गए।

उसने निराश भाव से सीढ़ियों के नीचे नज़र डाली और ट्रेडिल वाले कमरे में जो शान्ति छा गई होगी, उसकी कल्पना करने लगा। मुद्रक ने मेज़ पर पड़े कागज़ सरका दिए और उसके एक छोर पर बैठ गया। श्रीनिवास के मन में विचार दौड़ रहे थे कि ऐसी अवस्था में क्या-क्या किया जा सकता है। वह शहर के सभी प्रेसों

के नाम याद करने लगा : क्राउन इलेक्ट्रिक प्रेस, सिटी पावर प्रेस, आचार्य प्रिंटिंग प्रेस, शार्प प्रिंटिंग वर्क्स, वगैरह-वगैरह। उसने पहले भी, पत्र आरम्भ करते समय, इन प्रेसों का चक्कर लगाया था, और तब इनमें से कोई भी उसकी पत्रिका छापने को तैयार नहीं हुआ था। प्रेस से सम्बन्धित एक कानून है, जिससे सभी प्रेसवाले बेहद डरते हैं; वे इसे समझते तो बिलकुल नहीं, लेकिन पत्रिका-वत्रिका छापने से बचे रहने में ही अपनी भलाई समझते हैं; उनमें इतनी योग्यता भी नहीं होती कि लेखों को पढ़ें और समझें, और यह जान सकें कि इनमें से क्या-क्या ऐसा है जिससे उन पर कानूनी कार्यवाही की जा सकती हो; दरअसल सरकारी कानून ही कुछ ऐसा है जिसके अंतर्गत सम्पादक और प्रकाशक की हर कार्यवाही का भागीदार बेचारे मुद्रक को भी मान लिया जाता है। इसलिए मुद्रक शादी के निमन्त्रणों, सूचीपत्रों और विज़िटिंग कार्ड वगैरह को छापने के काम तक अपने को समित रखता है। श्रीनिवास जहाँ भी गया, उसे यही एक उत्तर मिला : "पत्रिका छापनी है? साप्ताहिक? माफ़ कीजिएगा, समय पर छापकर देना सम्भव नहीं होता। किसी और से...।" प्रेस की तलाश में श्रीनिवास ने पूरा एक हफ़्ता लगा दिया था, लेकिन हर जगह उसे यही जवाब मिलता था। प्रेस की तलाश में उसने सारा शहर छान मारा था, सड़कों के न जाने कितने चक्कर लगाए थे, और फिर अचानक ही मार्केट रोड के बाम्बे आनन्द भवन रेस्तराँ में यह आदमी उसे मिल गया था, और उसने छूटते ही कहा था, "आप सब मेरे ऊपर छोड़ दीजिए। मैं किसी-न-किसी तरह छाप दूँगा।" श्रीनिवास ने तो मालगुडी में पत्रिका छापने की योजना ही छोड़ दी थी और सोचने लगा था कि किसी और शहर में इसे छपाया जाए। वह चुपचाप रेस्तराँ के एक कोने में बैठा कॉफ़ी पी रहा था, उसे इस आदमी की बुलन्द आवाज़ सुनाई दे रही थी, जो लोगों के शोर-शराबे को चीरती हवा में गूँज रही थी। वह क्या कह रहा है, यह तो श्रीनिवास की समझ में नहीं आ रहा था, क्योंकि वह बहुत कुछ हिन्दी भी बोल रहा था, जिससे उसे आसानी से उत्तर भारतीय भी समझा जा सकता था। उसने सिर पर फ़र की टोपी पहनी हुई थी और गले में स्कार्फ था जो हवा में उड़ रहा था। वह काउंटर पर बैठे मालिक के पास की मेज़ पर बैठा था और वेटर वगैरह भी उसे खिलाने-पिलाने पर काफ़ी ध्यान दे रहे थे, जिससे लगता था कि वह कोई महत्त्वपूर्ण व्यक्ति है। उसके पास जो कोई भी जाता, उससे वह कोई मज़ेदार बात कहता था, और वे दाँत निकालकर हँसते हुए उसके पास से लौटते थे। लगता था, वह रेस्तराँ में बैठे हर आदमी और बगल में बैठे मालिक से भी, जुड़ा हुआ है और वे सब उसे जानते हैं। श्रीनिवास उसके व्यक्तित्व से इतना प्रभावित हुआ कि वेटर से पूछ बैठा, "यह साहब कौन हैं?"

"ये हमारे मालिक के दोस्त हैं। हमारी रसीद बुक वगैरह सब छापते हैं।"

"क्या कहा?"

"हाँ, छापते हैं..."

"प्रेस है इनका? कहाँ है?"

यह कहकर वह कॉफ़ी का अधपिया प्याला वहीं छोड़कर काउंटर पर पहुँच गया और उसकी तरफ़ देखकर कहने लगा, "मैं आपसे कुछ बात करना चाहता हूँ।"

"मुझसे? हुक्म दीजिए।"

"क्या आप मेरे साथ आने की कृपा करेंगे? हम वहाँ बैठकर बात करेंगे।"

"अवश्य।" यह कहकर वह बड़ी शान से काउंटर से नीचे उतरा और उसके साथ चला। लग रहा था कि उसने श्रीनिवास की ज़िम्मेदारी अपने ऊपर ले ली है, हालांकि वह खुद उसका मेहमान था। जैसे वह श्रीनिवास का भव्य स्वागत कर रहा हो। उसने उत्तर भारतीय लहज़े में मालिक से कुछ कहा, फिर किसी और को आवाज़ देकर सीढ़ियों से ऊपर दौड़ा दिया। एक-दो और लोगों को दूसरी दिशाओं में भेज दिया। उसकी आवाज़ चारों तरफ़ गूँजने लगी और जैसे सारा हॉल चक्कर खाकर घूमने लगा। सब लोग सिर घुमा-घुमाकर उसकी बादशाह जैसी बुलन्द आवाज़ को सुनने लगे। फिर उसने निमन्त्रण देने के स्वर में श्रीनिवास से सीढ़ियाँ चढ़कर ऊपर चलने को कहा। "इधर से आइए।" श्रीनिवास को इससे संकोच भी हुआ, लेकिन उसने आग्रह पूर्वक कहा, "वहाँ ज़्यादा आराम से बैठकर हमारी बात हो सकेगी।" श्रीनिवास को भय-सा भी लगा कि उसने अपने को ज़्यादा महत्त्व तो नहीं दे दिया है, यह बेवजह इतना प्रभावित हो उठा है, और यह सोचकर वह सीढ़ियों के बीच में ही रुक गया और बोला, "देखिए, कोई बड़ी बात नहीं–," लेकिन उसने इस पर ध्यान नहीं दिया और बोला, "आप चलिए तो, मैं जानता हूँ–"

वे ऊपर एक सजे-बजे शानदार कमरे में पहुँचे, जिस पर बोर्ड लटका था, "महिलाओं और परिवार के लिए।" श्रीनिवास यह देखकर रुका, कि यह भी इसमें न जाने का बहाना हो सकता था। "हम न महिला हैं, और न परिवार, फिर इसमें कैसे जा सकते हैं?"

"ये नियम मेरे लिए नहीं है," उसने कहा। फिर बोर्ड उतारकर वहाँ से गुज़रते एक वेटर को देकर कहा, "इसे सेठ जी के पास ले जाओ, उनसे कहना कि जब तक हम यहाँ हैं, किसी औरत को न आने दें; फिर वापस आ जाओ।" वेटर हिचकिचाया तो वह खुद छज्जे पर जाकर ज़ोर से कहने लगा, "सेठ साब," और उत्तर भारत की भाषा में बोलने लगा। इसके बाद वह श्रीनिवास को भीतर ले गया और एक गद्देदार कुर्सी खींचकर उस पर उसे बिठा दिया। फिर उसने दरवाज़े पर खड़े वेटर

को तरह-तरह की चीज़ें खाने के लिए लाने का आदेश दिया। शीघ्र ही मेज़ पर प्लेटें और प्याले जमा हो गए, और जब तक खाना-पीना खत्म नहीं हो गया, तब तक उसने कोई बातचीत शुरू नहीं होने दी। फिर उसने वेटर को बुलाकर मेज़ साफ़ करवाई और पान तथा सिगरेट का आर्डर दिया। सिगरेट सुलगाकर उसने धुएँ का एक कश छोड़ा और कुर्सी पर आराम से पीठ टिकाकर बोला, ''अब बताइये, जनाब, मैं आपकी क्या सेवा कर सकता हूँ।'' श्रीनिवास उसके इस व्यवहार से चकित था। बोला, ''आपने मुझपर बहुत ही कृपा की,'' तो उसने तुरन्त प्रश्न किया, ''क्या आप सचमुच यह सोचते हैं?'' श्रीनिवास ने उत्तर में कहा, ''मैं तो आपके लिए अजनबी ही हूँ।''

''सम्पत के लिए कोई अजनबी नहीं है।''

''यह सम्पत कौन है?'' श्रीनिवास ने कुछ आश्चर्य से पूछा।

''मैं सम्पत बोल रहा हूँ,'' उसने टेलीफोन में बोलने के लहज़े में उत्तर दिया। श्रीनिवास ने सिर उठाकर उस पर नज़र डाली और ''अच्छा!'' कहकर ज़ोर से हँस पड़ा। दूसरे ने भी उतने ही ज़ोर से हँसकर उसका साथ दिया। फिर बोला, ''जनाब, मैं जीवन में हमेशा आशावादी रहा हूँ। मैं लोगों को सुख देने में विश्वास रखता हूँ। लेकिन अभी तक मुझे आपका नाम जानने का सौभाग्य नहीं प्राप्त हुआ।'' ''मेरा नाम है–,'' जवाब आया तो उसने बीच में ही काट दिया, ''लेकिन आपका नाम मेरे लिए महत्त्वपूर्ण नहीं है। मैं नाम जानकर क्या करूँगा!''

''तो मैं अपना काम आपको बताऊँ?''

''कृपा होगी!''

''मैं एक अजन्मी पत्रिका का सम्पादक हूँ। क्या आप उसे छाप सकेंगे?''

''आप चाहते हैं, मैं उसे छापूँ?''

''जी!''

''तो मुझे कुछ नहीं कहना है। मेरी नाचीज़ राय में ग्राहक ईश्वर का दूत होता है। मैं उसकी ठीक से सेवा कर सकूँ तो मुझे कुछ आमदनी होगी और परलोक में अच्छा स्थान प्राप्त होगा।''

''शहर के सभी प्रेसवाले पत्रिका छापने से डरते हैं।''

सम्पत ने कहा, ''दुनिया के सबसे घटिया प्रेसवाले इसी शहर में हैं।''

''इन्हें हमेशा डर लगा रहता है कि कहीं कानून का उल्लंघन न हो जाए।''

जवाब आया, ''आपके चेहरे से तो यह नहीं लगता कि आप मुझे जेल भिजवाना चाहेंगे, लेकिन अगर कभी सम्पादक होने के कारण आपको कोई परेशानी आएगी, तो उसमें हिस्सा बँटाना मैं अपना कर्तव्य समझूँगा। जब कोई व्यक्ति मेरा ग्राहक हो जाता है, तब एक तरह से वह मेरा खून का रिश्तेदार हो जाता है–समझ रहे हैं न आप? लेकिन, अब प्रेस चलते हैं।''

कबीर लेन में श्रीनिवास का यह पहला प्रवेश था; प्रेस होटल से कुछ ही मिनट की दूरी पर था। दो-चार गलियों में घूम-घूमकर सम्पत प्रेस के सामने जाकर खड़ा हो गया और बोला, ''सम्पादक जी, आपका सत्य मुद्रणालय में स्वागत है!'' दूर पर कहीं ट्रेडिल मशीन खड़खड़ा रही थी। मुद्रक ने एक कुर्सी की तरफ इशारा करके उसे बैठने को कहा। फिर आवाज़ लगाई, ''जॉन! जॉन!'' मशीन पर्दे के पीछे चल रही थी, पर जॉन कहीं नहीं था।

तब उसने पुकारा, ''लड़के! ए लड़के।''

''जी, साब,'' एक कम उम्र के लड़के की आवाज़ आई और मशीन रुक गई।

मुद्रक के पीछे पड़ा पर्दा ज़रा-सा हिला और एक बहुत कम उम्र के लड़के का चेहरा सामने आया। उसने मुद्रक की पीठ पर एक नज़र डाली, फिर धीरे से पर्दे के पीछे गायब हो गया, और मशीन फिर चलनी शुरू हो गई। ''तो जनाब, मैं चाहता था कि अपने स्टाफ़ का आप से परिचय करा दूँ, लेकिन लगता है–''

''कोई बात नहीं। उन्हें अपना काम करने दीजिए। कुल कितने लोग हैं आपके यहाँ?''

मुद्रक ने पीछे सिर घुमाकर पर्दे को देखा और बड़े विश्वास से उस कमरे की तरफ़ उँगली उठाकर बोला, ''देखिए, आज की लेबर पहले जैसी नहीं है। उसके साथ बड़ी सतर्कता से पेश आना पड़ता है। नहीं तो परेशानी खड़ी हो जाती है। हाँ, आपकी सेवा के लिए मैं तैयार हूँ। ये छपाई के कुछ नमूने देखिए।'' उसने अलमारी खोली और उसमें से कुछ रसीदों, सूचीपत्रों और पर्चों के नमूने निकालकर सामने रख दिए। फिर एक-एक करके अपनी टिप्पणियों के साथ उसे दिखाने लगा। एक लेटरहेड दिखाते हुए बोला, ''यह मुझे पसन्द नहीं है। मुझे इसका भी स्टाइल अच्छा नहीं लगता, लेकिन ग्राहक की यही मर्ज़ी थी। छपाई की कला दुनिया की सबसे बड़ी कला है, लेकिन यह समझने वाले कहाँ हैं!''

तभी दरवाज़े पर बीच की उम्र का एक आदमी आ खड़ा हुआ, जो बन्द गले का कोट पहने था और जिसके सिर पर पगड़ी बँधी थी। उसका चेहरा ज़रा सख्त था और एक उँगली मूँछों पर थी। उसे देखते ही प्रेसवाला अपनी कुर्सी से उछलकर खड़ा हो गया, और तेज़ी से आगे लपक कर बोला, ''आप यहाँ पधारे, यह सत्य मुद्रणालय का सौभाग्य है।''

''मैं अपना क्लर्क भेजकर तुम्हारी टालमटोली की बातें सुनते-सुनते थक गया हूँ। इसलिए मुझे खुद आना पड़ा है।''

''अहो भाग्य! अहो भाग्य!'' मुद्रक उसका हाथ पकड़ कर कुर्सी तक ले गया

और बिठाने लगा। आगन्तुक ने कहा, ''मुझे यह सब नहीं चाहिए। मुझे तो यह बताओ कि आज फार्म छापकर दे रहे हो या नहीं? फ़ौरन जवाब दो।''

''ज़रूर दे रहा हूँ,'' यह कहकर वह अपनी सीट पर जा बैठा और श्रीनिवास की तरफ़ देखकर बोला, ''इन एटीटर साहब से मिलिए। ये अपनी पत्रिका यहाँ से छाप रहे हैं।'' आगन्तुक ने बड़प्पन के भाव से उस पर नज़र डाली, उँगली उसकी मूँछों पर ही रही। चेहरा सख़्त ही बना रहा। फिर पूछा, ''कैसी पत्रिका निकाल रहे हैं, हँसी-मज़ाक की या...।'' श्रीनिवास ने सिर घुमाकर प्रेसवाले को देखा और एकदम ठंडे लहज़े में प्रश्न किया, ''आप कौन हैं? यह तो बताया ही नहीं।''

''नहीं बताया?'' मुद्रक ने जैसे आंतकित होते हुए कहा, ''अरे, आप हैं हमारे ज़िला बोर्ड के अध्यक्ष मि. सोमसुन्दरम्। लेकिन मुझे आपको सिर्फ़ मि. सोमू नाम से पुकारने का अधिकार प्राप्त है।'' मि. सोमू का चेहरा ज़रा हल्का हुआ और उनके कानों के पास मुस्कान की एक झलक का सन्देह हुआ। फिर उन्होंने भुनभुनाकर कहा, ''तुमने दस दिन पहले मेरा भाषण छापकर देने का वादा किया था, लेकिन मेरा ख्याल है, अभी तक उसे कंपोज़ भी नहीं किया है–और बुध को जलसा है।''

सम्पत ने श्रीनिवास को बताना शुरू किया, ''आप यहाँ से पाँच मील दूर सरयू पर एक पुल का उद्घाटन कर रहे हैं–बहुत बड़ा जलसा होगा। मालूम है, इससे मालगुडी ज़िले की ज़िन्दगी बदल जाएगी। यह पूरे दक्षिण भारत का सबसे महत्त्वपूर्ण ज़िला बन जाएगा। इसके लिए आपको कितनी मुसीबतें झेलनी पड़ीं हैं...एक तरफ़ सरकार तो दूसरी तरफ़ हमारी जनता।'' इस पर मि. सोमू ने कहा, ''एडीटर साहब, जनसेवा में बुराई ही मिलती है। इस योजना के लिए क्या-क्या विरोध नहीं सहने पड़े!''

सम्पत ने बात को आगे बढ़ाया, ''यह सब तो इतिहास बन गया है। आपके भाषण में ये सब कहानियाँ हैं। उस से तो तहलका मच जाएगा।''

मि. सोमू ने विनती-सी करते हुए कहा, ''पर इसे समय से पहले ज़रूर दे देना।''

सम्पत ने उत्तर दिया, ''श्रीमान जी, मैं नहीं जानता आप मुझे क्या समझते हैं लेकिन इस पुल के उद्घाटन को मैं अपना व्यक्तिगत कार्य समझता हूँ। यदि आप मुझ पर विश्वास करेंगे, तो आप सभी चिन्ताओं से मुक्त हो जाएँगे।'' आगन्तुक अब तक एकदम मुलायम पड़ चुका था। वह कहने लगा, ''शहर के सब प्रेसों को छोड़कर मैं तुम्हारे ही पास आया हूँ। क्या इससे तुम्हें नहीं लगता कि मैं तुम पर कितना भरोसा करता हूँ?'' सम्पत ने यह सुनकर नाटकीय अन्दाज़ में सिर झुकाया।

तब आगन्तुक ने कहा, ''जलसे के लिए पाँच दिन रह गए हैं, लेकिन तुमने अभी तक उसके प्रूफ भी नहीं दिए हैं।''

''क्या मैं यह बात नहीं जानता? लेकिन प्रूफ़ न देने का एक खास कारण है—आपको जलसे से एक दिन पहले ही प्रूफ़ मिलेंगे। यह तय बात है।''

''क्यों? अरे क्यों?'' सम्पत ने इस सवाल पर कोई ध्यान नहीं दिया, और अपने कागज़ों में से तलाश कर एक पांडुलिपि निकाली। फिर उसे खोलकर इस तरह पढ़ने लगा जैसे वह खुद ही जनता के सामने भाषण दे रहा है : ''अब सुनिए, देवियो और सज्जनो...'' भाषण बहुत विद्वत्तापूर्ण था; उसमें सरयू पर बनने वाले पुल का पूरा इतिहास और उससे सम्बन्धित राजनीति की चर्चा की गई थी। सरयू पर पुल बनाने के विचार का इतिहास मानवता के आरम्भ जैसा पुराना है। सरयू भारत की सबसे सुन्दर नदियों में एक है, जो मेम्पी की पहाड़ियों से निकलकर मालगुडी के उत्तरी भाग से बहती हुई, नगर के आभूषण की तरह उसे सुशोभित करती है और दसियों एकड़ ज़मीन की सिंचाई करके उसे हरा-भरा बनाती है। भूमिका में नदी के बारे में विस्तार से बताया गया था, फिर उस पर पुल बनाने के विचार का इतिहास रेखांकित किया गया था, कि करीब सौ साल पहले कलक्टर मिस्टर फ्रेडरिक लॉले—जो बाद में सर फ्रेडरिक हो गए—ने एक सामान्य सी टिप्पणी ज़िला गज़ेटियर में प्रकाशित करके इस विषय का आरम्भ किया था, और इसके बाद किस प्रकार मि. सोमू उसके लिए लगातार संघर्ष करते रहे हैं। पूरा इतिहास, धर्म, राजनीति और व्यक्तिगत सम्पत्ति का अनोखा सम्मिश्रण था जिससे स्पष्ट था कि इसे लिखने में कई लोगों ने हाथ बँटाया है।

ज़िला बोर्ड के अध्यक्ष का चेहरा भाषण सुनकर चमकने लगा था। अपना ही भाषण सुनते हुए वे जगह-जगह 'वाह-वाह' करते जाते थे और समर्थन में सिर हिलाते चले जाते थे। वह बीच-बीच में श्रीनिवास की तरफ़ नज़र डालकर अपने वक्तव्यों का स्पष्टीकरण भी देते चलते थे : ''देखिए, यह इतने दिन पहले प्रकाशित एक सरकारी नोट से शुरू होता है। सचमुच सार्वजनिक कार्य की कोई तारीफ ही नहीं करता। आप जानते हैं कि जब इस पर वोटिंग हुई तो उन्होंने क्या किया? कई दफ़ा लोग अपना उद्देश्य प्राप्त करने के लिए बहुत नीचे गिर जाते हैं...।'' सम्पत ने करीब आधे घंटे में भाषण खत्म किया और फिर कुर्सी से पीठ टिकाकर आराम करने लगा। फिर हलके से खाँसकर बोला, ''मि. सोमू, आप जानते हैं कि भाषण के एक दिन पहले ही मैं इसके प्रूफ़ क्यों देना चाहता हूँ?'' अध्यक्ष जी सिर खुजाकर सोचने लगे कि इसका कारण क्या हो सकता है। फिर वे श्रीनिवास की तरफ़ मुड़कर बोले, ''आपका क्या ख्याल है, भाषण बढ़िया नहीं है?'' श्रीनिवास सीधे कुछ कहने से बचते हुए

सिर हिलाने लगा, जिसे देखकर अध्यक्षजी काफ़ी खुश नज़र आए। फिर बोले, "सम्पत, अगर तुम जल्दी प्रूफ़ दे दो तो शायद मैं कुछ और भी जोड़ना चाहूँगा।"

"यही कारण है कि मैं अभी प्रूफ़ नहीं देना चाहता। भाषण जैसा है, बहुत अच्छा है, और उसमें कुछ और जोड़ने की ज़रूरत ही नहीं है। और, क्या आपने नोट किया कि तीसरे पैरा में आपने अपने पूर्व अध्यक्ष का जो उल्लेख किया है, उसे अभी छापा ही नहीं जा सकता।"

"लेकिन क्यों?"

"मुझे लगता है कि यह सब आपको भूतकाल में ले जाना पड़ेगा, और इससे कागज़ वगैरह की बड़ी बरबादी होगी। आप जानते हैं कि उन्हें दिल का दौरा पड़ गया है और उनकी हालत बहुत ख़राब है?"

अध्यक्ष जी ने चौंकते हुए कहा, "मुझे नहीं पता था कि यह सब हुआ है।"

"यह बहुत बड़ा ख़तरा है, सबके लिए। मैं आपको बारह दिन पहले दो हज़ार प्रतियाँ छापकर दे सकता था। मैंने एक पेज कंपोज़ भी कर लिया था, पर तभी पता चला कि श्रीमानजी अचानक बीमार पड़ गए हैं। मैंने फौरन काम रोक दिया और लड़का भेजकर पता लगाया।"

"आपने सचमुच बड़ी मेहरबानी की।"

"धन्यवाद! मुद्रक के नाते मेरी ज़िम्मेदारी बहुत ज़्यादा है। अगर भाषण में कोई भद्दी भूल हो गई, तो लोग मेरे ही ऊपर हँसेंगे।"

"ठीक कहते हैं, ठीक कहते हैं!" अध्यक्षजी जैसे उसके मुरीद हो गए।

"मैं बिला वजह किसी के काम में देरी नहीं करता। आपको मेरा विश्वास करना चाहिए।" सम्पत ने शिकायत की मुद्रा में यह बात कही। अध्यक्षजी ने कहा, "मि. सम्पत, मुझे बड़ा खेद है। मेरा मतलब यह नहीं था–"

"अब इसे भूल जाइए," उसने कहा। "मुझसे कहने-सुनने का आपको पूरा अधिकार है। यह आपका कर्तव्य भी है। लेकिन आपका भाषण समय पर आपके हाथ में होगा।" सम्पत ने अन्तिम रूप से कहा। अध्यक्ष जी प्रसन्नता के दबाव में कुछ कह न सके। उन्होंने चलने की तैयारी की, जिसे सम्पत ने यह कहकर निश्चित कर दिया कि, "मैं भी कुछ दूर तक आपके साथ चलूँगा।"

उनके जाने के बाद श्रीनिवास अकेला रह गया, और उसने कमरे पर नज़र डाली–दरवाज़े पर रास्ता रोकती छोटी-सी मेज़ और कुर्सी, उसके पीछे पड़ा परदा, जिसके पीछे बड़ा रहस्य छिपा था। मशीन चलने की आवाज़ बाहर सुनाई पड़ रही थी। उसकी इच्छा हुई कि परदा सरकाकर भीतर झाँके, लेकिन हिम्मत नहीं हुई। वह अपने दिमाग में मुद्रक और उसके ग्राहक के साथ होने वाली चर्चा को घुमाने-फिराने

लगा, और अपने भावी मुद्रक के प्रति वह चिन्तित हो उठा। वह सोचने लगा, "अगर यह पत्रिका के साथ भी ऐसा ही व्यवहार करे तो क्या होगा?" लेकिन उसने अपने को समझाया, "इसने जो भी कहा, उस पर अविश्वास करने का मुझे कोई अधिकार नहीं है। हो सकता है, उसे पूर्व अध्यक्ष के प्रति सच्ची सहानुभूति हो। जो हो, मुझे पूरी सावधानी बरतनी पड़ेगी कि पत्रिका प्रकाशित होने के दिन यह कुछ ऐसी हरकत न करे। अगर मैं इससे पत्रिका न छपवाऊँ, तो और रास्ता ही क्या है? भगवान मेरी रक्षा करें—" इसी क्षण मुद्रक वापस आ गया और बहुत-बहुत माफ़ी माँगते हुए कहने लगा, "अब आपकी पत्रिका को शुरू करते हैं।"

उस दिन से आज तक सब काम ठीक-ठाक चलता रहा, पर आज लेबर की हड़ताल की बात सुनकर श्रीनिवास को लगा कि जैसे उसकी दुनिया एकदम ठप हो गई है। वह अपने जीवन का सबसे शर्मनाक समय देख रहा था। अपने सैकड़ों ग्राहकों को वह क्या उत्तर देगा? उसने अपनी मेज़ पर पड़े ढेर सारे कागज़ों और लेखों पर नज़र डाली, सिर्फ सम्पादकीय और एक-दो छोटे लेख ही कंपोज़ होने बाक़ी थे। उसका सम्पादकीय, "हर उस व्यक्ति के लिए, जिसे इसमें रुचि हो," एक बहुत गम्भीर विषय पर था, ईश्वर और राज्य का सम्बन्ध, और यह भी लगभग पूरा लिखा जा चुका था, इसमें, पेज पर कितनी जगह बाकी है, यह जानकर सिर्फ एक पैरा और जोड़ना शेष था। उसने लेख मुद्रक के सामने बढ़ाकर पूछा, "इससे पेज भर जाएगा, या मैं एक पैरा जोड़ सकता हूँ?" मुद्रक ने लेख की लाइनें गिनकर कहा, "पैरा छोटा होगा तो मैं उसे घुसा दूँगा। अगर आपको कोई महत्त्वपूर्ण बात कहनी है, तो उसे कैसे छोड़ा जा सकता है?"

"धन्यवाद! ठीक है, ज़रा देर रुकना," यह कहकर श्रीनिवास ने कलम उठाकर तेज़ी से लिखना शुरू कर दिया, "यदि आप अनेक अल्पसंख्यक जातियों के लिए एक सीट सुरक्षित रखना चाहते हैं, तो आपको चाहिए कि सृष्टि के सबसे महत्त्वपूर्ण अल्पसंख्यक अर्थात् ईश्वर—के लिए भी एक सीट सुरक्षित करें। दुनिया की प्रत्येक विधान सभा, संसद और मंत्रिमंडल में उसके लिए एक सीट अवश्य होनी चाहिए—तभी शायद हमारी समस्याएँ हल हो सकेंगी।" मुद्रक ने उसे पढ़कर कहा, "आपने तो मुझे ध्वस्त ही कर दिया, यह एक लाइन मेरी समझ में बिलकुल नहीं आ रही। खैर, यह काम मेरा नहीं है। लेकिन इसे छापा कैसे जाएगा?"

"मैं तुम्हारी मदद करूँगा। इसे तो किसी-न-किसी तरह छापना ही है।"

"लेकिन कैसे?" मुद्रक कुछ देर तक सोचता रहा, फिर अपनी आवाज़ में दृढ़

निश्चय भरकर बोला, ''मैं यह ज़रूर करूँगा, इसके लिए जान की बाज़ी भी लगा दूँगा। ये नाशुक्रे मुझे हरा नहीं सकेंगे। मैंने पिछले साल ही इन्हें बोनस भी दिया था। लेकिन मुझे लगता है, आज रात की ट्रेन से पत्रिका नहीं जा सकेगी, कल सवेरे के लिए इसे तैयार किया जा सकता है।

''तब तो एक दिन की देर हो जाएगी,'' श्रीनिवास ने दुखपूर्वक कहा।

''लेकिन, सम्पादकजी, ग्राहकों को पत्रिका बिलकुल ही न मिले, इससे अच्छा क्या यह नहीं है कि एक दिन देर से मिल जाए?'' फिर उसने घड़ी देखी और बोला, ''आखिरी ट्रेन के लिए सिर्फ तीन घंटे बचे हैं। तब तक कर पाना तो एकदम असम्भव है, ग़ैबी ताकतें मदद करें तो और बात है। आप मुझे कागज़ दीजिए, मैं काम शुरू करता हूँ।''

श्रीनिवास मुद्रक का उत्साह देखकर बहुत प्रसन्न हुआ। बोला, ''मैं भी तुम्हारे साथ काम करता हूँ, चलो।''

''नहीं, यह नहीं हो सकता। मैंने कभी यह नहीं सुना कि मुद्रक कम्पोज़िंग में सम्पादक की मदद ले रहा है। लोग मुझपर कितना हँसेंगे, और प्रेसवाले तो मुझे ज़िन्दा नहीं छोड़ेंगे। आपको कुछ नहीं करना है।'' वह तेज़ी से उठा और बाहर की ओर चला। श्रीनिवास लेख हाथ में पकड़े उसके पीछे आया।

नीचे आकर मुद्रक ने अपना कोट उतारा और अलमारी में रखा एक नीले रंग का कपड़ा अपने कंधों पर डाल लिया। इसमें लगे फ़ीते खोलकर उसने कसकर बाँधे, बाँहें ऊपर सरकाईं और बिना एक शब्द बोले मुस्करा कर पर्दे के पीछे चला गया। श्रीनिवास क्षण-भर के लिए ठिठका और सोचने लगा कि वह मुद्रक के पीछे कितनी दूर तक जा सकता है। उसे सम्पत का यह कथन याद आया कि वह अपने बहुत से मित्रों से कह चुका है कि पत्रिका के सम्पादक को पता नहीं है कि बैंगनी पर्दे के भीतर क्या है, और इस बात की उसके मन में बड़ी क़द्र है। उसने सोचा कि इस वक्त इस क़द्र की बात से कुछ हासिल नहीं होगा। फिर, भीतर क्या है, यह जानने का यह सुनहरा मौक़ा है। उसे लगा कि वह कुछ नया ज्ञान प्राप्त करने जा रहा है। उसने हिम्मत करके परदा सरकाया, हालाँकि मन के एक कोने में यह डर भी दबा था कि कहीं उसे बाहर न कर दिया जाए।

उसने देखा कि यह एक छोटी-सी कोठरी है जिसमें कोई खिड़की भी नहीं है। एक ट्रेडिल मशीन बीच में रखी है, और साथ में एक कागज़ काटने की मशीन, एक सीने की मशीन और दो कम्पोज़िंग के खानेदार बोर्ड लगे हैं। इनमें से एक के सामने मुद्रक स्टिक हाथ में पकड़े खड़ा है। उसने सादगी से श्रीनिवास पर नज़र डाली और पूछा, ''आप भी मैटर कम्पोज़ करने में मदद करेंगे?''

"हाँ, ज़रूर," श्रीनिवास ने कहा, और मुद्रक ने उसे दूसरे बोर्ड के सामने खड़ा करके हाथ में कम्पोजिंग की एक स्टिक पकड़ा दी। फिर लेख का एक कागज़ उसे देकर कहा, "इसे देख-देखकर एक-एक अक्षर लगाइए और कम्पोज़ कीजिए।

दोनों ने मिलकर पूरा पेज तैयार किया, और रात को बारह बजे उसका प्रूफ़ निकाला। श्रीनिवास ने ध्यान से पढ़कर उसकी ग़लतियाँ निकालीं, और मुद्रक ने उन्हें ठीक किया। ग़लतियाँ काफ़ी थीं, इसलिए मुद्रक ने हँसते हुए कहा, "अगर सम्पादक का कम्पोज़ किया एक पेज हमेशा पत्रिका में जाया करे, तो पाठकों को बहुत पसन्द आएगा।"

सवेरे चार बजे तक पत्रिका की छपाई पूरी हो गई। जब ट्रेडिल की घड़घड़ाहट खत्म हुई, तभी पड़ोस में एक मुर्गे ने बाँग दी। अब श्रीनिवास को अखबार को मोड़ने और उसे स्टिच करने की उलझनों से दो-चार होना पड़ा। जब वह लेबिलों पर हाथ से पते लिखने के लिए ज़मीन पर उकड़ूँ होकर बैठा, तो उसकी उँगलियाँ अकड़ने लगी थीं, फिर उसने वहीं ज़मीन पर पड़े पत्रिका के अंकों को मोड़कर उन पर लेबिल चिपकाए। उसकी आँखों में जलन हो रही थी, सिर चकराने लगा था, और बगल में घड़घड़ाती ट्रेडिल मशीन कागज़ छाप-छापकर बाहर निकाल रही थी। घंटे भर बाद ट्रेन मालगुडी से गुज़रने वाली थी। मुद्रक की ज़बान चलनी बन्द हो गई थी और वह रात में सो न पाने के कारण थका-थका महसूस कर रहा था। उसने खरखरी आवाज़ में कहा, "और वह लड़का भी हड़तालियों में शामिल हो गया है। ज़रा देखो तो उसे। अब उसका काम भी हमें ही करना पड़ेगा।" उसने पत्रिकाओं का एक बंडल अपने कंधे पर लादा। उसे देखकर श्रीनिवास ने भी दूसरा बंडल अपने कंधे पर रख लिया। फिर उन्होंने रोशनी बुझाई, दरवाज़े पर ताला लगाया और बाहर चले। पूरब की दिशा में हलकी रोशनी दिखाई देने लगी थी, पड़ोस में ज़्यादा मुर्गे बाँग देने लगे थे, दूध वाले अपनी गायों को दुह रहे थे, और शहर अँगड़ाई लेने लगा था। जब वे मार्केट रोड से दूसरी सड़क पर मुड़े, उनके सामने आकर कोई खड़ा हो गया। यह श्रीनिवास की पत्नी थी, और उसकी गोद में सोता हुआ बच्चा था। "इस वक्त तुम यहाँ क्या कर रही हो?" श्रीनिवास ने पूछा। पत्नी श्रीनिवास को इस हालत में, कंधे पर बंडल लादे देखकर चकित हो उठी थी। वह चीखकर बोली, "और तुम इस वक्त यहाँ क्या कर रहे हो? इस हालत में कोई तुम्हें डाकू समझ लेगा।" बच्चा उसकी गोद से लटकने लगा था। "मैं रात भर कितनी परेशान रही!" "ख़ैर, अब तुम घर जाओ मैं घर आऊँगा तो सब कुछ बताऊँगा।"

रेलवे स्टेशन पर सम्पत ने स्टेशन मास्टर को जगाया, और दोनों बंडल उसे थमाते हुए कहा कि दोनों गाड़ियाँ आने पर वह इन्हें गार्डों को सावधानी से थमा

दे। स्टेशन मास्टर ने इसका विरोध किया लेकिन सम्पत ने उससे कहा, "साहब, हमको भी इस वक्त यहाँ आना अच्छा नहीं लग रहा है, लेकिन स्थिति ही ऐसी बन गई कि यह करना पड़ रहा है। अब मेहरबानी करके हमारी मदद कीजिए और हमारी मुसीबत और ज़्यादा मत बढ़ाइये। आप चाहें तो इन्हें फेंक भी सकते हैं, लेकिन यह मत कीजिएगा। नहीं तो सैकड़ों लोग परेशान हो जाएँगे। बस, गार्ड से कहिए कि इन्हें सही स्टेशनों पर उतार दे, वहाँ इन्हें ले लिया जाएगा।"

पहली ट्रेन आने में अभी भी पन्द्रह मिनट बाक़ी थे, लेकिन उन्होंने तय किया कि स्टेशन मास्टर पर भरोसा करके घर लौटा जा सकता है। इस वक्त बिस्तर का विचार श्रीनिवास को बहुत मीठा लगा। मार्केट रोड के चौराहे पर सम्पत ने रुककर कहा, "अब गुड नाइट या गुड मार्निंग, जो भी हो, कहकर विदा लेते हैं। इस सड़क पर न्यू एक्सटेंशन में मेरा घर और बिस्तर है।"

"मैं तुम्हें धन्यवाद कहूँ–," श्रीनिवास कहने लगा, "लेकिन यह अब कल करेंगे," और वह चलने को हुआ। तभी सम्पत बोला, "ज़रा रुकना," यह कहकर वह वापस लौटा और कहने लगा, "सम्पादकजी, मैं आपको यह दिखलाना तो भूल ही गया–मैंने यह स्लिप छापकर अखबार के भीतर रख दी है।" यह कहकर उसने एक हरी परची श्रीनिवास को पकड़ा दी। श्रीनिवास ने आँखें मुश्किल से खोलीं और सवेरे की रोशनी में उसे पढ़ने लगा : "मशीन में कुछ ख़राबी आ जाने के कारण उसकी मरम्मत की जा रही है, इसलिए 'झंडा' पत्रिका कुछ समय तक प्रकाशित नहीं होगी। हमारे पाठक इस कठिनाई के लिए हमें क्षमा करें।"

"तुमने मुझे बताए बिना यह छाप दिया?"

"हाँ, जब आप काम में बिज़ी थे, मैंने इसे कम्पोज़ किया, और मुझे लगा कि आपको यह दिखाना ठीक नहीं होगा।"

"लेकिन, लेकिन–"

"सम्पादक जी, और कोई रास्ता नहीं था। हम अगले हफ्ते और इसके बाद भी यह मेहनत नहीं कर सकते। पाठकों को स्थिति की जानकारी होनी चाहिए। है न यह बात? अब गुड नाइट या गुड मार्निंग।" यह कहकर वह तेज़ी से चल पड़ा और श्रीनिवास थका-माँदा उसे देखता रहा। फिर उसने एक लम्बी साँस ली और अपने घर का रुख किया।

अगले दिन उदासी से भरे थे। श्रीनिवास हमेशा की तरह समय से दफ्तर के लिए निकलता, वहाँ पहुँचकर अपनी सीट पर बैठकर उस दिन की डाक देखता, और 'झंडा'

के भविष्य के बारे में सोचता कागज़ पर नोट्स लेता रहता। सम्पत तो दिखाई ही नहीं देता था। नीचे के कमरे पर ताला पड़ा रहता। श्रीनिवास की डाक खोलने की इच्छा होनी भी खत्म होती जा रही थी, वह जानता था कि इनमें क्या लिखा होगा। उसके पाठकों की संख्या बहुत ज़्यादा नहीं थी, लेकिन जो थे, वे बहुत उत्साही लोग थे। वे लिखते : ''प्रिय सम्पादक जी, यह बड़े अफसोस की बात है कि आपको पत्रिका का प्रकाशन रोकना पड़ रहा है। परन्तु इसके बिना हमारा समय भी नहीं बीतता।'' उसे अच्छा भी लगता, और दुख भी होता। उसके भाई ने तालपुर से लिखा था : ''तुम्हारी स्लिप पढ़कर धक्का लगा। पत्रिका इस तरह बन्द करने का कारण क्या है? क्या आर्थिक दृष्टि से घाटा हो रहा है? क्या यही उसे बन्द करने का कारण तो नहीं है?'' उसने गुस्से में भरकर तुरन्त इसका जवाब दिया कि 'झंडा' की आर्थिक स्थिति बहुत मज़बूत है और किसी को इसकी चिन्ता नहीं करनी चाहिए। फिर चिट्ठी को मोड़कर एक लिफाफे में डाल दिया। इसे डाक में डालने के लिए अलग रख दिया, और एक और पत्र के उत्तर में लिखा कि 'झंडा' बहुत शीघ्र प्रकाशित होगा, और यही उत्तर एक के बाद एक कुछ और पाठकों को भी दिया। सब उत्तर कागज़ों से लदी मेज़ पर एक तरफ़ इकट्ठा होते गए। दोपहर तक वह इसी तरह जवाब लिखता रहा। जब सब जवाब लिख दिए गए, तो वह उन्हें एक-एक कर फिर पढ़ने लगा। उसने अपने से कहा, ''यह तो कोई बात नहीं हुई, मैंने झूठ लिखा है। मैं इन्हें पोस्ट नहीं करूँगा।'' उसने सब उत्तर फाड़ डाले और रद्दी की टोकरी में डाल दिए, सिर्फ भाई को लिखा पत्र ही मेज़ पर रहने दिया। कुछ देर बाद उसे भी खोलकर दोबारा पढ़ा। उसे इसमें लिखी बात पर भी सन्देह हुआ। इसलिए पत्र अलग रखकर आय-व्यय का रजिस्टर उठाकर देखने लगा। यह काम उसने आज से पहले कभी नहीं किया था। उसने एक-एक पन्ना पलटकर ध्यान से हिसाब-किताब का ब्योरा देखा, तो उसे इसमें बहुत सी कमियाँ दिखाई दीं। परेशान होकर उसने एक कागज़ उठाया और उस पर लिखने लगा : ''सम्पादक महोदय, आप अपने को धोखा क्यों दे रहे हैं? हिसाब का रजिस्टर कभी झूठ नहीं बोलता, हाँ, अगर आप बड़े व्यापारी हों और इनकम टैक्स विभाग के फायदे की दृष्टि से उसे लिख रहे हों, तो अलग बात है। 'झंडा' के हिसाब-खाते को इस बारे में कोई ग़लतफहमी नहीं है। इसके सब आँकड़े सादा और सही हैं। आपने तो इस पर कभी ध्यान ही नहीं दिया। आपको अपने मुद्रक का शुक्रगुज़ार होना चाहिए, कि उसने आपको इन सब परेशानियों से बचाए रखा। वह किसी-न-किसी तरह कागज़ और छपाई का इन्तज़ाम करता रहा, फिर उन्हें बाहर भिजवाता भी रहा। आप तो सिर्फ मनी ऑर्डर का पैसा लेने और उसे जैसे चाहें, खर्च करने का ही काम करते थे—कभी आप उससे ज़रूरी बिल चुकाते

थे, और कभी-कभी घर का किराया और दूसरे खर्चे भी उसी से पूरे करते थे। मुद्रक ने तो कभी अपनी छपाई का पैसा नहीं माँगा, उसे जमा होता जाने ही दिया, और तभी कुछ लिया, जब उसे दिया गया। मुझे लगता है कि लेबर के साथ उसकी परेशानियों की वजह 'झंडा' ही है, क्योंकि बड़ा काम वह यही करता था, जिसका उसे कभी कोई भुगतान नहीं किया गया। अगर यह सच है, तो सम्पादक जी, इस मामले में आपकी ही ज़िम्मेदारी सबसे ज़्यादा है। आपको इस बारे में ज़रूर कुछ करना चाहिए। आपका सेवक, श्रीनिवास।"

यह सब लिखकर श्रीनिवास ने कागज़ मोड़ा और लिफ़ाफे में बन्द कर दिया—जिसके ऊपर लिखा, "मि. सम्पत के लिए—इसे ध्यान से पढ़ें।" पत्र जेब में रखकर वह उठ खड़ा हुआ। दीवार पर लगी कील पर टंगा अपना कोट उतारा, कंधे पर डाला और चल पड़ा। कमरे पर ताला लगाया और सीढ़ियों से नीचे उतरा। उसे यह देखकर धक्का लगा कि प्रेस पर भी बिलकुल नया, चमकदार ताला जड़ा हुआ है। वह कबीर लेन से गुज़रकर मार्केट रोड पर आया। दोपहर हो गई थी और आसमान से सूरज की तपती हुई गरमी चारों तरफ़ बिखर रही थी। सड़क पर कुछ कारें और बसें धूल उड़ाती चली जा रही थीं। बाज़ार की कई दुकानें भी बन्द थीं, उनके मालिक आराम करने घर चले गए थे। चौराहे पर लगा फ़व्वारा सूरज की रोशनी में चमक रहा था, उसमें से पानी की एकाध फुहार कभी-कभी निकल पड़ती थी, गेट के फाटक पर कुछ कुत्ते गुड़ी-मुड़ी होकर पड़े थे, दो-तीन औरतें अपने टोकरे लिए बैठी थीं, एक मज़दूर पेड़ के नीचे बैठा इन औरतों से खरीदी हुई मूंगफलियाँ छील-छीलकर खा रहा था। यह सब नज़ारा देखकर श्रीनिवास को भी सुस्ती चढ़ने लगी। उसे लग रहा था कि शहर की खुली हवा में वह पहली दफ़ा साँस ले रहा है, इस वातावरण में पहली दफ़ा उसकी आँखें खुली हैं। वह सोचने लगा कि अपने कमरे में बन्द रह कर उसने इतने दिनों तक असली ज़िन्दगी से खुद को दूर रखा है। "पत्रिका बन्द होने के कुछ फ़ायदे भी हैं," उसने अचानक महसूस किया। "मिसाल के लिए, इस वक्त ज़िन्दगी कैसी होती है, यह उसे एकदम पता ही नहीं था।" उसने सोचा कि नदी में चलकर डुबकी लगाई जाए। "यहाँ नदी भी है, यह तो मैं भूल ही चुका था।" नेशनल स्टोर्स के सामने पहुँचकर वह ज़रा हिचका। अगर उसे नदी पर जाना है, तो दाएँ मुड़कर एलामन स्ट्रीट का रुख़ करना पड़ेगा, लेकिन इस वक्त तो वह सम्पत के घर न्यू एक्सटेंशन जा रहा था। वहाँ पहुँचने के लिए उसे साउथ रोड से दो मील आगे जाना पड़ेगा। उसे अचानक बहुत थकावट महसूस होने लगी और चिकनी सड़क से टकराकर आती रोशनी उसकी आँखों में चकाचौंध भरने लगीं। एक-दो कारें तथा लारियाँ वहाँ से गुज़रीं तो धूल का गुब्बार उड़ा जिसकी परत कुछ देर बाद आसमान

में छा गई। उसने देखा कि सामने से एक इक्का चला आ रहा है, जिसका घोड़ा गाड़ी के भार से लंगड़ाता चल रहा है। उसने आवाज़ दी, ''इक्केवाले, लॉली एक्सटेंशन चलोगे?'' इक्केवाले ने लाल रंग की धोती पहनी हुई थी, सिर पर तौलिया लिपटा था, बाक़ी भूरे रंग के बदन पर और कोई कपड़ा नहीं था, और बगल में चाबुक दबाए वह अधसोया-सा चला जा रहा था। श्रीनिवास की आवाज़ सुनकर वह एकदम चौंककर जाग उठा और झटके से घोड़े को लगाम लगाई।

''लॉली रोड चलोगे?'' श्रीनिवास ने अपनी बात दोहराई। इक्केवाले ने ज़रा सन्देह से उसे देखा, फिर बोला, ''हाँ, हाँ, मालिक, क्यों नहीं...आप क्या देंगे?''

''आठ आने,'' श्रीनिवास ने बिना सोचे कहा, और इक्केवाले ने घोड़े को चाबुक लगाई कि तेज़ी से आगे बढ़े। श्रीनिवास ने उस पर तीखी नज़र डाली और पैदल ही चलना शुरू कर दिया। इक्केवाले ने पीछे सिर घुमाकर आवाज़ दी, ''चौदह आने देंगे, साहब?'' श्रीनिवास ने उसकी बात को अनसुना कर दिया और पैदल चलता रहा। अपने से कहा, ''इन लोगों से उलझने की जगह तपती धूप भी बर्दाश्त कर लेना बेहतर है!'' थोड़ी देर बाद फिर उसकी आवाज़ सुनाई दी, ''साहब, कम-से-कम बारह आने दे देना। आप जानते हैं, घोड़े का दाना कितना महँगा हो गया है?'' श्रीनिवास ने चिल्लाकर कहा, ''तुम मुझे मुफ़्त भी ले चलो, मैं तुम्हारे इक्के पर नहीं जाऊँगा।'' उसे झुँझलाहट हुई, ''साला रुककर भी बात नहीं करता, चलता चला जा रहा है और सोच-सोचकर बोलता रहता है।'' अब उसे खुद अपने गुस्से पर ताज्जुब होने लगा था। 'शायद सूरज की गर्मी मेरे सिर में चढ़ गई है। बेचारा एक-दो आने ज़्यादा चाहता है, और मैं इस तरह...'' तभी इक्केवाला उसके पास आकर रुक गया। खुरदरी दाढ़ी लिए वह जैसे गुंडा-मवाली ही लग रहा था, उसने एक हाथ से सलाम ठोंका और चोट खाए आदमी की तरह कहने लगा, ''मालिक, आपने बहुत बड़ी बात कह दी।'' श्रीनिवास इससे परेशान हो उठा। ''तुम मुझे अकेला नहीं छोड़ोगे?'' वह बोला, ''मालिक, मैं पचास साल का हो रहा हूँ और जब से याद पड़ती है, घोड़ा हाँक रहा हूँ। आप मुझे चाहे जैसा घोड़ा दे दें, मैं उसे काबू कर लूँगा।''

''यह सब तो ठीक है, लेकिन इससे मुझे क्या लेना-देना?'' श्रीनिवास ने परेशानी से कहा और आगे बढ़ता रहा। लेकिन इक्केवाले ने ज़रा तल्ख़ी से कहा, ''मालिक, इस तरह चलते चले जाने से क्या मतलब है?'' श्रीनिवास चकराकर सोचने लगा कि अब क्या करूँ। 'यह आदमी क्यों इतना परेशान कर रहा है?' इसमें अगर मकान वाला भी अपनी नातिन की शादी का झमेला लेकर शामिल हो जाए, तो नक्शा पूरा हो जाएगा।'' इक्केवाले ने आज़िजी से कहा, ''क्या कहते हैं, मालिक? आज तक इस ज़िन्दगी में मैंने अपनी सवारी नहीं छोड़ी है...'', फिर घोड़े को नाटकीय ढंग

से थपथपाते हुए कहने लगा "और यह बेचारा भी तब तक चैन नहीं लेगा जब तक आपसे शाबासी नहीं सुन लेगा। आपने मुझसे बड़े कड़वे शब्द कह दिए हैं।" श्रीनिवास समझ नहीं पा रहा था कि क्या करे, उसे देर भी हो रही थी। यह आदमी तो उसे न आगे बढ़ने देगा, न पीछे। धूप बड़ी तेज़ थी। उसने कहा, "देखो, मैं ज़्यादा बात नहीं करता। जो एक बार कह दिया, वह कह दिया..."

"मालिक, ग़रीब आदमी पर दया कीजिए। घोड़े के दाने और घास दोनों की कीमत आसमान छू रही है।"

"मैं दस आने दूँगा।"

"आपकी मर्ज़ी," यह कहकर इक्केवाला सीट साफ़ करने लगा। श्रीनिवास उचक कर उस पर चढ़ गया और घोड़ा दुलकी मारकर आगे को चला। उसके लोहे से मढ़े पहिये ग्रेनाइट पर खटर-खटर करके आगे बढ़ने लगे। गाड़ी में हरी घास की खुशबू फैली हुई थी, जो नीचे पड़ी थी और जिस पर सवारियों के बैठने के लिए एक बोरी बिछी थी। घास की खुशबू से श्रीनिवास की बचपन में तालपुर में बिताई यादें ताज़ा हो उठीं। उसके पिता कचहरी जाते थे तो कभी-कभी इक्के में बिठा लेते थे। वह कोचवान की बगल में बैठता था, और पिता को कचहरी पहुँचाकर वापस लौटते समय, जब कोई बड़ा उनके साथ न होता, तब कभी-कभी वह उसे भी चाबुक देकर घोड़े को चलाने देता था। वह सोचता कि किसी दिन इस गाड़ी में भी पीतल के छल्ले लग जाएँगे और गद्दियाँ बिछ जाएँगी, लेकिन जहाँ तक उसे याद पड़ता है, उस पर हमेशा घास ही बिछी रही जिस पर जूट की बोरी पड़ी होती थी। उस गाड़ी का कोचवान भी आज जैसे आदमी की ही तरह खुश्क और खुरदरा था, नाम उसका मुनी था। श्रीनिवास को लगा, कहीं यह वही आदमी तो नहीं है। बहुत अरसा गुज़र गया था—जैसे सदियाँ बीत गई हों—लेकिन यह तो बिलकुल वही आदमी लग रहा था—जिसकी उम्र एक जगह आकर ठहर गई हो। इससे उसे किसी-न-किसी तरह ज़िन्दगी की स्थिरता और एकरसता का अनुमान होने लगा—किसी पुराने बरगद या चट्टान को देखने पर जैसा भाव उत्पन्न होता है। उसे अचानक तालपुर वापस जाने की इच्छा होने लगी—उसने सोचा कि इन दिनों काम बन्द हो गया है, इसलिए वह गाँव हो आएगा। कोचवान दोहराता चला जा रहा था, "घास तक महँगी हो गई है...मालिक को मुझ जैसे ग़रीब आदमी पर दया करनी चाहिए।"

लॉली एक्सटेंशन पहुँचकर कोचवान ने इक्का रोक दिया और आधा मील और आगे न्यू एक्सटेंशन जाने से एतराज़ करने लगा। "मालिक, मैंने साफ़-साफ़ सुना था, आपने लॉली एक्सटेंशन कहा था।" श्रीनिवास सरककर उतरने को हुआ, "कोई बात नहीं, मैं यहाँ से पैदल चला जाऊँगा।" कोचवान जैसे घबड़ा गया, और श्रीनिवास

को सीट पर खींचकर बोला, ''मालिक का गुस्सा ज़रा तेज़ है। मुझे दोष मत दीजिए।'' वह घोड़े को तेज़ी से हाँकने लगा, ''अगर घास पहले वाली कीमत पर ही मिल रही होती, तो मैं आपको चार आने में ही ले जाता।...मैंने साफ़-साफ़ सुना था, आपने लॉली एक्सटेंशन ही बोला था...आप ही बताएँ मालिक, न्यू एक्सटेंशन के लिए कौन चौदह आने से कम लेगा? आप पढ़े-लिखे आदमी हैं, मालिक, आप ही बताएँ...घोड़े का दाना...''

तीसरी क्रास रोड पर सम्पत का निवास था; वह एक छोटे-से घर के दरवाज़े पर खड़ा था। श्रीनिवास को देखकर वह चौंका और उसका स्वागत करने के लिए तेज़ी से उसकी तरफ़ बढ़ा। श्रीनिवास ने इक्का रुकवाया, फुर्ती से पैसे चुकाए, और झटके से कूद पड़ा। ''मुझे सड़क का तो पता था, मकान का नम्बर नहीं मालूम था।'' चौड़ी-चौड़ी सड़कें और चौराहे, पश्चिम की तरफ़ फ़सल से लदे खेत, पूरब की तरफ़ मुख्य सड़क, उसके पार लॉली रोड के बंगले—यहाँ पहुँचकर जैसे पहली दफ़ा खुला नीला आसमान दिखाई दिया। ''कितनी खूबसूरत जगह है!'' श्रीनिवास ने कहा।

''हाँ, अच्छा तो है, लेकिन जिनका काम शहर में हो, उनके लिए बेहद परेशानी है। सारा वक्त आने-जाने में ही निकल जाता है।''

''बंगला कितना शानदार है?''

''हाँ, लेकिन मैं आउट हाउस में रहता हूँ। इसमें तो मकान-मालिक रहता है।''

वह उसे बगल की पगडंडी से मकान के पीछे ले गया। अहाते के सिरे पर सींखचों से घिरा एक आउट-हाउस था, सामने बरांडा था जिसमें बाँस की दीवार सी लगी थी, पीछे दो कमरे थे। इतनी ही जगह में मुद्रक का परिवार रहता था, जिसे देखकर श्रीनिवास को निराशा सी हुई, क्योंकि वह सोचता था कि वह शान-शौकत से रहता होगा। मुद्रक ने जल्दी से श्रीनिवास के बैठने के लिए बरांडा साफ़ किया, ज़मीन पर पड़ी चटाई उठाई, बिस्तर लपेटा और वहाँ खेल रहे कुछ बच्चों को 'भीतर आओ, भीतर आओ,' कहकर घर में बुलाया, और कहीं से श्रीनिवास के लिए एक कुर्सी और अपने लिए एक स्टूल लाकर वहाँ रख दिया। श्रीनिवास ने देखा कि दीवार से सटी एक मेज़ रखी है जिस पर बच्चों की किताब-कापियाँ और स्लेटें बेतरतीब जमा हैं, और उसी के साथ किसी का एक बड़ा-सा चित्र टँगा है, जिसकी घनी मूँछें हैं, सिर पर जर्जर-सा टोप लगा है और मुँह में एक लम्बा-सा पाइप दबा है। श्रीनिवास को चेहरा पहचाना-सा लगा, और वह सोचने लगा कि इससे वह कहाँ मिल चुका है। मुद्रक ने उसे देखते हुए पूछा, ''इसे पहचानते हैं?...ज़रा मुझे ध्यान से देखिए।'' श्रीनिवास ने उस पर नज़र फेंकी और कहा, ''अरे, यह तो तुम्हीं हो!''

"हाँ! आपको मेरी इस ज़िन्दगी का पता नहीं है। मैं हमेशा मुद्रक नहीं था। दरअसल मुझे मेक-अप, पोशाकों और नाटकों में बहुत दिलचस्पी रही है। ये पुरानी बातें हैं और अब तो इसके लिए समय ही नहीं मिलता। लेकिन इन दिनों भी कई नाटक मेरे बिना नहीं होते। उनके लिए प्रेस बन्द करके रिहर्सल में शामिल होने के लिए समय निकालने में मुझे कितनी परेशानी होती है।" यह सोचकर वह उदास और दुखी होने लगा, लेकिन अचानक उछलकर खड़ा हो गया, तेज़ी से भीतर गया और कुछ मिनट बाद वापस आ गया।

श्रीनिवास उसके भीतर जाने का उद्देश्य समझ गया था, इसलिए बीच में बोला, "मुझे इस वक्त कॉफ़ी की ज़रूरत नहीं है। घरवालों को उसके लिए परेशान मत करो।" मुद्रक ने कहा, "अच्छा, यह बात है!" फिर भीतर किसी से ज़ोरदार आवाज़ में कहने लगा, "सुनो, सम्पादक जी को इस वक्त कॉफ़ी नहीं चाहिए। इसलिए परेशान मत होओ।" यह कहकर वह श्रीनिवास की ओर मुड़ा और बोला, "आपकी आज्ञा का पालन कर दिया। अब तो आप खुश हैं?" तभी श्रीनिवास को दूसरे कमरे में किसी के पैरों की आवाज़ सुनाई दी, लगा जैसे कोई दरवाज़े के पीछे से मुद्रक का ध्यान आकर्षित करने की कोशिश कर रहा है। मुद्रक ने दाँत निकालकर उधर देखा और कहा, "अच्छा, क्या कहना है? इस तरह इशारों में बात करोगी तो मैं क्या समझूँगा! परदे से बाहर क्यों नहीं आ जातीं?" लेकिन वह बाहर नहीं आई, तो मुद्रक खिलखिलाता हुआ भीतर गया, कुछ देर फुसफुसाकर उससे बात की, और फिर बाहर आकर बोला, "मेरी पत्नी को आपका प्रस्ताव मंज़ूर नहीं है। वह कहती है कि आपको कॉफ़ी और उसके साथ नाश्ता भी लेना ही पड़ेगा। यह परिवार की परम्परा है और इसे तोड़ा नहीं जा सकता।" यह कहकर उसने हँसते हुए दरवाज़े पर नज़र डाली और कहा, "कमला, हमारे सम्पादक जी से मिलो।" लेकिन उसे बाहर निकलने में काफ़ी देर लगी तो मुद्रक ने कहा, "क्या बात है, तुम पचहत्तर साल की बुढ़िया की तरह व्यवहार क्यों कर रही हो, परदे में क्यों छिपी हो? बाहर आओ, इनसे मिलने में कोई बुराई नहीं है।" श्रीनिवास ने धीरे से कहा, "उन्हें क्यों बेकार परेशान कर रहे हो?" तो वह खुद भीतर गया और महिला को बाहर ले आया। बोला, "यह मेरी पत्नी है।" श्रीनिवास ने खड़े होकर हाथ जोड़े और नमस्कार किया, जिसका उसने शर्माते हुए जवाब दिया। वह पैंतीस के करीब उम्र की दुबली-सी स्त्री थी, न सुन्दर और न बदसूरत, क़द में छोटी, लाल रंग की सादा-सी साड़ी पहने जिसमें किचेन की गर्द और धूल-मिट्टी लगी थी। काफ़ी नर्वस, कि क्या और कैसे करे, बेचैनी से हाथ मलती, दोनों चुप खड़े थे। मुद्रक ने कहा, "ठीक है, अब तुम वापस

जा सकती हो।" यह सुनते ही वह मुड़कर कमरे में चली गई, और श्रीनिवास भी अपनी कुर्सी पर आकर बैठ गया।

थोड़ी देर बाद एक मुलायम-सी आवाज़ आई, "अप्पा, अप्पा," और मुद्रक ने दरवाज़े की ओर देखकर कहा, "आओ, बेटे, तुम्हें क्या चाहिए?" चार साल की एक छोटी-सी लड़की सामने आई, उसकी गोद में उचककर चढ़ गई और कान के पास मुँह ले जाकर कुछ कहने लगी। सम्पत ने कहा, "ठीक है। तो ले आओ। हम भी देखें कि तुम इन अंकिल जी की कैसी खातिर करती हो।" बच्ची मुस्कराकर भीतर चली गई और पानी का गिलास लेकर वापस आई; उसे स्टूल पर रख दिया। इसके बाद एक और लड़की दूसरा गिलास लेकर आई, वह पहली लड़की से कुछ बड़ी थी। उसने शिकायत की, "राधू मुझे कुछ नहीं करने दे रही।" मुद्रक ने दोनों की पीठ थपथपाई और कहा, "अरे, इसमें लड़ने की क्या बात है? दोनों एक-एक चीज़ लेकर आओ।" फिर वह श्रीनिवास की तरफ़ मुड़कर बोला, "आप हाथ धोना चाहेंगे?" श्रीनिवास ने पानी का बर्तन उठा लिया, बरांडे की सीढ़ियों पर जाकर हाथ धोये और रूमाल से पोंछकर हवा में सुखाए।

इसके बाद चीज़ों का एक जुलूस-सा आना शुरू हुआ, चार लड़कियाँ नौ से तीन साल की उम्र की, अपने छोटे-छोटे हाथों में खाने की प्लेटें लाकर मेज़ पर उन्हें रखने लगीं। चारों कोशिश कर रही थीं कि एक-दूसरे से अच्छी सेवा करें। ज़रा देर में सारी मेज़ भर गई। मुद्रक ने मेज़ श्रीनिवास के सामने सरकाई, और कहा, "... नोश फरमाइए, जनाब..."

श्रीनिवास ने संकोचपूर्वक कहा, "इतना सब करने में उन्हें कितनी परेशानी हुई होगी?"

"परेशानी की कोई बात नहीं है, इतना तो उसे करना ही पड़ता है। हमारे पाँच बच्चे हैं और सब हमेशा उसे तंग करते रहते हैं—इसलिए यह सब तो उसे करना ही पड़ता है। आप इस बारे में कुछ मत सोचिए।"

नाश्ते के बाद मुद्रक ने खुद मेज़ साफ़ की और अपनी गोद में दो साल से कम उम्र के एक बच्चे को लेकर बाहर आया, जो अब तक प्रकट नहीं हुआ था। श्रीनिवास उसे देखते ही समझ गया कि यह वही बच्चा है, जिसका चित्र कलाकार बना नहीं पाया था। "यह तुम्हारी आखिरी संतान है?" उसने पूछा। "हाँ, शायद," मुद्रक ने जवाब दिया। "यह मुझे बहुत प्रिय है, पहला लड़का है इसलिए। मैं कलाकार से इसी का चित्र बनवाना चाहता था। पर पता नहीं, वह क्यों देर कर रहा है। अभी तक कुछ भी नहीं दिखाया—"

“कलाकार मनमौजी होते हैं। वे तब तक कोई काम नहीं करते, जब तक उसका सही समय नहीं आता।”

“मैं सोचता था कि इसका चित्र दीवार पर लगेगा तो बहुत अच्छा लगेगा...” श्रीनिवास ने सोचा कि वह चित्र की सच्चाई उसे बता दे, लेकिन वह चुप रह गया। मुद्रक ने कहा, “अब कुछ मनोरंजन करते हैं।” यह कहकर उसने आवाज़ दी, “राधू।” बच्ची अपना नाम सुनकर दौड़ी चली आई। मुद्रक ने कहा, “ये अंकिल अब तुम लोगों का नाच देखना चाहते हैं। सबको बुलाओ।” बच्ची कुछ दिखाने की सम्भावना से बड़ी खुश हुई, और आवाज़ देने लगी, “दीदी, चलो...,” और अपने-अपने नाम सुनकर सब वहाँ इकट्ठी हो गईं। पहली बोली, “अप्पा हमारा नाच देखना चाहते हैं।” सबसे बड़ी यह सुनकर कुछ भुनभुनाई, तो अप्पा ने कहा, “डरो मत, आओ...हारमोनियम उठा लाओ!” हारमोनियम आया और मुद्रक के सामने रख दिया गया। उसने उसकी धौंकनी चलाई और कुंजियों को दबाया। बच्चियाँ चटाई पर खड़ी हो गईं और पूछने लगीं, “अप्पा, क्या दिखाएँ?” और तिरछी नज़र से श्रीनिवास को देखने लगीं। मुद्रक ने कहा, “जो भी तुम करना चाहो, वह कृष्णजी वाला... ।” यह कहकर उसने नृत्य का सुर निकाला। इसे सुनकर बड़ी ने चेहरा बनाया, “यह नहीं, अप्पा, कुछ और... ।”

“कोई बात नहीं, जैसा तुम चाहो। अच्छा, इसे गाओ...,” यह कहकर उसने एक दूसरी धुन बजाई। दूसरी लड़की बोली, “हम कृष्णजी वाला ही गाएँगे।”

“ठीक है,” मुद्रक ने फिर वही धुन निकालना शुरू किया। लेकिन लड़कियों में विरोध जारी रहा, कोई कुछ चाहती थी, कोई कुछ, और आखिरकार मुद्रक ने गुस्सा होकर कहा, “तुम कृष्णजी वाला गाओगी या नहीं?” अब फैसला हो गया, सब इसके लिए तैयार हो गईं। मुद्रक ने सुर निकाले और गाना शुरू किया—कृष्ण जी के बचपन की लीला अपने साथियों के साथ दूध और मक्खन चुराना, सबको तंग करना, गोपियों के साथ नाचना गाना, यह सब कुछ ऐसा जिसमें दैवी तत्व भी घुला-मिला है। बच्चियों ने गाने की धुन पर घूम-घूमकर नाचना शुरू किया और कृष्णजी के जो भी करतब शब्दों में बताए जाते, उन्हें वे बड़ी कोमलता से करके दिखातीं। थोड़ी देर के लिए जैसे दैवी संगीत का समा बँध गया और श्रीनिवास मंत्रमुग्ध होकर पिता और पुत्रियों का यह सम्मोहक खेल देखता रहा। बच्चियों की माँ भी परदे के पीछे से देख-देखकर खुश होती रही।

श्रीनिवास को इस साधारण, काफ़ी-कुछ ऊबड़-खाबड़ वातावरण में यह नृत्य देखकर कुछ उदासी और दुख भी महसूस हुआ। उसे लगा कि उसकी आँखों में आँसू आ जाएँगे। कृष्णजी के नृत्य-गायन के बाद दो और नृत्य हुए, तो श्रीनिवास के सीने

में दर्द सा उठने को हुआ और वह सोचने लगा कि कब यह बन्द हो, कब मुद्रक अपनी गोद में रखे हारमोनियम को बजाना खत्म करे—कमरे के एक कोने में धोने के लिए जमा गन्दे कपड़े पड़े थे, बच्चियाँ भी बड़ी मामूली सस्ती फ्राकें पहने...सब कुछ ज़रा उदासी भरा ही दिखाई दे रहा था। दूसरे गाने में शिवजी की महिमा गाई गई, जिसमें मुद्रक का स्वर ही सबसे ऊँचा था और बच्चियों की आवाज़ें उससे मेल नहीं खा पा रही थीं। तभी दरवाज़े पर कोई आ खड़ा हुआ और कहने लगा, "मालिक कह रहे हैं, वह सो नहीं पा रहे। आप गाना बन्द कर दें।" यह सुनते ही सब चुप हो गए। मुद्रक कुछ अस्थिर हो उठा और सोचने लगा कि क्या जबाब दे। फिर बोला, "हाँ...अपने मालिक से कहो कि दरवाज़े और खिड़कियाँ सीलबन्द कर दें और आराम से सोएँ। यहाँ आने की ज़रूरत नहीं है। मैं नींद बेचता नहीं हूँ।" नौकर वापस लौट गया। श्रीनिवास को बड़ा अटपटा लगा, वह सोचने लगा कि कैसी विकट परिस्थिति में फँस गया है। मुद्रक ने श्रीनिवास की तरफ़ मुड़कर कहा, "यह मकान-मालिक है। उसने मुझे मकान दिया है, इसलिए यह भी सोचता है कि हुक्म भी चलाए।" यह कहकर वह हँसा, कि स्थिति की गम्भीरता कम हो। फिर बच्चियों ने दोबारा इस तरह नाचना-गाना शुरू कर दिया जैसे कुछ हुआ ही न हो। पन्द्रह मिनट बाद प्रोग्राम खत्म हुआ और मुद्रक ने हारमोनियम एक कोने में रख दिया। फिर उसने कहा, "अच्छा, बच्चो, अब तुम लोग जाओ। लेकिन अभी कोई पानी मत पीना।" श्रीनिवास को लगा कि उसे तारीफ़ करनी चाहिए, इसलिए उसने पूछा, "यह इन्हें सिखाया किसने है?"

"मैंने, और किसने...मैं पेशेवर लोगों के पास बच्चों को भेजना पसन्द नहीं करता।"

श्रीनिवास ने बच्चियों से भी कहा, "तुम लोगों ने बहुत ही अच्छा काम किया। मैं फिर आऊँगा, तब भी दिखाना।" बच्चियाँ खिलखिला कर हँसीं और भाग गईं, और उनकी माँ भी दरवाज़े के पीछे से हट गई। मुद्रक कुछ देर चुप बैठा कुछ सोचता रहा। बच्चियों की आवाज़ें सड़क के दूसरे छोर से आती सुनाई पड़ रही थीं, वे सब खेल में लग गई थीं। पत्नी किचेन में वापस लौट गई; शाम के सूरज की किरणें बाँसों की दीवार के छेदों से भीतर आकर फर्श पर पड़ने लगीं। वातावरण में गहरी शान्ति छा गई। श्रीनिवास ने जेब से लिफ़ाफा निकाला और मुद्रक के हाथ में पकड़ा दिया। वह बोला, "मुद्रक के नाते मेरा कर्तव्य है कि मैं पत्रिका को फिर निकालूँ। ज़रा-सा इन्तज़ार कीजिए, मैं इन्तज़ाम करूँगा कि पत्रिका लाइनो मशीन पर कम्पोज़ हो, रोटरी में छपे और हर हफ़्ते ट्रकों पर लदकर वितरण के लिए भेजी जाए। इसके लिए काफ़ी पैसे की ज़रूरत होगी। पर आप विश्वास करें, मैं बहुत सारा पैसा कमाऊँगा,

और...और इस आदमी का मकान खरीदकर उसमें खुद रहूँगा, और वह होगा मेरा किराएदार...फिर कभी मैंने उसे हारमोनियम बजाते सुना, तो मैं...तो मैं...," इस तरह वह कुछ देर तक उससे बदला लेने की कल्पना करता रहा, फिर बोला, "मेरा एक मित्र फिल्म कम्पनी शुरू कर रहा है, और मैं उसमें शामिल हो रहा हूँ। मेरी बात पर ताज्जुब मत करना...हमारी पहली फिल्म पूरी होते ही रोटरी आ जाएगी।"

"फिल्म? फिल्म?" श्रीनिवास ने आँखें फाड़कर कहा। "मुझे नहीं पता था कि तुम किसी फिल्म से भी जुड़े हो।"

"फिल्मों में मेरी हमेशा दिलचस्पी रही है। यह देश का पाँचवाँ सबसे बड़ा उद्योग है। मैं या कोई भी इससे अलग कैसे रह सकता है? चलिए मेरे साथ, आपको स्टूडियो दिखाता हूँ।"

"स्टूडियो? कौन सा स्टूडियो? कहाँ है..."

"नदी के पार है स्टूडियो। वहाँ पाँच एकड़ ज़मीन लीज़ पर ली है।"

उसकी फ़र की टोपी, स्कार्फ़ और दीवार पर खूँटे से टँगा कोट क्षण भर में उसके शरीर पर आ गए। दोनों चले। सम्पत ने सड़क पर पहुँच कर एक बस रोकी। बस वाला उसे देखकर तुरन्त रुक गया और बड़ी इज़्ज़त से उसके और श्रीनिवास दोनों के लिए बैठने का इन्तज़ाम किया। सम्पत ने कंडक्टर से पूछा, "कल आमदनी कैसी हुई?"

"बहुत अच्छी," उसने झुककर जवाब दिया।

"अपने मालिक से कहना कि आज मैंने तुम्हारी बस में सफ़र किया है।"

"जी, साब!" सम्पत ने श्रीनिवास की तरफ़ देखकर कहा, "यह सर्विस एक तरह से हमारी अपनी ही है।

"तुमने इनके लिए छपाई की होगी?" श्रीनिवास ने पूछा।

'टनों कागज़ छापे हैं...इनके दफ्तर का हर फार्म मेरा ही छापा है।"

"अब ये लोग क्या करेंगे?"

"मेरी रोटरी आने का इन्तज़ार करेंगे।"

कंडक्टर ने इस पर सवाल किया, "क्यों साब, अब प्रेस बन्द हो गया क्या?"

"हाँ, मशीनें पुरानी पड़ गई थीं, खराब हो गई थीं," उसने बड़े आराम से जवाब दिया।

बस मार्केट स्क्वायर के बाद वाले स्टैंड पर रुकी। यहाँ दोनों उतरे। सम्पत ने हाथ हिलाया, एक पुरानी शेवरले कार, जिसका इंजन बड़े ज़ोर-शोर से घड़घड़ा

रहा था और धुआँ उड़ा रहा था, उनके सामने आकर खड़ी हो गई। दोनों बैठ गए तो ड्राइवर ने पूछा, ''स्टूडियो, साब?'' सम्पत के सिर हिलाते ही वह आगे बढ़ी और एलामन स्ट्रीट पार करके ऊबड़-खाबड़ सड़कों पर नदी किनारे नल्लप्पा की झाड़ियों तक पहुँच गई। नीचे बिछी बालू पर लोग आराम कर रहे थे, बच्चे खेल रहे थे, शाम के सूरज की किरणें पानी पर पड़ रही थीं। क्रॉसिंग की जगह कई बैलगाड़ियाँ और ग्रामीण जमा थे; टैक्सी का बल्बनुमा हार्न गुस्से से पों-पों कर रहा था, ड्राइवर लोगों को तेज़ी से रास्ते से हटाने के लिए गालियाँ दे रहा था, जिससे परेशान होकर वे धीरे-धीरे छँटने लगे। रास्ता मिलते ही गाड़ी पानी में छपाछप करती आगे बढ़ी, जिससे लोग भीग गए। श्रीनिवास ने बाहर झाँककर देखा और सोचने लगा कि उसे यहीं छोड़कर गाड़ी आगे बढ़ जाती तो कितना अच्छा होता। उसकी इच्छा हुई कि नदी के जल में पैर डालकर किनारे पर थोड़ी देर बैठे और डूबते सूरज का सुनहरा दृश्य देखता रहे। लेकिन शेवरले तेज़ी से आगे बढ़ती रही और करीब आधे मील आगे एक केले के तनों से बने फाटक पर जाकर रुक गई, जिस पर लिखा हुआ था 'सनराइज़ पिक्चर्स'। दोनों गाड़ी से बाहर निकले। सम्पत ने बाँहें चारों तरफ घुमाकर कहा, ''यह सारी जगह हमारी है।'' यहाँ दूर-दूर तक लकड़ी की चारदिवारी लगी हुई थी, जगह-जगह लोग काम कर रहे थे, एक जगह लोहे की चादरें पड़ी थीं और कुछ लोग हथौड़े चला रहे थे।

दोनों आगे जाकर ईंटों से बने एक कमरे पर जाकर रुके जिस पर घास-फूस की छत पड़ी थी। एक आदमी बाहर निकला जो सम्पत को देखकर खुशी से चिल्लाकर बोला, ''मुझे आपके आने की उम्मीद नहीं थी।'' फूस की छत के ऊपर से छनकर आती सूरज की लाल-गुलाबी किरणें इन काफी मोटे, बुजुर्ग से आदमी के कानों में लगे हीरे के बुंदों पर पड़कर उनकी चमक इधर-उधर फेंक रही थीं, उसके गाल नीचे लटकते दिखाई दे रहे थे। सिर उसका एकदम गंजा था, भौहों के बाल भी नदारद थे, जिन पर चश्मा चमक रहा था।

सम्पत ने कहा, ''ये हमारे एडिटर साहब हैं,'' तो श्रीनिवास बोला, ''मैं आपसे प्रेस में मिल चुका हूँ। आप मि. सोमू हैं, ज़िला बोर्ड के अध्यक्ष?''

''हाँ, छह महीने पहले मैंने पद छोड़ दिया था। ईमानदार आदमी के लिए यह ज़िन्दगी सही नहीं है।''

''उस सरयू के पुल का क्या हुआ?'' श्रीनिवास ने प्रश्न किया।

''अरे वह!'' उसने खेदपूर्वक सिर हिलाया, ''वह जलसा तो हुआ ही नहीं।'' श्रीनिवास ने मुद्रक को सवालिया नज़रों से देखा। मुद्रक ने उसके विचार समझ लिए

और फुर्ती से कहा, "इसमें मेरा दोष नहीं था। मैंने तो भाषण छापकर समय पर दे दिया था।"

"यह कितनी ज़बरदस्त बरबादी हुई। मुझे वो सारे छपे हुए कागज़ निकालने हैं, कमरे के एक कोने में पड़े धूल खा रहे हैं।" मि. सोमू ने विषय बदलते हुए कहा, "आप यहाँ क्यों खड़े हैं? आइये, भीतर आ जाइए।" भीतर जाकर वे एक मेज़ के साथ पड़ी लोहे की कुर्सियों पर बैठ गए। सम्पत ने बात की शुरुआत करते हुए कहा, "एडिटर साहब स्टूडियो देखना चाहते थे।"

श्रीनिवास बोला, "मुझे तो पता भी नहीं था कि यहाँ कोई स्टूडियो है।"

"एडिटर साहब, हमारे देश में कलाओं को महत्त्व ही नहीं दिया जाता। ये सब काम यहाँ बहुत कठिन हैं। आप जानते हैं, मैंने कितनी मुश्किल से यह पाँच एकड़ ज़मीन हासिल की है? मैं ज़िला बोर्ड में था, इसलिए ही यह सम्भव भी हुआ। मैंने हमेशा कला की सेवा की है और जनता को स्वस्थ मनोरंजन प्रदान करने का प्रयत्न किया है।" श्रीनिवास सोचने लगा कि मि. सोमू का पुल वाला भाषण, थोड़े से परिवर्तन के साथ, स्टूडियो के उद्‌घाटन में भी काम आ सकता है। "मैं यहाँ एकदम पहले दर्जे का स्टूडियो बनाने के काम में जी-जान से जुटा हूँ।"

"आपने इस काम के लिए एक एक्सपर्ट भी रख लिया है जिसे हज़ार रुपये महीना दिए जाते हैं।"

"आइए, आपको स्टूडियो में घुमाऊँ—"

वे ऊबड़-खाबड़ मैदान में धीरे-धीरे आगे बढ़ने लगे, और मि. सोमू जगह-जगह उन्हें इशारा करके बताते जाते, कि यहाँ मेक-अप विभाग होगा, यहाँ पहली स्टेज का, यहाँ दूसरी का; यहाँ प्रोसेसिंग और एडिटिंग होगी, यह प्रोजेक्शन रूम बनेगा, वगैरह, वगैरह।

"यह सब कब तक पूरा हो जाने की उम्मीद है?"

"बहुत जल्द। जैसे ही हमारी मशीनें बम्बई पहुँच जाती हैं। और मैं इसे पूरा करने में अपने मित्र मि. सम्पत पर पूरी तरह निर्भर हूँ। इसी तरह मैं अपने भाइयों की सेवा करूँगा।"

5

कबीर लेन में प्रेस पर लगा पुराना नीले इनामेल का साइनबोर्ड उतारकर उसके स्थान पर नया बोर्ड लगा दिया गया, जिस पर लिखा था ''सनराइज़ पिक्चर्स रजिस्टर्ड कार्यालय।'' इसके पीछे सम्पत के कमरे पर पट्टी लग गई 'डायरेक्टर ऑफ़ प्रोडक्शंस।' डायरेक्टर साहब ज़्यादातर ऊपर श्रीनिवास के बरांडे में पाए जाते थे। मि. सोमू भी वहाँ दिन के कई घंटे बिताते थे। सम्पत ने श्रीनिवास के कमरे में कई कुर्सियाँ डाल दी थीं, क्योंकि उनका कहना था यह सनराइज़ पिक्चर्स का कान्फरेंस रूम है।

एक युवक, जो बाँहोंदार कमीज़ और सफ़ेद ड्रिल की पैंट पहनता था, जिसके न प्रान्त का पता था और न राष्ट्रीयता का, और जिसके विज़िटिंग कार्ड पर छपा था। 'डी मेलो ऑफ़ हॉलीवुड', स्टूडियो प्रबन्धन के पीछे उसी का दिमाग़ था। वह अपने को सी. ई. यानी चीफ़ एक्ज़िक्यूटिव कहता था, और बाक़ी सब लोगों को भी उसने किसी-न-किसी विभाग के एक्ज़िक्यूटिव का खिताब दे रखा था। उसे हज़ार रुपये मासिक का वेतन दिया जाता था, और सोमू उसकी इतनी इज़्ज़त करता था, कि हर वक्त वह लोगों से यह कहता रहता था कि यह आदमी उसे बहुत कम पैसे में मिल गया है। सम्पत भी उसके तकनीकी ज्ञान से बहुत ज़्यादा प्रभावित नज़र आता था, और वह सुबह से शाम तक, हाथ में सिगरेट का हरा डिब्बा थामे और मुँह में एक सिगरेट दबाए, पाँच एकड़ के सारे मैदान में इधर-से-उधर घूमता रहता था, और जहाँ-तहाँ काम कर रहे लोगों को कुछ-न-कुछ आदेश देकर काम करवाता रहता था। स्टूडियो का ढाँचा खड़ा करने और विभागों के कमरे बनवाने के अलावा उसने स्टूडियो से जुड़े सब लोगों के लिए बातचीत की एक नई शब्दावली भी प्रचलित कर दी थी। इनमें एक शब्द था 'कान्फ़रेंस'। अब दो लोग आपस में बात करते, तो उसे भी कान्फ़रेंस ही कहा जाता। बातचीत भी तब तक पूरी नहीं मानी जाती थी, जब तक आपस में डिस्कशन न हो। कहानी की कान्फ़रेंस और बहस होती थीं। छोटे-मोटे लोग इनके लिए सरल शब्दों का प्रयोग कर सकते हैं, लेकिन फिल्म

की दुनिया में उसका महत्त्व जताने और बढ़ाने के लिए नई शानदार शब्दावली का प्रयोग आवश्यक था। कबीर लेन अब इन भारी-भरकम शब्दों से गूँजने लगी। श्रीनिवास की मेज़ के इर्द-गिर्द बैठे ये लोग कई दफ़ा काफ़ी देर तक, ठोढ़ियाँ हाथों में थामे, चुप बैठे रहते, या पिनकुशन और पेपरवेटों पर नज़र गड़ाये रहते। इन्हें देखकर साधारण आदमी तो यह सोचता कि इनपर अवसाद छाया है, लेकिन तीन मील का सफ़र तय करके अगर कोई नदी के पार जाता और डी मेलो से पूछता, तो वह यही कहता, ''स्टोरी कान्फ़रेंस चल रही है।''

और इनमें से कौन सी कहानी सामने आई! कई दिन तक तो कोई भी नहीं। कहानी की चर्चा ज़ोर-शोर से होती रही, लेकिन कहानी नहीं पैदा हुई। कई दफ़ा मेज़ पर मोटी-मोटी किताबें नज़र आतीं। श्रीनिवास को लगने लगा कि वह इस उद्योग में कानों तक डूब गया है। सम्पत इतनी कुशलता से उसे इस कार्य में लगाता, कि वास्तव में कुछ प्राप्त करने से पहले वह उसकी समस्याओं में उलझ जाता, और यही नहीं, वह यह भी महसूस करने लगता कि इन्हें सुलझाना उसका पहला कर्तव्य है। इस पूरी योजना में उसे अपना स्थान तलाश करने में समय लगा। लेकिन जब उसे इसका ज्ञान हो गया, तो उसकी कल्पना में पंख लग गए। उसे लगने लगा कि उसे अभिव्यक्ति का एक नया माध्यम मिल गया है। उसके विचार पूरी शक्ति के साथ, और भाषा की दखलंदाज़ी के बिना, उठते और उड़ते चले जाते विचार, चलते हुए बात करते हुए, लोगों के दिमाग़ों में इस तरह तेज़ी से प्रवेश करते, जैसे सुई से लगाया गया इंजेक्शन शरीर में प्रवेश करता है। उसे महसूस हुआ कि अब 'झंडा' पत्रिका की कमी उसे नहीं खलेगी। यह ज्ञान प्राप्त करके उसे इतनी ज़्यादा प्रसन्नता हुई कि एक शाम वह कान्फ़रेंस में भी शामिल नहीं हुआ। फिर अचानक वह अपनी सीट से उठ खड़ा हुआ और ज़ोर से बोला, ''अब मुझे शान्ति से विचार करना है। इसलिए मैं घर जाता हूँ।'' कड़कती धूप में वह घर के लिए रवाना हो गया। एन्डरसन लेन पहुँचकर उसने देखा कि उसकी पत्नी रवि की माँ और बहन के साथ उनके दरवाज़े पर बैठी है। उसे इतनी जल्दी श्रीनिवास को लौटते देखकर आश्चर्य हुआ, और वह झटपट उठ खड़ी हुई।

''क्या बात है?'' उसने उत्सुकता से श्रीनिवास से सवाल किया। फिर उसके पीछे-पीछे घर में चली गई और दरवाज़ा बन्द कर लिया। श्रीनिवास ने उसकी तरफ़ मुस्कराकर देखा और कहा, ''आदमी अपने घर लौटे तो क्या बात हो सकती है?'' पत्नी ने पूछा, ''तुम्हारे लिए कॉफ़ी बनाऊँ? मैंने तो अभी-अभी पी है।''

''कॉफ़ी की फ़िक्र मत करो, मैं पीकर आया हूँ। चटाई और तकिया ला दो। मैं ज़रा लेटूँगा।''

"क्यों? तबियत खराब है?" उसने चिन्तित होकर पूछा और कोने में रखे बिस्तरों में से तकिया खींचकर निकालने लगी। इससे सारे बिस्तर उलट-पुलट हो गए और फ़र्श पर फैल गए। "कितनी लापरवाह हूँ मैं!" यह कहकर वह बिस्तर ठीक करने लगी, और श्रीनिवास अपनी कमीज़ और बनियान उतारकर बाथरूम में घुस गया। इस नन्हें से बाथरूम में ऊपर बनी खिड़की से रोशनी की एक किरण नीचे रखे पानी से भरे ताँबे के टब में गिरकर बहुरंगी समां पैदा कर रही थी। उसने क्षण भर इस अद्भुत दृश्य को निहारा, फिर पानी में दोनों हाथ डालकर अपने मुँह और कंधों को ज़ोर-ज़ोर से देर तक धोया। जब वह बाथरूम से बाहर निकला, तो उसे उम्मीद थी कि पत्नी ने चटाई बिछा दी होगी, लेकिन वह अभी तक बिस्तर समेटने के काम में लगी थी।

"चटाई कहाँ है?" वह ज़ोर से बोला। "मेरे पास बिलकुल वक्त नहीं है। मुझे एकदम सो जाना है।"

"तुमने इतने ज़ोर-ज़ोर से अपना सिर क्यों धोया, जैसे कोई हाथी नदी किनारे खेल कर रहा हो?"

"मेरा सिर जैसे उबल रहा था—इसलिए, और मुझे बहुत सी नई बातें सोचनी हैं।" यह कहकर वह शीशे के सामने खड़ा हो गया और तौलिये से रगड़-रगड़कर बाल पोंछने लगा, और फिर उनपर कंघा फेरा। इसके बाद वह पीछे को मुड़ा, लेकिन पत्नी अभी तक बिस्तरों में लगी थी। "अब उन्हें छोड़ दो और मेरी चटाई बिछा दो", उसने उतावली दिखाते हुए कहा। पत्नी ने उस पर एक तीखी नज़र डाली और चटाई की तरफ़ इशारा करते हुए कहा, "वह रही चटाई...तुम ज़रा देर इन्तज़ार नहीं कर सकते, कि मैं यह सब ठीक-ठाक कर लूं...मुझे उलटे पड़े बिस्तरों से नफ़रत है।" यह कहकर वह अपने काम में लगी रही। श्रीनिवास ने चटाई उठाई, एक कोने में बिछाई, तकिया रखा और उस पर सिर रखकर लेट गया। फिर सोचने लगा, "मैं कितनी बड़ी मुसीबत में पड़ने लगा था!" उसने पत्नी के चेहरे पर नज़र डाली, तो गुस्से से उसके गाल फूले हुए थे। उसने महसूस किया कि उसका यह दिन बरबाद होने जा रहा था। उसे पत्नी की आदत का पता था। वह हर बात को बर्दाश्त कर लेती थी, लेकिन किसी का उस पर हुक्म चलाना उसे मंजूर नहीं था। वह जब छोटी थी, तब उसके संगीत के शिक्षक ने किसी बात पर उससे कुछ कह दिया, तो उसने संगीत सीखना ही छोड़ दिया था। उसने फ़ौरन संगीत की कापी को एक तरफ़ पटका, कमरे से बाहर निकली और संगीत से विदा ले ली। घर के सब लोग उसकी इस आदत से सचेत रहते थे, और श्रीनिवास की माँ भी उससे बातचीत करते हुए सावधान रहती थी। उसके साथ श्रीनिवास का जीवन मोटे तौर पर आसानी से बीत रहा था,

लेकिन कभी-कभी बिलकुल मामूली बात पर जो कांड हुए, वे स्मरणीय घटनाएँ बन गईं। इनके बाद हमेशा यह लगा कि उसका घरेलू जीवन जैसे खत्म ही हो गया है, और बाद में स्थिति सामान्य करने के लिए उसे बहुत उद्यम करने पड़े थे। वह पत्नी की इस आदत को सहना सीख गया था, उसने अपने को समझाया, ''मैंने जो तीर मारा, वह उसे भीतर तक चुभ गया, जिससे निकला सारा खून उसके चेहरे पर उतर आया है।'' उसने अपने को लानत भेजी कि चटाई बिछाने की बात कहने में उसने ज़रा-सी तुर्शी क्यों दिखाई? ''यही वह मौलिक हिंसा है, जो एक बार शुरू होकर एक-के-बाद दूसरे चक्कर लगाती हुई चारों ओर फैलती चली जाती है और रुकने में नहीं आती—गाँधीजी इसी से परेशान थे...।'' उसे महात्मा गाँधी का अहिंसा विचार एक नए कोण से समझ में आने लगा, उसके महत्त्व की व्यापकता उसके सामने खुलनी शुरू हुई : जीवन में समरसता उत्पन्न करने के लिए, सब कार्य-व्यवहारों में अहिंसा, छोटे कामों में और बड़े कामों में, व्यक्तिगत और राष्ट्रीय दोनों क्षेत्रों में, अविचलित स्थायी शान्ति की वृत्ति, अपने व्यक्तित्व में तथा सभी सामाजिक क्षेत्रों में, यही जीवन का मूल मंत्र है। पत्नी अभी तक बिस्तर संभालने में लगी थी। उसने सोचा कि समझौता कर लेना चाहिए। इसलिए पूछा, ''रामू स्कूल से कब आएगा?''

''साढ़े चार बजे,'' पत्नी ने सख़्ती से जवाब दिया।

''अच्छा, यहाँ आकर बैठो,'' यह कहकर वह थोड़ा सरक गया। पत्नी ने उसे घूरकर देखा और आकर बैठ गई। उसका गुस्सा दूर हो गया था, चेहरा हलका हो गया था। श्रीनिवास ने उसका हाथ अपने हाथ में ले लिया। अब वह एकदम बदल गई लगती थी। वह श्रीनिवास के ऊपर झुक गई। श्रीनिवास ने अपनी बाँह से उसे घेर लिया और उसकी काली साड़ी से अपना चेहरा लगाकर धीरे से बोला, ''आज मैं एक नया काम शुरू कर रहा हूँ।'' फिर इसके बारे में विस्तार से उसे बताया और कहा, ''तुम समझ रही हो न कि अब हम कितना कुछ कर सकते हैं? मैं अपने देश के भूत और भविष्य के बारे में लिख सकता हूँ।'' गाँधीजी की अहिंसा, हमारी राजनीति, और दूसरी बहुत सी चीज़ों के बारे में कहानियाँ लिख सकता हूँ।'' यह कहकर वह अपनी योजनाओं के नक्शे बनाने लगा।

पत्नी ने खुश होते हुए कहा, ''यह काम अखबार से ज़्यादा अच्छा है। मेरा ख्याल है, लोगों को भी यह ज़्यादा पसन्द आएगा। 'झंडा' तो बेकार-सा था। उसे फिर शुरू नहीं करोगे?''

''कह नहीं सकता। नई कमाई से सम्पत अगर मशीन खरीद ले—''

''अब इसकी फ़िक्र क्यों करते हो?'' पत्नी ने पूछा। ''क्या इससे तुम्हारी कमाई बढ़ेगी?''

"कह नहीं सकता।" उसने जवाब दिया।

"हमें खर्च करने के लिए ज़्यादा पैसा चाहिए," पत्नी बोली। "रहने के लिए घर भी अच्छा चाहिए।"

"यह सब अभी रहने दो। मैं कुछ नहीं जानता," श्रीनिवास ने लाचारी दिखाते हुए कहा, "मैं कहीं और रहना भी नहीं चाहूँगा। यह जगह मुझे पसन्द है।" उसके चेहरे पर हल्की-सी मुस्कान उभरी, जिससे यही लगता था कि उसे इन बातों पर पूरा विश्वास नहीं है। वह यह भी नहीं जानता था कि वह दरअसल चाहता क्या है। दोनों देर तक बातें करते रहे, पता ही नहीं चला कि कितना समय बीत गया है। लड़का स्कूल से लौटा और दरवाज़े पर खट-खट करते हुए बोला, "अप्पा, तुमने दरवाज़ा क्यों बन्द कर रखा है?" "अरे, बेटा आ गया," यह कहकर पत्नी दरवाज़े की तरफ़ दौड़ी। बेटा दर्जनों सवाल करते हुए तेज़ी से भीतर घुसा, और पिता को आया देखकर किलकारी मारी और उसकी गोद में चढ़ गया। उसकी माँ ने उसे दूध और नाश्ता देने की कोशिश की, लेकिन वह उसे छुए बिना ज़ोर से बोला, "आज हमारे स्कूल में साँप निकला था!"

"अच्छा, सचमुच!"

"लेकिन उसने टीचरों को काटा नहीं," वह बोला।

"तो फिर क्या किया?"

"यह तो मुझे पता नहीं," लड़के ने जवाब दिया। "मैंने उसे नहीं देखा। मेरे दोस्त ने मुझे बताया।" माँ उसका हाथ पकड़कर किचेन में ले गई। श्रीनिवास ने कबूतर की तरह आँखें बन्द कर लीं। लेकिन पत्नी किचेन से बाहर आई और कहने लगी, "आज शाम हम बाहर चलेंगे। कुछ खरीदारी भी कर लेंगे।"

"अच्छा, लेकिन–," श्रीनिवास बोला, तो बेटा ज़ोर से कहने लगा, "अब अप्पा, लेकिन-वेकिन मत करो। आज तो हम ज़रूर जाएँगे–है न अप्पा? जाएँगे, अप्पा से आप भी कहिए।" माँ बोली, "हाँ, जाएँगे, क्यों नहीं जाएँगे! मैं फटाफट खाना बनाकर तैयार हो जाती हूँ।"

"ठीक है," श्रीनिवास बोला, उसका यह कर्तव्य था जिससे वह इनकार नहीं कर सकता था।

सारी रात उसके दिमाग़ में विचार घुमड़ते रहे, और वह एक क्षण भी सो नहीं सका। करीब आधे दर्जन बार उसने नींद आने से अपने को रोका, तेज़ी से उठा, रोशनी जलाई और कागज़-कलम लेकर नोट्स लिए। दूसरे दिन देर से सोकर उठा और

जल्दी-जल्दी तैयार होकर दफ़्तर भागा। जब तक वह कागज़-पत्रों से भरी अपनी मेज़ पर नहीं पहुँच गया, तब तक उसे चैन नहीं आया। उसने गुलाबी रंग का कलमदान उठाया, कलम निकालकर दवात में डुबोई, और लिख-लिखकर बार-बार डुबोता रहा, जैसे कोई बड़ी गहरी बातें दिमाग़ से निकाल रहा हो। सामने रखे कागज़ शब्दों से भरते चले गए, और उसे समय का अंदाज़ा ही नहीं रहा। तभी बाहर एक कार आकर रुकी और किसी ने ज़ोर से आवाज़ लगाई, ''एडिटर साहब!'' आवाज़ सुनकर उसने लिखना बन्द किया और सामने नज़र डाली।

सोमू और सम्पत कुर्सियों पर आकर बैठ गए थे। ''हम स्टूडियो से आ रहे हैं। कैमरे से कई शॉट लिए हैं।'' सम्पत ने सोमू की तरफ़ इशारा करते हुए कहा, ''आपके स्टूडियो में प्रवेश करते हुए पाँच सौ फीट के शॉट लिए हैं। स्क्रीन की नज़र से आपका व्यक्तित्व बहुत शानदार है।'' सोमू ने ज़रा सा शर्माते हुए कहा, ''जनाब, कैमरा बहुत बढ़िया है। चालीस हज़ार का आया है।''

''चालीस हज़ार!'' श्रीनिवास ने ताज्जुब करते हुए कहा। इस दुनिया की कीमतें उसे चकित कर देती थीं। हज़ारों में ही बातें होती थीं। वह सोचने लगा, ''यह पैसा इनके पास कहाँ से आता है?''

''अब सब तैयार है,'' सम्पत बोला। ''चालीस हज़ार का कैमरा आया; डी मेलो हज़ार रुपये महीना लेता है, बाकी एक्ज़ीक्यूटिव कुल मिलाकर दस हज़ार लेते हैं–अब सब इन्तज़ार कर रहे हैं कहानी का। कहानी कहाँ है?'' यह सुनकर श्रीनिवास को लगा कि निर्माण के इन सब इंजनों को रोक रखने के लिए वह खुद ही ज़िम्मेदार है। सम्पत बोला, ''अब अगर कहानी तैयार हो जाए–''

सोमू बोला, ''हम अगले महीने से प्रोडक्शन शुरू कर सकते हैं।...मैंने कहानी के लिए कुछ पाइंट नोट किए हैं लेकिन वे कितने चलेंगे, यह नहीं कह सकता।'' यह कहकर उसने जेब में हाथ डालकर कागज़ निकालना शुरू किया, लेकिन सम्पत ने उसे रोक दिया और कहा, ''तो एडिटर साहब, आप आज हमें कुछ देंगे, यह सोचकर हम इस वक्त यहाँ आए हैं।''

श्रीनिवास ने खखारकर गला साफ़ किया और कहना शुरू किया, ''यह एक रूपरेखा है। आप देखिए, कितनी चल सकती है।'' वह कागज़ उठा कर पढ़ने लगा। दोनों एकदम शान्त होकर सुनने लगे। कहानी का नायक एक रामगोपाल है, जिसने समाज में जातिप्रथा समाप्त करने और दूसरी बुराइयों को दूर करने के लिए अपना जीवन समर्पित कर रखा है। उसके जीवन का अन्तिम उद्देश्य मातृभूमि को विदेशी शासन से मुक्त कराना है। वह गाँधीजी के दर्शन में विश्वास करता है, अहिंसा का मन, वचन और कर्म में पालन करता है, उसके दर्शन की बार-बार परीक्षा होती रहती

है, और अंत में स्थिति यहाँ तक पहुँच जाती है कि उसके और उस पर आक्रमण करनेवाले के बीच एक चाकू है, जो दोनों की पहुँच के भीतर है, अब सवाल यह है कि वह खुद मर जाए या दूसरे को मार डाले...

कहानी कैसे खत्म की जाए, यह श्रीनिवास की समझ में नहीं आ रहा था। दोनों बड़ी गम्भीरता से सुन रहे थे। सोमू परेशान दिखने लगा था। उसने सम्पत पर नज़र डाली कि राय देने में वह कुछ मदद करे। 'एडिटर साहब, बहुत अच्छी कहानी है। मैं सोच रहा हूँ कि मेरा प्रेस होता, तो मैं इसे छापकर बँटवा देता।''

श्रीनिवास ने स्पष्ट करते हुए कहा, ''देखिए, गाँधी जी का यह महत्त्वपूर्ण सन्देश है, जिसे अनुभव के माध्यम से प्रसारित करने की कोशिश की गई है। ठीक है न?''

''हाँ,'' सम्पत ने अविश्वासपूर्वक कहा। सोमू भी अपनी कुर्सी पर परेशान दिखाई दिए। ज़रा देर चुप्पी रही, फिर सम्पत ने कहा, ''लेकिन फिल्म के लिए यह ठीक नहीं है।''

''आपका ख्याल है कि इस पर फिल्म नहीं बन सकती?'' श्रीनिवास ने, जितनी शान्ति से वह पूछ सकता था, उतनी शान्ति से प्रश्न किया। कहानी के इतने ठंडे स्वागत से उसे चिढ़ सी हो रही थी, लेकिन उसने अपने को समझाया, ''अहिंसा का उपदेश देने वाली कहानी की चर्चा में गुस्सा करने से बचना चाहिए। दोनों को अपनी राय देने का अधिकार है।'' सोमू ने गला साफ़ किया और मुँह ही मुँह में कहने की कोशिश की, ''कहानी में रोमांस होना चाहिए।''

''रोमांस?'' श्रीनिवास ने आँखें फाड़कर कहा, ''किस तरह का रोमांस?''

''देखो, फिल्म के लिए हमें बढ़िया लड़की लेनी होगी जिसे हर महीने दो हज़ार देना होगा। उसके लायक रोल भी होना चाहिए।''

सम्पत ने कहा, ''बात यह है कि जिस तरह का विषय आपने लिया है, उसे दिखाने के लिए बड़ी योग्यता और अनुभव की ज़रूरत है। उसे रूसी या अमेरिकी ही कर सकते हैं।'' मैं अभी पुडवोकिन की एक किताब पढ़ रहा था। डी मेलो ने मुझे दी थी। उसमें हमारे सीखने के लिए बहुत कुछ है, लेकिन इसमें समय लगेगा। देखिए, हमारी पब्लिक—''

श्रीनिवास ने इस पर टिप्पणी की, ''मेहरबानी करके पब्लिक को बुरा-भला मत कहिए।''

''इस व्यापार में हमें व्यावहारिक होने की ज़रूरत है...''

श्रीनिवास को आश्चर्य हुआ कि कितनी जल्दी ये लोग इस दुनिया की पकी-पकाई धारणाओं को अपनाते जा रहे हैं—जैसे पुडवोकिन, जिसका स्टूडियो का हर आदमी दिन में एक दफ़ा नाम ज़रूर लेता है, और एक तरह से यह ट्रेडमार्क ही बन गया है।

उसने कहा, "मैं भी यह किताब देखना चाहूँगा।" सम्पत बोला, "मैं कल अपने साथ लेता आऊँगा। उससे आपको पता चलेगा कि हमारी परेशानियाँ क्या हैं। सच यह है कि हम अभी शुरुआत ही कर रहे हैं। जब हम तीन-चार फिल्में बना लेंगे, तब शायद हममें ऐसे विषय लेने का विश्वास पैदा हो सकेगा, लेकिन अभी तो हमें बिलकुल सुरक्षित विषय ही लेने होंगे।" सोमू हाँ-हूँ करके सब बातों का समर्थन करता रहा, और सम्पत का समर्थन करता रहा। श्रीनिवास की समझ में बात आने लगी, उसकी सीमाएँ और सुविधाएँ उसके सामने स्पष्ट हो गईं। उसने संक्षेप में कहा, "मैं इसे दूसरी दृष्टि से देख रहा था। अब हमें फिर शुरू से इस पर विचार करना चाहिए।" सोमू उठकर बैठ गया, उसका चेहरा खुशी से चमक उठा। उसने तुरन्त अपनी जेब में हाथ डाला, और कुछ कागज़ और चश्मे का केस निकाला। चश्मा आँखों पर चढ़ाकर तेज़ी से पढ़ने लगा—"कृष्ण लीला—कृष्ण जी और उनके साथियों का बालजीवन, कंस के मारे जाने तक—" फिर उसने सिर उठाया और बोला, "मैं अपनी बूढ़ी चाची से बात कर रहा था। ये लोग पुरानी कहानियों के खज़ाने होते हैं, और वह एक के बाद दूसरी कहानी बताती रही। देखिए, हम लोग कैमरा से बहुत सी चालें (ट्रिक्स) करके दिखा सकते हैं और कृष्णजी को सब लोग बहुत पसन्द करेंगे। और अगर यह ठीक न लगे तो," उसने कागज़ पलटकर कहा, "हनुमानजी द्वारा लंका जलाने की कहानी ली जा सकती है, या शैतान जुआरी दुर्योधन द्वारा द्रौपदी के चीर-हरण वाली घटना; कुरुक्षेत्र की लड़ाई और श्रीकृष्ण द्वारा गीता का उपदेश; देवताओं की सवारी गरुड़जी का घमंड दूर करना...।" इस तरह उसने पुराणों से लिए हुए बीस के क़रीब विषय सुझाए। सोमू की बूढ़ी चाची, और सब चाचियों की तरह सचमुच कहानियों का ख़जाना थीं, और सोमू ने उनकी बताई सब कहानियों का ब्योरा दिया।

सम्पत ने इन सभी को एक-एक करके अस्वीकार कर दिया, कि "यह कोई नया विषय नहीं है," "औरों ने इस पर फिल्म बना ली है" या "यह कहानी तो तीन दफ़ा बनाई जा चुकी हैं।"

सोमू ने कहा, "तो फिर क्या हुआ? हम भी बनाएँगे?"

"इस कहानी का नाम सुनकर तो पब्लिक भाग जाएगी।"

"अच्छा, तो इस कहानी के बारे में क्या कहते हैं—प्रेम-प्यार के देवता कामदेव का दहन?"

सम्पत ने कहा, "हाँ, इस पर अभी किसी ने फिल्म नहीं बनाई है। मैंने तो सुनी नहीं...ठीक है, कहानी सुनाइए।"

मि. सोमू ने बार-बार खखार-खखारकर गला साफ़ करते हुए कहानी सुनाना शुरू किया। "बात यह है, जनाब", यह कहकर उसने जैसे डरकर चारों तरफ़ देखा,

ऐसे आदमी की तरह जो तैरने के लिए पानी में उतरते ही घबरा जाता है।

"सुनाते रहिए, रुकिए नहीं, आगे बढ़िए," सम्पत ने उत्साह बढ़ाते हुए कहा।

"हाँ, सुनिए, शिवजी...शिवजी को तो आप जानते ही होंगे..."

"कौन से शिव? भगवानजी?" सम्पत को भी शैतानी सूझी। "हाँ, उन्हें तो हम सब अच्छी तरह जानते हैं।"

मि. सोमू कह रहे थे, "देखिए..., हाँ, मैं कह रहा था...शिवजी...," उनकी कहानी संकोच के कारण आगे नहीं बढ़ पा रही थी। श्रीनिवास ने तय किया कि उनकी रक्षा की जानी चाहिए, और वह कहने लगा, "मैं जानता हूँ यह कहानी। शिवजी गहरे ध्यान में मग्न हैं और उनकी होने वाली दुल्हन, पार्वती, जो उनकी परिचित नहीं है परन्तु उनकी बड़ी भक्त है, उनकी सेवा कर रही है। एक दिन शिवजी आँखें खोलते हैं और पाते हैं कि उनके मन में वासना जाग रही है। इसके कारण की तलाश करते हुए वे पाते हैं कि प्रेम का देवता कामदेव उनकी ओर अपना तीर साध रहा है। इससे क्रोधित होकर वे अपना तीसरा नेत्र खोल देते हैं और कामदेव जलकर राख हो जाता है... ।" कहानी सुनाते हुए श्रीनिवास की कल्पना भी जागकर कुलाँचे भरने लगी। उसे कहानी का हर भाग स्पष्ट दिखने लगा : प्रेम का देवता, उसके तरकश में पाँच तीर—यानी पाँच इन्द्रियाँ; उसका धनुष गन्ने का बना हुआ, उस पर बँधा तार मधुमक्खियों की मर्मर ध्वनि, उसका रथ यानी हलकी शीतल पवन। जब उसने कठोर तपस्वी शिव पर अपनी शक्ति का प्रयोग किया, तब वह अदृश्य सत्ता में विघटित कर दिया गया। प्रेम की शक्ति की इस अभिव्यक्ति में उसके साधनों और सीमाओं तथा काम के शारीरिक विनाश में उसे एक प्रतीकात्मक अर्थ का ज्ञान हुआ, यानी प्रेम का उदात्तीकरण।

"आप ठीक कहते हैं, मि. सोमू," उसने चीखकर कहा और उत्साह के आवेश में मेज़ पर अपना हाथ बढ़ाकर उनके कंधे को थपथपाया। सोमू का चेहरा सन्तोष से चमक उठा; वे उस बच्चे की तरह दिखने लगे जिसे अच्छे काम के लिए इनाम में पिपरमिंट की मीठी गोली दी जाए।

सम्पत ने भी समर्थन करते हुए कहा, "मुझे खुशी है एडिटर साहब, आपको भी यह पसन्द आया। अब आपको इसका विस्तार करना पड़ेगा। बाक़ी बातें हम कर-करा लेंगे।"

"इस कहानी का फ़ायदा यह है," सोमू ने कहा, "कि इसमें प्यार की इफ़रात है, और लोग इसे बेहद पसन्द करेंगे। मैं भी ऐसी कोई कहानी पढ़ना पसन्द नहीं करता जिसमें प्यार का तड़का न हो।"

तीन दिन बाद सभी अखबारों में घोषणा छपी : "सनराइज़ पिक्चर्स अपनी

आगामी फिल्म 'काम देवता का दहन' में अभिनय करने के लिए आकर्षक युवक-युवतियों को निमंत्रित करता है। फोटो सहित आवेदन-पत्र भेजें।''

श्रीनिवास ने फिल्म की स्क्रिप्ट पर धुआँधार काम करना शुरू कर दिया। लगता था कि उसने शिवजी और उनके गणों के निवास कैलाश पर्वत पर अपना डेरा जमा दिया है। उसे वहाँ की ठंडक और ऊँचे-नीचे वातावरण की जैसे झलक मिलने लगी और वह इन्हें अपने चारों ओर महसूस करने लगा। जैसे उसे अपनी आँखों के सामने तपस्वी के समान दिखने वाले, शिवजी के प्रत्यक्ष दर्शन होने लगे—शरीर पर भस्म का लेप, कमर में मृग छाला, हाथों में त्रिशूल, मस्तक पर तीसरी बन्द आँख, विनाश के देवता। मरघट पर नृत्य करने वाले शिव, जिनके पैर हिलाते ही प्रलय आ जाए। श्रीनिवास ने वर्णन लिखना आरम्भ किया, तो उसे घर पर एक ताक़ पर रखी नटराज की छोटी-सी मूर्ति की याद आई, जिसके सामने उसकी पत्नी प्रतिदिन दीपक जलाती थी।

वह ये तरह-तरह के दृश्य शब्दों में अंकित करता रहा, और उसे लगा कि यह काम करने का अवसर मिलना उसका बड़ा सौभाग्य है। अब उसे और कोई चिन्ता नहीं सताती थी। उसकी पत्नी उसकी यह भावना समझ गई थी, और इस विषय पर वह जो कुछ भी कहता, उसे बड़े ध्यान से सुनती थी। यह कहानी उसे भी ज्ञात थी, और घर पर जो भी बातें होतीं, सब कामदेव और उसके भाग्य से ही सम्बन्धित होती थीं। श्रीनिवास उसे हमेशा इसके तत्त्व को विस्तार से समझाता। उनका बेटा भी बड़े ध्यान से सारी बातें सुनता और अपने साथियों के सामने डींग मारता कि उसके अप्पा शिवजी और काम देवता के बारे में सब कुछ जानते हैं—उन्होंने काम देवता को जलाकर राख कर दिया था।

दफ़्तर में श्रीनिवास पन्ने पर पन्ने भरता चला जा रहा था। वह जो डायलॉग और विवरण लिखता, उन्हें बार-बार पढ़ता। उसका मस्तिष्क देवी-देवताओं के क्रियाकलाप का रंगमंच बन गया था, उसमें और कोई घटना होती ही नहीं थी। थोड़ी-थोड़ी देर बाद सम्पत उसके लिए कॉफ़ी भेजता रहता था। अब उसने श्रीनिवास को अकेला छोड़ दिया था, जिससे स्क्रिप्ट तैयार होने में देर न लगे और वह खुद उस ढेर सारी डाक को सम्भालता, जो विज्ञापनों के कारण आनी शुरू हो गई थी।

इस काम-धन्धे के सुनिश्चित वातावरण में एक दिन रवि फिर वहाँ आया। श्रीनिवास

ने सीढ़ियों पर उसके आने की आवाज़ सुनी, तो उसने कलम नीचे रख दी और गर्मजोशी से उसका स्वागत किया। ''तुमसे मिले सालों हो गए...लगता है न? चित्र बनाने में क्या प्रगति हुई?'' रवि ने सिर हिला दिया। बोला, ''ऐसा क्या हुआ है जो कुछ बनाया जाए?'' श्रीनिवास ने दराज़ खोलकर रवि का बनाया स्केच निकाला। रवि ने उसे देखा और कहा, ''मैं पूरे आकार का तैल चित्र ऐसा बना सकता हूँ, जैसे देश भर में किसी ने न बनाया हो। मुझे अपने विषय को एक नज़र दिखा दो, और चित्र तुम्हारा हो जाएगा।''

श्रीनिवास बोला, ''शिवजी की तरह अपना तीसरा नेत्र खोलो और प्रेम को उसमें भस्म कर दो; उसमें उसके सब दोष नष्ट हो जाएँगे और सारतत्व ही शेष रह जाएगा। तब तुम्हें शान्ति प्राप्त हो जाएगी, तुम इस तरह कब तक दुख पाते रहोगे, मैं समझ नहीं पाता। तुम्हें स्वयं पर नियन्त्रण प्राप्त करना होगा।''

''बस, चुप करो...तुम नहीं जानते, क्या कह रहे हो? मैं सिर्फ उसे एक नज़र देखना चाहता हूँ, ज़्यादा कुछ नहीं, न मैं उसके साथ हम बिस्तर होना चाहता हूँ। मैं अपनी आँख खोलूँ कि प्रेम भस्म हो जाए, इससे पहले मैं खुद जलकर भस्म हो जाऊँगा। यह है असली स्थिति, और तुम चाहते हो कि मैं पूरी तस्वीर बनाऊँ।'' यह कहकर वह दाँत दबाकर हँसा और कुर्सी पर आराम से बैठ गया। श्रीनिवास ने उसे निराशा के भाव से देखा और सोचने लगा, 'इस आदमी में कोई गहरी खराबी है। जब तक यह पेन्ट नहीं करेगा, इसका दिमाग़ ठीक नहीं होगा, और दिमाग़ ठीक नहीं हुआ तो यह पेन्ट नहीं करेगा। और जब तक लड़की इसे नहीं मिलती, तब तक इसका दिमाग़ सही नहीं होगा। और लड़की तब तक नहीं मिलेगी, जब तक...। अब यह ऊपरवाला ही जानता है कि यह ''जब तक'' और ''कब तक'' कहाँ तक चलेगी।' उसने निराशा के भाव से रवि पर नज़र डाली। रवि क्षण भर चुप रहा, फिर अचानक खरखरे गले से बोला, ''आज मेरी नौकरी खत्म हो गई।''

''अरे, क्या हुआ? क्या कह रहे हो तुम?'' श्रीनिवास ने अचकचाकर पूछा।

''हाँ, अब कोई आशा नहीं रही,'' रवि बोला, ''सब खत्म हो गया...पता नहीं...पता नहीं'', यह कहकर उसने लम्बी साँस छोड़ी। अपने परिवार की याद करके वह कहने लगा, ''तीन महीने का किराया बाकी है...बच्चों की फीस...और...और...।''

श्रीनिवास ने कहा, ''अब इसकी चिन्ता छोड़ दो। दिल हलका मत करो। हम कुछ करेंगे। लेकिन यह बताओ कि हुआ क्या?''

''हुआ यह कि दफ्तर के क्लर्कों ने जनरल मैनेजर को प्रतिवेदन देने का फैसला किया, कि उनकी पदोन्नति की जाए। हम सब इसका मसौदा तैयार कर रहे थे, तभी मैनेजर ने मुझे तुरन्त बुला भेजा। तुम तो उस माँस और शराब के लौंदे को

जानते ही हो। उसने कुछ समय पहले मुझे डिक्टेट किए एक पत्र में एक गलती निकाली, किसी के नाम में स्पेलिंग की गलती—अंग्रेज़ों के जैसे ये अजीबो-गरीब नाम होते हैं। ''चमले'' नाम की स्पेलिंग ''चोलमोन्डेले'' होनी थी। इस भाषा की यह खतरनाक समस्या कौन समझ सकता है! इस पर उसने कैसा तूफ़ान उठाया और मेज़ पर मुक्के जमाए और मुझसे कहा कि फिर डिक्टेशन लो। इसी वक्त वे लोग अपना प्रार्थना-पत्र लेकर आ धमके। करीब तीस लोग थे, और उनके आने का शोर सुनाई देने लगा था। ''यह क्या हंगामा हो रहा है,'' उसने कहा और चिट्ठी डिक्टेट करता रहा। तभी दरवाज़े के बाहर उनकी आवाजें सुनाई देने लगीं। मुझे लगा कि सब दरवाज़ा खोलकर भीतर घुस आएँगे। दरवाज़ा आधा था, इसलिए उनके पैर भी दिखाई दे रहे थे। वे चल-फिर रहे थे, लेकिन भीतर आने की हिम्मत नहीं कर पा रहे थे। हमने देखा कि खिड़की के धुँधले शीशे के पीछे से वे नाक सटाकर देख रहे हैं कि बॉस का मूड सही है या नहीं। शायद वे खुद हमें देख नहीं पा रहे थे, लेकिन हमें वे साफ़-साफ़ दिखाई दे रहे थे।

''यह क्या बेवकूफ़ी हो रही है? ये लोग क्या कर रहे हैं? बाहर जाकर पता करो। यह झाँका-झाँकी क्यों हो रही है?'' मैं बाहर गया और उनसे बोला, ''तुम सब इतना डर क्यों रहे हो? भीतर आओ और हिम्मत से बात करो।'' सब एक-दूसरे का मुँह ताकने लगे कि क्या करें, क्या न करें। वे कुछ फैसला करते, तब तक बॉस ने बज़र दबाया और मुझे भीतर बुला लिया, ''क्या बात है?''

''ये लोग प्रतिवेदन लेकर आए हैं, सर!''

''कितने लोग हैं?''

''सारा स्टाफ़ है, सर!''

''डैमिट'', उसने झुंझला कर कहा, ''मैं सब लोगों से यहाँ नहीं मिल सकता। इनसे कहो कि किसी एक को बात करने भेजें।'' मैं बाहर गया और उन्हें यह बताया। वे एक-दूसरे का मुँह ताकने लगे, लेकिन किसी को चुन नहीं पाए। सब इस ज़िम्मेदारी से बचना चाहते थे और चाहते थे, कोई और जाए। जिसके हाथ में प्रतिवेदन था, वह भी उसे वहीं छोड़कर भाग जाने को तैयार दिखा। मैंने वह कागज़ ले लिया और भीतर चला गया।

''सर, वे सब आना चाहते हैं।''

''नहीं।'' वह चीखकर बोला। ''यह कोई सार्वजनिक जगह नहीं है—है न?''

''वे यह प्रतिवेदन देने आए हैं, सर!'' यह कहकर मैंने कागज़ उनके सामने रख दिया। उन्होंने बिना छुए उस पर नज़र डाली और कहा, ''अब अपनी सीट पर जाओ और मुझे अकेला छोड़ दो।'' फिर उन्होंने मुझे नहीं बुलाया। शाम को जब

मैं घर लौटने की तैयारी कर रहा था, तब उनका यह नोट मुझे मिला।'' यह कहकर उसने जेब से एक कागज़ निकाल कर मुझे दिया। इसमें लिखा था : ''कल से आपकी सेवा समाप्त की जाती है। इसके एवज़ में एक महीने का जो वेतन आपको दिया जाना है, वह यथासमय भेज दिया जाएगा।''

श्रीनिवास दूसरे दिन रवि के दफ़्तर पहुँचा, यह देखने कि क्या किया जा सकता है। यह मार्केट के चौराहे के साथ की एक सड़क पर बहुत मामूली-सी इमारत में था, जिसमें एक छोटे से दरवाज़े पर बदरंग-सा साइनबोर्ड टँगा था, जिस पर लिखा था ''इंग्लेंडिया बैंकिंग कारपोरेशन।'' एक चपरासी सफ़ेद रंग की स्कर्ट सी पहने, फोर्ट सेंट जार्ज में ईस्ट इंडिया कम्पनी की यूनिफ़ार्म की तरह, जिस पर गले से नीचे एक लाल रंग की पट्‌टी लगी थी, दरवाज़े पर पड़े एक स्टूल पर बैठा था। भीतर कमरे में बहुत से क्लर्क और टाइपिस्ट मोटे-मोटे लेजर रजिस्टरों में नाक गड़ाए काम करते थे, कुछ सादा चपरासी हाथों में फाइलें वगैरह थामे इधर-उधर घूम रहे थे, घंटी लगातार बजे जा रही थी।

''मैंनेजर साहब कहाँ है?'' श्रीनिवास ने प्रश्न किया।

चपरासी ने एक सीढ़ी की तरफ संकेत किया। उस पर चढ़कर वह ऊपर पहुँचा तो कमरे के दरवाज़े पर भी तल की पट्‌टी लगी थी, दरवाज़ा आधा खुला था। उसने उस पर खटखट की, तो भीतर से भारी सी आवाज़ आई, ''भीतर आओ।''

श्रीनिवास ने देखा कि उसके सामने लाल चेहरे वाला एक आदमी एक घूमने वाली कुर्सी पर बैठा है, उसके सिर का सामने का हिस्सा सफ़ाचट है, और पीछे की तरफ थोड़े से भूरे बाल उग रहे हैं। उसने सज्जनता से कहा, ''गुड मार्निंग,'' और कुर्सी पर बैठने का इशारा किया। श्रीनिवास ने उसे अपना परिचय दिया, तो वह बोला, ''आपसे मिलकर खुशी हुई, मि. श्रीनिवास! बताइये, मैं आपकी क्या सेवा कर सकता हूँ।''

''आप मेरे मित्र मि. रवि को नौकरी में वापस लेने की कृपा करें। उसे निकालना सही नहीं है...''

''तो आप उनके मित्र हैं?'' मैनेजर ने बात काटते हुए कहा और सिगरेट का डिब्बा निकालकर आगे बढ़ाया। ''धन्यवाद, मैं पीता नहीं हूँ।'' श्रीनिवास के यह कहने के बाद उसने एक सिगरेट जलाकर मुँह के एक कोने में दबाई और बोला, ''मुझे खेद है कि उन्हें हटाना पड़ा, लेकिन इस समय हम स्टाफ़ की छँटनी कर रहे हैं। हेड ऑफ़िस बम्बई के आदेश हैं।''

"अकेले उसे ही हटाया गया है," श्रीनिवास ने कहा। "हाँ, इस समय तो यही स्थिति है," मैनेजर ने हलकी मुस्कराहट से कहा।

इस पर श्रीनिवास फट पड़ा, "यह तो बड़े अन्याय की बात है, मि. शिलिंग! आप इस तरह नोटिस दिए बिना किसी को नहीं हटा सकते–"

"मैं आपकी इस बात से सहमत हूँ। लेकिन बम्बई के हेड ऑफ़िस का–"

"यह फिजूल की बात है। आप जानते हैं कि आपने मेरे मित्र को क्यों हटाया। आपके ख्याल से वह आन्दोलनकारी है..."

"मैं इस वक्त इन बातों पर बहस नहीं करना चाहूँगा। दूसरी बातों के अलावा, मि. श्रीनिवास, एक बात यह है कि व्यक्ति अपने काम में कुशल है या नहीं। मैं ऐसे स्टेनोग्राफ़र का क्या करूँ जो सही स्पेलिंग नहीं जानता।"

"आप चमले की स्पेलिंग में इतने मूर्खतापूर्ण अक्षरों का इस्तेमाल क्यों करते हैं? इसके लिए आप उन्हें सज़ा नहीं दे सकते।"

"आप गर्म मत होइए," मैनेजर ने शान्तिपूर्वक कहा। "मैं आपसे पूरी तरह सहमत हूँ। अंग्रेज़ी स्पेलिंग में सुधार की ज़रूरत है। लेकिन जब तक यह हो न जाए, स्टेनोग्राफरों को पुरानी स्पेलिंग ही स्वीकार करनी पड़ेगी। आप मेरी बात समझ रहे हैं न?" यह कहकर वह अपनी सीट पर जरा-सा उठा, और अपना भारी-भरकम हाथ आगे बढ़ाकर बोला, "इस बारे में मैं कुछ नहीं कर सकूँगा।"

श्रीनिवास ने अपनी कुर्सी पीछे सरकाई और उठकर बोला, "याद रखिए, यह ईस्ट इंडिया कम्पनी के दिनों का भारत नहीं है, जब आप साहब कहे जाते थे, और आपके दादा पाँच हाथियों के सरंजाम के साथ बाहर निकलते होंगे। अब आपको बराबरी के स्तर पर व्यवहार करना चाहिए, समझ रहे हैं न? अब आप भूल जाइए कि भगवान ने हिन्दुस्तानियों को ईस्ट इंडिया कम्पनी के लिए क्लर्क बना कर पैदा किया है।"

"अब आप ज़रूरत से ज़्यादा बोल रहे हैं–," यह कहकर मैनेजर अपनी सीट से उठा और उसके पास आया। "मि. श्रीनिवास, आप यहाँ तमाशा खड़ा करके अपने मित्र का हित नहीं कर रहे हैं। आप चाहते क्या हैं, यह मैं समझ नहीं पा रहा।"

"आप यह नहीं समझ रहे कि आप उसके साथ कैसा व्यवहार कर रहे हैं? यह साधारण न्याय के भी विरुद्ध है। उसके ऊपर एक पूरा परिवार निर्भर है, और इस तरह तो आप उन्हें भुखमरी के कगार पर खड़ा किए दे रहे हैं।"

"अब आपको यहाँ से चले जाना चाहिए, मि. श्रीनिवास!" यह कहकर उसने दरवाज़ा खोलकर कहा, "गुड मार्निंग!"

मैनेजर के आत्मनियन्त्रण से श्रीनिवास निराश हो गया। उसने मरी-सी आवाज़

में भुनभुनाकर कहा, ''गुड मार्निंग!'' और बाहर निकल आया। फिर तेज़ी से सीढ़ियाँ उतरते हुए चपरासी के बगल से गुज़रा, और मार्केट रोड पहुँचकर ही रुका। सड़क के मोड़ पर वह क्षण भर के लिए रुका, कि वह अपने विचार संयत कर सके। उसके पीछे कई साइकिल-सवार रास्ता देने के लिए घंटियाँ बजाने लगे। सूरज तप रहा था—हालांकि यह अक्टूबर का महीना था, लेकिन गर्मी जून की पड़ रही थी। एडवर्ड शिलिंग का रंग ब्लाटिंग पेपर की तरह लाल था, इस गर्मी में उसकी साँस घुटी जा रही थी, फिर भी वह आधी बाँहों की कमीज़ पहने दफ्तर में काम कर रहा था और उसका आत्मविश्वास चकित कर देने वाला था। फिर अपने कहे शब्दों पर विचार करते हुए उसे लगा कि उसने जंगलियों की तरह और एकदम निरुद्देश्य बातें कीं। उसने स्वयं से पूछा, ''आखिर मैं क्या कहना चाहता था?'' उसे लगा कि जब वह 'झंडा' के लिए लिखता है, तभी उसके विचार सही सुगठित ढंग से व्यक्त होते हैं। उसकी इच्छा हुई कि वह ''काले और गोरे'' या ''ईस्ट इंडिया कम्पनी'' विषय पर लेख लिखे और उसमें फोर्ट सेंट जार्ज की स्थापना के दिन से शिलिंग तक पूरे इतिहास का विवेचन करे।

कबीर लेन के दफ्तर में नीचे के कमरे में सम्पत एक्टर, संगीतज्ञ वगैरह तरह-तरह के लोगों के साथ, जो समाचार-पत्रों में विज्ञापन प्रकाशित होने के बाद आने शुरू हो गए थे, बातचीत करने में व्यस्त था। श्रीनिवास दरवाज़े पर खड़ा यह सोचने लगा कि कुछ ज़रूरी बात करने के लिए उसका ध्यान कैसे आकर्षित करे। कुछ देर बाद उसने चिल्लाकर कहा, ''ज़रा एक मिनट के लिए बाहर आओगे?'' सम्पत लोगों को ढकेलता बाहर निकल आया। सीढ़ियों के नीचे दोनों खड़े थे। श्रीनिवास बोला, ''रवि को नौकरी से जवाब मिल गया है। अब हमें उसके लिए कुछ करना पड़ेगा।'' सम्पत इन दिनों बहुत सी चिन्ताओं से घिर गया था, उनमें एक चिन्ता यह और जुड़ गई। उसने माथे पर हाथ रगड़कर कहा, ''मैं इन आर्टिस्टों का इन्टरव्यू ले रहा हूँ। उसके बाद आता हूँ।''

श्रीनिवास मुड़कर ऊपर चढ़ गया। वह इस समय बहुत दुखी था। सोच रहा था कि तीसरा दृश्य आज वह किसी भी तरह पूरा नहीं कर पाएगा। उसके दिमाग़ में बहुत से विचार भाग-दौड़ कर रहे थे। ''पता नहीं, पहली तारीख को यह आदमी कैसे क्या करेगा।''

उसने देखा कि रवि एक कोने में कुर्सी पर बैठा ऊँघ रहा है। वह ज़ोर-जोर से ख़र्राटे भर रहा था। श्रीनिवास ने उस पर एक नज़र डाली और चुपचाप अपनी

मेज़ पर आ गया। वह वाक्य पूरा किए बिना वहाँ से उठ गया था। अब उसने मशीनी ढंग से फिर कलम उठाई और आगे लिखने की कोशिश की। लेकिन दिमाग़ ने जवाब दे दिया। उसे लगा कि इस जैसी स्थिति में कैलाश के दृश्य लिखना सम्भव नहीं है। उसने तय किया कि शाम किसी और तरह से बिताए। उसने एक मोटी सी डिक्शनरी उठाई और पेपरवेट की तरह इस्तेमाल करने के लिए लिखे हुए कागज़ों के ऊपर उसे जमाकर रख दिया।

रवि ने आँख खोलकर जँभाई ली और पूछा, ''उस शैतान से मिले?''

''हाँ,'' श्रीनिवास ने जवाब दिया। ''लेकिन वह इतना ज़्यादा बुरा नहीं लगा, न तो उसने 'डैम' कहा और न एक दफ़ा भी मेज़ पर मुक्का मारा।''

''हाँ, यह बर्ताव वह दफ्तर वालों के साथ ही करता है, बाहरी लोगों से नहीं। वह मुझे वापस नहीं लेगा, है न यह बात?''

श्रीनिवास ने सिर हिलाकर कहा, ''कोई उम्मीद नहीं है। लेकिन तुम फ़िक्र मत करो, हम कुछ-न-कुछ करेंगे। यह सब अच्छे के लिए ही हुआ है,'' उसने यह कह तो दिया लेकिन खुद उसे इसका विश्वास नहीं था। रवि ने तुरन्त इसमें जोड़ा, ''हाँ, अच्छा ही होगा, क्योंकि हम सब खत्म हो जाएँगे और मैं सड़क पर उतर आऊँगा। और यह खूसट बुड्ढा किराया न देने के कारण हमें घर से बाहर कर देगा।''

''ईश्वर ने तुम्हें ऐसी कला प्रदान की है जिससे तुम, ढंग से काम करो तो चाहे जितना कमा सकते हो।'' कला की बात सुनते ही रवि आगबबूला हो उठा और उसने लम्बी साँस छोड़ी। ''तुम्हें क्या हो गया है जो तुम मुझे कलाकार वगैरह कह रहे हो। यह सब उससे कहो जिसे अच्छा लगे।'' वह इस तरह बड़बड़ करने लगा कि कुछ समझ में नहीं आता था। श्रीनिवास चुप हो गया और लड़की का चित्र निकाला। रवि ने भी उस पर नज़र डाली और कुछ शान्त होने लगा। कुछ देर उसे देखने के बाद कहने लगा, ''अगर तुम इस चित्र के आधार पर कहते हो कि मैं कलाकार हूँ तो...सच्ची कलाकार वह है, मैं नहीं हूँ। जब वह सामने आती है, तभी चित्र बनता है। वह एक नज़र देख ले तो चित्र बन जाता है। मेरा ख्याल है कि तुम्हारे साथ भी ऐसा ही हो सकता है। अगर तुम उसे देख लोगे तो तुम भी महान चित्र बना डालोगे—मुझे इसका विश्वास है लेकिन वह है कहाँ? हर कोई मुझे धोखा ही देता है।'' फिर उसने नीचे की तरफ़ इशारा करके कहा, ''अब मैंने उनसे भी पूछना बन्द कर दिया है। मैं बहुत थक गया हूँ।''

''तुमने उनके बच्चे की तस्वीर बनाई?''

''अरे वह!'' यह कहकर वह सोचने-सा लगा। ''मैं कैसे बना सकता हूँ? मैंने कहा न कि मैं नहीं बना सकता।''

अब सम्पत भी ऊपर आया और कुर्सी पर बैठ गया। वह काफ़ी थका नज़र आ रहा था। मैंने आज पचास लोगों का इन्टरव्यू किया। एक भी ऐसा नहीं है जो भीड़ के दृश्य में भी काम कर सके। पता नहीं, ऐसे लोग क्यों चले आते हैं।''

श्रीनिवास ने एक कागज़ पर कुछ लिखकर उसके आगे बढ़ाया : ''रवि के बारे में कुछ सोचा? अगर हाँ, तो अभी बात मत करना।'' सम्पत ने उसे पढ़ा, रवि पर एक नज़र डाली और कागज़ को मरोड़कर रद्दी में फेंक दिया। श्रीनिवास अचानक उठा और नीचे जाने लगा। सम्पत भी उसके पीछे हो लिया। रवि भी उठा और बोला, ''मैं भी जाता हूँ।''

''कहाँ?''

''यह नहीं मालूम,'' यह कहकर वह दरवाज़े की तरफ़ बढ़ा।

श्रीनिवास बोला, ''अभी मत जाओ, मैं ज़रा देर में आता हूँ।'' रवि उसकी आज्ञा मानकर फिर अपनी कुर्सी पर आकर बैठ गया।

नीचे आकर सम्पत ने श्रीनिवास से कहा, ''मैं सोमू से बात करूँगा कि इसे कला विभाग में ले लो। आगे उन्नति करके यह आर्ट डायरेक्टर भी हो सकता है।''

''कितना पैसा मिल जाएगा उसे?''

''इस वक्त करीब सौ रुपये—''

''यह तो काफ़ी है। बैंक में जितना मिलता है, उससे पच्चीस रुपये ज़्यादा।''

''वह इसे मान लेगा?'' सम्पत ने पूछा। ''इन दिनों मुझसे बात नहीं करता।''

''मैं मनवा लूँगा,'' श्रीनिवास बोला। ''लेकिन यह मत कहना कि कला का काम है।''

''लेकिन उसे ब्रश लेकर तुरन्त काम में लग जाना पड़ेगा। नहीं तो सोमू के साथ मुझे परेशानी होगी।''

''तुम इसे इस वक्त कहीं भी फिट कर लो। आगे की बात बाद में सोचेंगे। अभी तो इसे दफ्तर का कोई काम पकड़ा दो, मेरे लिए यह करो—''

''मैं देखता हूँ कि क्या किया जा सकता है। लेकिन सोमू के साथ मुश्किल होगी—''

श्रीनिवास ऊपर आकर अपनी सीट पर बैठ गया। उसे लगा कि रवि की समस्या उस पर नहीं छोड़ी जा सकती। उसने मुड़कर कहा, ''तुम्हारे लिए सौ रुपये वेतन पर एक काम है।''

''कहाँ? कहाँ?''

"तुम हिसाब-किताब में अच्छे हो, है न? तुम्हें आमदनी और खर्चे का खाता सही रखना पड़ेगा, और सौ रुपये मिलेंगे—"

"यह मैं खुशी से करूँगा। शर्त यही है कि चित्र बनाने के लिए मुझसे न कहा जाए।"

"नहीं कहा जाएगा। यह नहीं होगा। तुमने हमें अपनी सीमाएँ बता दी हैं।" रवि का चेहरा सन्तोष से चमक उठा। बोला, "यहाँ भी उस जैसा कोई शैतान होगा तो भी मैं उसे सह लूँगा।"

सम्पत एक दिन सवेरे ही श्रीनिवास के घर आ पहुँचा। श्रीनिवास बिस्तर से उठा नहीं था, वहीं से बोला, "वाह! आज क्या बात है? इतने सवेरे?'

"घर से जल्दी निकल पड़ा था। सोचा, तुम्हारे यहाँ भी होता चलूँ—"

श्रीनिवास ने तेज़ी से बिस्तर लपेटा, फिर सम्पत के लिए चटाई बिछाई। फिर बोला, "मैं मिनट भर में आता हूँ।" जाने से पहले उसने बेटे को आवाज़ लगाई, जो अभी तक सो रहा था। रामू ने आँखें खोलीं और सम्पत की फ़र कैप और स्कार्फ़ देखकर बोला, "आप कौन हैं?"

सम्पत ने दाँत निकालकर कहा, "तुम्हारा सम्पत अंकिल, इतनी जल्दी भूल गए?"

यह कहकर उसने अपनी फ़र टोपी और स्कार्फ़ उतारा और बच्चे को गोद में उठाकर कहा, "अब देखो ज़रा!" बच्चे ने आँखें मलीं और पहचानकर बोला, "अच्छा, आप! जो अप्पा का अखबार छापते हैं?"

"अरे, वह अब पुरानी बात हो गई," सम्पत ने उदास होकर कहा। रामू बोला, "अच्छा, आप मुझे एक कम्पोजिंग टाइप देंगे?" "एक क्यों, तुम सब ले सकते हो—लेकिन तुम इनका क्या करोगे?"

"मैं अपनी सब किताबों पर अपना नाम छापना चाहता हूँ—एकदम...अभी।"

"वाह, क्या बात है!" सम्पत ज़ोर से हँसा। "मेरे सब ग्राहक भी यही चाहते हैं—एकदम। सबकी यही कहानी है।" वह देर तक हँसता रहा। रामू को इस पर ताज्जुब हुआ। उसने पूछा, "आप हँसते क्यों हैं?"

"अब मैं तुम्हारे नाम की लाइने मशीन पर स्लिपें निकाल दूँगा—"

"अच्छा, कब?" लड़के ने पूछा। सम्पत ने सिर खुजलाया, फिर बोला, "बहुत जल्दी। अपने अप्पा से पूछो। सब उन पर निर्भर है। जैसे ही शिवजी और काम देवता कैमरे के सामने आकर खड़े हो जाते हैं।"

"कैमरे के सामने क्यों?" लड़के की समझ में नहीं आया।

श्रीनिवास ने इसका जवाब दिया, "हम लोग फिल्म बना रहे हैं। तुम नहीं जानते?"

"हाँ, पता है। मुझे भी वहाँ ले चलोगे?"

"ज़रूर। किसी दिन मैं कार लेकर आऊँगा और तुम्हें ले चलूँगा—लेकिन तुम्हें पढ़ाई अच्छी करनी होगी। तुम्हारी क्लास में पोजीशन क्या है?"

"मेरी क्लास में एक लड़का है, रामू, जो हर सब्जेक्ट में फ़र्स्ट आता है। वह मेरा दोस्त है।" फिर ज़रा सोचकर बोला, "पता है, एक दिन हमारे स्कूल में साँप निकला था। उसने किसी टीचर को नहीं काटा।"

"किसी लड़के को काटा?" सम्पत ने पूछा।

"अरे नहीं।" रामू ने सिर हिलाकर जवाब दिया। 'लड़कों को उनके पास जाने ही नहीं दिया जाता।"

"अच्छा, तो तुम्हारे स्कूल का यह नियम है?" सम्पत ने पूछा।

"हाँ," रामू ने जवाब दिया।

श्रीनिवास भीतर से तश्तरी में नाश्ता और कॉफ़ी के गिलास लेकर आया, और सम्पत के सामने उन्हें रखा।

"इस सब परेशानी की क्या ज़रूरत थी?" सम्पत ने धीरे से कहा।

"अब तकल्लुफ़ मत करो," श्रीनिवास ने कहा।

"ठीक है, साब, मैं भूखा हूँ और चीज़ें भी बढ़िया लगती हैं।" रामू ने क्षण भर उन्हें देखा, और फिर लेट कर सोने की कोशिश की। श्रीनिवास बोला, "अब बेटा जी, और मत सोओ। उठकर स्कूल की तैयारी करो। साढ़े सात बज चुके हैं।" रामू चौंककर उठ बैठा और बोला, "अरे, देर हुई तो टीचर मुझे बहुत डाटेंगे।" यह कहकर वह तेज़ी से भाग गया।

जब दोनों अकेले रह गए, तब सम्पत ने कहा, "मैं यहाँ इसलिए आया हूँ कि शान्ति से बात कर सकूँ।"

"तो एक मिनट रुको," यह कहकर श्रीनिवास ने खाली बर्तन उठाए, उन्हें भीतर रख आया, और लौटकर बीच का दरवाज़ा बन्द करके आ बैठा।

"इतनी सावधानी की ज़रूरत नहीं है। बात सोमू के बारे में है। मैं पहले ही बताना चाहता था। मैं किसी तरह उसका अहसान नहीं चाहता। इस तरह हमेशा नहीं चल सकता—"

"हुआ क्या?"

“कुछ खास तो नहीं हुआ, लेकिन परेशानी बनी ही रहती है। वह स्टूडियो का मालिक है, और हमें अच्छी से अच्छी सेवा देने को तैयार है।”

“यह तो बहुत अच्छी बात है, हम सबके लिए...”

“मुझे अपनी बात पूरी कर लेने दो। वह चाहता है कि उसे स्टूडियो के पार्टनर के रूप में ही लिया जाए, इससे ज़्यादा नहीं। यानी वह प्रोड्यूसर और इन्वेस्टर नहीं बनना चाहता। कई दिन से वह यही बात दोहरा रहा है।”

“वह तो बहुत जोश दिखा रहा था...”

“जोश तो अब भी दिखा रहा है लेकिन वह यह चाहता है कि मैं भी पैसा लगाऊँ। इसकी भागीदारी स्टूडियो के काम तक ही रहेगी, इससे ज़्यादा नहीं। बाकी काम का पैसा हमें ही जुटाना पड़ेगा।”

“अब वह इस तरह पीछे क्यों हट रहा है?”

“यह पीछे हटना नहीं है–”

“तो फिर और क्या है...और तुम इतनी चिन्ता क्यों कर रहे हो?”

श्रीनिवास को यह आर्थिक गुत्थी समझ में नहीं आई, वह इसके तार उधेड़कर समझने की कोशिश कर रहा था। सम्पत घंटे भर से ज़्यादा बात करता रहा, और श्रीनिवास इस नतीजे पर पहुँचा कि फिल्म शुरू करने के लिए उसे पैसे की ज़रूरत है। “लेकिन तुम पहले भी तो इस पर काफ़ी खर्च कर रहे हो?”

“हाँ, पर वह खर्चा स्टूडियो के खाते का है,” सम्पत ने कहा, और श्रीनिवास की उलझन इससे दूर नहीं हुई। उसे यह चर्चा अधूरी सी लगी–सफ़ाई की झलकियाँ देना, और फिर उसे उलझा देना। वह समस्या की तह तक नहीं पहुँच सका, इसलिए उसने समझने का प्रयत्न ही छोड़ दिया। सीधे यह सवाल किया, “तो यह बताओ कि अब क्या करना है?”

“अगर मुझे फिल्म बनानी है तो पचास हज़ार रुपये का इन्तज़ाम करना होगा। तभी मैं जो और जैसे बनाना चाहता हूँ, उस पर काम कर सकूँगा। जब पिक्चर पूरी हो जाएगी, या आधी भी बन जाएगी, तब हमें पूरा पैसा मिल जाएगा, ज़्यादा भी मिल सकता है–जिसके लिए हमें अलग-अलग क्षेत्रों के लिए वितरकों को पिक्चर के अधिकार बेचने होंगे।”

श्रीनिवास को यह आशा की किरण सी प्रतीत हुई। सम्पत ने बताया, “मुझे एक-दो लोग मिल गए हैं, जो मेरा साथ देने को तैयार हैं। अब सिर्फ एक आदमी और चाहिए जो दस हज़ार लगा दे। तब रकम पूरी हो जाएगी।”

“अच्छा, हाँ...लेकिन तुम्हें मेरी हालत तो पता ही है,” श्रीनिवास ने संकोच से कहा।

"अरे, नहीं," सम्पत ने तुरन्त टोका, "मैं इसके लिए तुम्हें परेशान नहीं कर रहा। मुझे पता लगा है कि तुम्हारे मकान-मालिक के पास बहुत पैसा है। तुम उससे बात करो कि कुछ लगा दे।"

"अरे, मेरा मकान मालिक!" श्रीनिवास यह कहकर जोर से हँस पड़ा। उसके बाद बोला, "वह तो बेहद कंजूस हैं। अपने ऊपर दस रुपये भी खर्च नहीं करता।"

"ठीक है। लेकिन उसे इस पर 12½ फीसदी पक्का ब्याज मिलेगा।"

"उससे अभी तक कोई भी पैसा नहीं ले सका है। उसने दूसरा नल भी नहीं लगवाया है।"

"कोशिश करके तो देखो।"

"मैंने अब तक उससे पैसे की कभी कोई बात नहीं की है। वह कहता है, मैं तो बहुत ग़रीब हूँ। उसने सिर्फ पाँच हज़ार रुपये की एक दफ़ा बात कही थी, जो उसने अपनी नातिन की शादी के लिए रखा है, क्योंकि वह रवि से उसकी बात चलाना चाहता है।" फिर उसने सम्पत को रवि की चर्चा विस्तार से बताई।

सम्पत ने फुर्ती से कहा, "मैं बूढ़े से बात करूँ, तो तुम्हें एतराज़ तो नहीं होगा।"

"बिलकुल नहीं—मुझे क्यों एतराज़ होगा। लेकिन यह मत कहना कि मैंने भेजा है।"

जब श्रीनिवास उधर से गुज़रा, तो रवि के अंधे पिता ने अंदाज़ से उसे पहचान लिया, और आवाज़ देकर बुलाया। श्रीनिवास को उनके घर में प्रवेश करके बहुत तकलीफ़ हुई—एक ही कमरे में रवि के भाई-बहन ठसाठस भरे हुए, किचेन से निकलता धुआँ जो चारों तरफ छा रहा था, कोनों में एक-दूसरे के ऊपर उलटे-सीधे रखे बक्स और बिस्तर...बूढ़े ने हाथ बढ़ाकर श्रीनिवास को टटोला और अपने पास खींच लिया। कहा, "मेरे बेटे ने दफ्तर में क्या किया?"

"कुछ भी नहीं। उन्होंने छंटनी की है," श्रीनिवास ने जवाब दिया।

"तुम्हें ठीक पता है? अगर उसने सज़ा के लायक कुछ किया हो, तो वह मेरा बेटा नहीं है," यह कहकर उन्होंने अपना सीना तान दिया। "तुम्हें मालूम है, हमारे परिवार ने सात पीढ़ियों से बड़ी शान की ज़िन्दगी बिताई है।...हमें कुछ भी हो जाए, समाज में हमें इज्ज़त ही सबसे प्यारी है।" बूढ़ा देर तक इस तरह की बातें करता रहा और फटेहाल बच्चे उसके चारों तरफ़ खड़े मुँह बाए ये सब सुनते रहे। रवि की माँ वहाँ आकर बोली, "इस लड़के के लिए तुम कुछ कर नहीं सकते? पता नहीं कहाँ जाता है और बड़ी देर से लौटता है।"

उसकी आवाज़ सुनकर बूढ़ा चिल्लाकर बोला, ''तुम भी आ गईं? जाकर अपना काम करो! मैं नहीं चाहता कि इस भले आदमी को तुम अपनी बेवकूफ़ी की बातों से परेशान करो।''

''परेशानी की कोई बात नहीं है,'' श्रीनिवास बोला। माँ ने कहा, ''अरे, तुम खड़े ही हो।'' फिर एक लड़के से चटाई बिछाने को कहा।

''मैं नहीं लाता चटाई,'' लड़के ने मुँह फुलाकर कहा। ''इससे कहो कि चटाई लाए,'' उसने दूसरे लड़के की तरफ़ इशारा किया। ''मैं ही सब काम करता रहूँ। यह भी कुछ करे।'' दूसरे ने यह सुनकर उसे झपट कर पकड़ लिया और दोनों में लड़ाई शुरू हो गई। लड़ाई तभी खत्म हुई जब बूढ़े ने चीखकर अपनी बीवी को फटकारा, ''तुम इनको क्यों हमेशा तंग करती रहती हो! इन्हें जो चाहें, करने दो।'' माँ ने चुपचाप चटाई लाकर ज़मीन पर बिछाई और बोली, ''अब तुम आराम से बैठो।''

अब बूढ़े ने भी कहा, ''हाँ, मेहरबानी करके बैठ जाओ।'' फिर आगे कहने लगा, ''हाँ—मैं कुछ कह रहा था। क्या बात थी वह—''

''पारिवारिक प्रतिष्ठा,'' श्रीनिवास ने कहना चाहा लेकिन चुप रह गया, और कहा यह, ''आप बेटे की चिन्ता मत कीजिए। मैं उसे किसी-न-किसी नए काम में लगा दूँगा।'' उसे लगा कि बूढ़े को धैर्य बँधाना उसका कर्तव्य है।

''किस दफ्तर में?'' बूढ़े ने पूछा।

''फिल्म बनाने के काम में—''

''कैसी फिल्म बनाने में?''

''कुछ लोगों ने एक स्टूडियो खोला है—,'' यह कहकर श्रीनिवास ने विस्तार से योजना समझाने की कोशिश की! लेकिन बूढ़े ने ज़ोर देकर कहा, ''यह गलत काम है। मैं अपने बेटे को ऐसी जगह काम नहीं करने दूँगा—एक्टर-फैक्टर और नचनियाँ लड़कियों के बीच। हरगिज़ नहीं—''

''वह ऐक्टिंग थोड़े ही करेगा,'' श्रीनिवास बोला।

''तो फिर उसका वहाँ क्या काम?'' बूढ़े ने सवाल किया बुढ़िया परेशानी से उसे देखती रही कि यह कोई गलत बात फिर न कह दे। श्रीनिवास ने समझाया, ''वह ऐक्टिंग नहीं करेगा। वह बहुत इज्ज़त वाला काम ही करेगा।''

''वह काम क्या है?''

''शुरू में उसे सौ रुपये महीना मिलेगा, और वह तरक्की करता रहेगा।''

''मैं दस हज़ार की भी परवाह नहीं करता; मेरे लिए पैसे की कोई कीमत नहीं है, मुझे तो यह बताओ कि वह काम क्या करेगा?'' इस पर श्रीनिवास को कहना

पड़ा, "वह बड़ा कलाकार है–हो सकता है किसी दिन दुनिया का सबसे महान कलाकार बन जाए।"

"कला! कलाकार!" बूढ़े ने नकल करते हुए कहा, "यह क्या जानता है कला के बारे में?"

"इनकी बातों का बुरा मत मानिए," बुढ़िया ने विनती करते हुए कहा। "ये आपको परेशान नहीं करना चाहते।"

अब बूढ़े ने हुक्म-सा दिया, "तुम अपने चौके में जाओ, और हम दोनों की बातचीत में बिलकुल दख़ल मत दो।" बुढ़िया चुपचाप वहाँ से चली गई। बच्चे भी उसके पीछे शोर मचाते हुए चले। श्रीनिवास की इच्छा हुई कि उनकी गिनती करे, लेकिन ऐसा करने से वह बाज़ आया, क्योंकि उसे लगा कि यह करके उसके मन में बूढ़े, के प्रति ज़बरदस्त गुस्सा न जाग जाए। बूढ़ा बोला, "तुम्हें पता है, कितनी मुश्किल से मैंने उसे यह बैंक की नौकरी दिलवाई थी? इसके लिए मैं दर-दर भटका, और इसने उसे छोड़ दिया। अब वह कला करना चाहता है? कला के बारे में उसे क्या पता है? क्या उसने कहीं कला की शिक्षा ली है?"

"वह जन्म से कलाकार है," श्रीनिवास बोला।

"अब तुम उसके दिमाग़ में यह फ़ितूर पैदा मत करो," बूढ़े ने आजिज़ी से कहा। "मैं चाहता हूँ कि वह परिवार की इज्ज़त बनाए रखे और कोई गलत काम न करे? हम सात पीढ़ियों से इज्ज़तदार लोग रहे हैं और अब यह एक्टरों और नचनियों के साथ काम करके सब कुछ खत्म करना चाहता है। उसका चरित्र खराब हो जाएगा। वह यह काम हरगिज़ नहीं करेगा, और उसे चाहिए कि मिन्नत करके, पैर पकड़कर बैंक की नौकरी वापस ले ले।"

"मैं मैनेजर से मिल चुका हूँ। कोई फ़ायदा नहीं है–," श्रीनिवास ने कहा।

बूढ़े ने सिर हिलाकर कहा, "तब उसे कोई और काम ढूँढ़ना चाहिए। उस जैसी बुद्धि का आदमी दर्जनों ढंग से अपनी रोज़ी-रोटी कमा सकता है, उसे यह बन्दर-नाच करने की ज़रूरत नहीं है–"

श्रीनिवास चलने के लिए उठा। अब उसे कुछ भी बोलने से डर लगने लगा था। रवि से सम्बन्धित हर बात इतनी उलझी नज़र आने लगी थी, कि वह इसमें किस तरह ज़िन्दा भी रह सकेगा, यह समझ में नहीं आ रहा था।

"तुम कुछ देर और नहीं रुक सकते?" बूढ़े ने विनती के स्वर में कहा। "इस खाली घर में मैं तुम्हें कुछ नहीं दे सकता। एक वक्त था जब हमारे पुराने घर में पचास मेहमान हुआ करते थे, और सबका शाही ढंग से सत्कार किया जाता था। हमारी गलती थी कि हमने वह गाँव का घर छोड़ दिया–लेकिन वह मेरे पिता की

गलती थी, मेरी नहीं। वह हमेशा–खैर, अब मैं वे सब बातें क्यों करूँ? वो मैं कह रहा था–क्या कह रहा था मैं?"

इस स्थिति में श्रीनिवास की इच्छा यह नहीं हुई कि उसकी कोई और बात सुने। उसने कहा, "मुझे देर हो रही है," और एकदम बाहर निकल आया।

वह घर से कुछ ही कदम आगे बढ़ा होगा, कि एक छोटी सी लड़की पीछे से आई और उसे रोक लिया। वह रवि की बहुत सी बहनों में से एक थी। वह बोली, "माँ पूछ रही है कि आप चावल खरीदने के लिए दस रुपये कर्ज़ दे सकते हैं?"

"तुम्हारी माँ?"

"हाँ, वह अप्पा के सामने कहना नहीं चाहती थीं, इसलिए मुझे भेजा है। हमने दो दिन से चावल नहीं खाया है और कुछ और खाकर गुज़र कर रहे हैं।" श्रीनिवास ने पर्स खोलकर दस रुपये निकाले और लड़की को दिये। कहा, "माँ से कहना कि इन्हें वापस करने की चिन्ता न करे, और रवि जल्द ही इतना कमाने लगेगा कि तुम सबकी देखभाल होने लगेगी।"

दफ्तर पहुँचा तो श्रीनिवास ने देखा कि रवि हमेशा की तरह आँखें बन्द किए बैठा है। उसने कोट उतारकर कील पर टाँगा और कुर्सी पर बैठकर रवि से बोला, "आज तुम्हारे पिताजी से मेरी बात हुई, बड़ी मज़ेदार रही। पहली दफ़ा उनसे मिलना हुआ, मज़ेदार आदमी हैं।"

"क्या कहा उन्होंने?" रवि ने चिन्तित होकर पूछा। "मेरे बारे में कहा कुछ?"

"हाँ, तुम्हारी ही बात हुई। मैंने उनसे कहा कि सब कुछ ठीक हो जाएगा। अब इस सबकी ज़रूरत नहीं है, तुम काम के रास्ते पर चल पड़े हो...।" उसे काम में लगाना आसान नहीं लग रहा था–उसे बिना शोर-शराबे के काम में लगा देना था, कुछ इस तरह कि खुद उसको भी पता न चले।

"तुम नीचे सनराइज़ पिक्चर्स के दफ्तर में कल से ही काम शुरू कर सकते हो।" उसने सुरक्षा के ख्याल से यह भी जोड़ा, "इन्हें एकाउंट्स के लिए किसी अनुभवी आदमी की ज़रूरत है। सम्पत तुम्हें समझा देगा।" रवि ने बिना उत्साह दिखाए खबर की तरह बात सुन ली। पहले दिन जब यह चर्चा हुई थी, तब उसने काफ़ी उत्साह दिखाया था। आज उसका मूड बदला हुआ लगता था। उसने श्रीनिवास पर नज़र डाली और बोला, "मैं क्यों काम करूँ और कमाऊँ? किसके लिए? इससे किसका फायदा होगा? मैं इसी तरह खत्म क्यों न हो जाऊँ?" श्रीनिवास को लगा कि ज़रा

सी इधर-उधर करने से रवि पर असर पड़ता है। उसने कहा, "यह सब फैसले हम बाद में करेंगे। आज तुम आजाद हो, कल से बिज़ी हो जाओगे। अब मेरी कहानी सुनो।" रवि सचेत होकर बैठ गया। श्रीनिवास ने पांडुलिपि उठाई और शुरू से पढ़ना आरम्भ किया।

सम्पत के काम का परिणाम सामने आने लगा। मकान-मालिक बूढ़ा एक दिन काफ़ी सवेरे श्रीनिवास के पास आया। और बोला, "अपनी बीवी से कहो कि मैं जब भी यहाँ आता हूँ, मुझे कॉफ़ी या कुछ और देने की परेशानी न उठाए। इस वक्त मैं कुछ बिज़नेस के काम के लिए आया हूँ। जल्दी न आऊँ तो तुम मिलते ही नहीं।" श्रीनिवास ने पत्नी को बुलाकर कहा कि कॉफ़ी बना लाए। कॉफ़ी आई तो बूढ़े की आँखें चमक उठीं। बोला, "तो तुम मुझे पिलाए बिना नहीं मानोगे?"

"हाँ," श्रीनिवास बोला, "ज़रूर पिलाऊँगा।"

"तुम भूल जाते हो कि मैं बूढ़ा आदमी हूँ, ऊपर से संन्यासी, भले ही मुझे ये चीज़ें पसन्द हैं, मुझे इनसे दूर रहना चाहिए। मेरी आत्मा के लिए ये अच्छी नहीं हैं।"

"यह शराब तो नहीं है, कॉफ़ी ही है," श्रीनिवास ने कहा।

बूढ़ा बोला, "शराब होती तो भी क्या होता? क्या आदमी की मुक्ति उसके खाने-पीने पर निर्भर है? नहीं, वह निर्भर है–," यह कहकर वह चुप हो गया और सोचने लगा कि सचमुच वह किस वस्तु पर निर्भर है।

बूढ़ा चिन्तित सा लगा और कॉफ़ी के गिलास पर उँगली घुमाता हुआ बोला, "क्या इसे मैं ठंडी होने से पहले पी जाऊँ?" उसने गिलास उठाया, गर्दन टेढ़ी की और सारी कॉफ़ी गटक गया। श्रीनिवास ने पूछा, "अब आपको इसके बाद सुपारी की ज़रूरत पड़ेगी? मैं ठीक कह रहा हूँ, है न?"

"सुपारी? इस उम्र में सुपारी? ठीक है, तुम मेरा कितना ख्याल रखते हो! तुम्हारी बीवी की खुशबूदार सुपारी को कौन भूल सकता है?" यह कहकर वह सुपारी के स्वाद के बारे में सोचने लगा। श्रीनिवास उठा और उसने एक छोटी-सी शीशी उसके हाथ में रख दी। उसने उसे प्यार से देखा और नीचे रख दिया। बोला, "आदमी को एक से ज़्यादा लालच नहीं करना चाहिए।" फिर आवाज़ बढ़ाकर ज़ोर से कहने लगा, "उपनिषदों में लिखा है कि भोजन ब्रह्म है...।" रवि के घर से कुछ बच्चे आए और सामने खड़े होकर उसे ध्यान से देखने लगे। उसने घूरकर उन्हें देखा और बोला, "मुझे बच्चों की यही बात नापसन्द है...किसी के सामने खड़े होकर उसे घूरना शुरू

कर देते हैं, जहाँ चाहते हैं, डोलते नज़र आते हैं। अब मैं किसी ऐसे को घर नहीं दूँगा जिसके बच्चे हैं। ये बहुत परेशान करते हैं।''

''हम सब कभी बच्चे रहे हैं,'' श्रीनिवास ने कहा।

''हाँ, हाँ,'' बूढ़ा बोला, ''लेकिन इससे क्या हुआ? हम बच्चे बने तो नहीं रहे। खैर यह बात छोड़ो। मैं तुम्हें एक अच्छी खबर सुनाने आया हूँ।'' फिर आवाज़ धीमी करके बोला, ''मैंने सुना है कि लड़के को सौ रुपये की नौकरी मिल रही है। मैं जानता था कि यह उन्नति करेगा।''

''आपको किसने बताया?'' श्रीनिवास ने पूछा।

''अरे, मुझसे कोई बात छिपी नहीं रहती। मुझे पता रहता है कि शहर में कहाँ क्या हो रहा है,'' उसने डींग मारते हुए कहा। श्रीनिवास को रवि पर दया आने लगी। उसकी उलझी हुई ज़िन्दगी में यह एक नई समस्या पैदा हो गई थी। श्रीनिवास ने बूढ़े से पूछा, ''क्या सम्पत आपसे मिले थे?''

''वह तो बहुत बढ़िया आदमी है,'' बूढ़े ने जवाब दिया। ''मुझे आज तक उससे मिलने का मौक़ा नहीं मिला। लेकिन एक दिन वह इस ग़रीब की कुटिया में आया और देर तक बैठा। मुझे वह पहली नज़र में ही भा गया। यही मेरी आदत है। कोई मुझे धोखा नहीं दे सकता। मुझे एकदम पता चल जाता है कि कौन आदमी भला है और कौन बुरा। सम्बन्ध बड़ी बात होती है। नहीं तो मैं यहाँ तुम्हें ढूँढ़ता हुआ क्यों आता कि तुमसे बात करूँ, नहीं तो मैंने आज तक किसी से बात नहीं की है, और अपने किराएदारों से बात करना तो मैं एकदम पसन्द नहीं करता।''

''सम्पत ने कुछ कहा?'' श्रीनिवास ने पूछा।

''कुछ भी नहीं। उसने कहा कि वह उपनिषदों और गीताजी का ज्ञान पाना चाहता है। किसी ने उसे बताया होगा कि मुझे इन ग्रन्थों की जानकारी है, इसलिए वह अपने कुछ सन्देह दूर करना चाहता था।''

''अच्छा,'' श्रीनिवास ने आश्चर्य से कहा, और वह सम्पत के मन में झाँकने की कोशिश करने लगा, कि इसमें ज्ञान प्राप्त करने की कितनी प्यास है!

''तुम्हें आश्चर्य क्यों हो रहा है? इस ज़माने में भी उस जैसे नौजवान हैं जो आध्यात्मिक हैं। इनसे हम ''ना'' कैसे कर सकते हैं? वह कह गया है कि जब भी उसे समय मिलगा, वह हफ्ते में दो-तीन दिन ज़रूर आया करेगा। पता है, उसने मुझसे यह भी पूछा कि मैं इसकी फ़ीस क्या लूँगा। इसपर मुझे बहुत गुस्सा आया, और मैंने उससे कहा, ''मैं यहाँ ज्ञान बेचकर पैसा कमाने नहीं आया हूँ।'' इस पर वह बोला, ''गुरुजी, यह तो ठीक है, लेकिन कोई भी ज्ञान तब तक लाभ नहीं देता, जबतक उसकी गुरु दक्षिणा न चुकायी जाए।'' ''कितना अच्छा तर्क था उसका!

हाँ, इसके बारे में भी श्लोक है।" यह कहकर बूढ़े ने एक श्लोक सुनाया जिसका अर्थ यह था कि गुरु दक्षिणा के बिना लिया गया ज्ञान उस जल की तरह है जो बेपेंदी के लोटे से बाहर निकलता चला जाता है। श्रीनिवास सोचने लगा कि यह तो सम्पत एक और आश्चर्य व्यक्त कर रहा है। फिर बूढ़े ने आवाज़ धीमी करके कहा कि, "मालूम है, कि उसने मेरी नातिन की शादी उस लड़के से तय कराने का भरोसा दिलाया है, हालांकि तुमने तो इस ग़रीब की प्रार्थना पर ध्यान ही नहीं दिया।"

"मैं यह बात भूला नहीं हूँ," श्रीनिवास बोला, "लेकिन बात यह है–"

"मुझे लगा कि रवि उसके नीचे ही काम करता है, इसलिए उसकी बात सुनेगा। मैं जानता हूँ कि मेरी बच्ची बड़ी भाग्य वाली है, और सौ रुपये से कम कमाने वाले से उसकी शादी नहीं होगी। यह बात तुम अपने तक ही रखना।" यह कहकर बूढ़ा जाने को हुआ। "मैं तुम्हें यह शुभ समाचार देने ही यहाँ आया था। इस दुनिया में तुम ही मेरे शुभचिन्तक हो। और कौन है जो मेरी खुशी में खुद भी खुश हो? तुम्हारी ही वजह से मैंने अपने नालायक बेटे-बेटियों के बारे में सोचना एकदम बन्द कर दिया है?"

रवि इन दिनों बहुत कम दिखाई देता था। वह नीचे दफ्तर में बैठा रजिस्टर में हिसाब-किताब लिखता रहता था। सम्पत ने उसे कोशिश करके एकाउंट्स विभाग में लगवा दिया था, और अपने एकाउंटेंट को कला विभाग में रख दिया था। उसने श्रीनिवास से कहा, "इस तरह मैंने सोमू के साथ रवि का इन्तज़ाम किया है।"

पर श्रीनिवास ने सन्देह करते हुए पूछा, "लेकिन तुम्हारा एकाउंट्स का आदमी कला विभाग में कैसे काम करेगा?"

"उसे कुछ तो करना ही होगा, नहीं तो उसकी नौकरी चली जाएगी। तुम्हें जानना चाहिए कि दबाव में आदमी हर काम करने लगता है। मैंने देखा है कि इसी तरह हमारे ज़्यादातर एक्टर, संगीतज्ञ, तकनीशियन और प्रोड्यूसर पैदा होते हैं। तुम देखना, बहुत जल्द यह आदमी एकाउंट्स में लौटने से मना करने लगेगा, क्योंकि तब तक वह अच्छा कलाकार बन जाएगा, और तब तक रवि भी कला का काम करने को तैयार हो जाएगा। और तब सोमू के साथ मुझे और परेशानी झेलनी पड़ेगी। पता है, आजकल सोमू के साथ मुझे कुछ खास मुश्किलों का सामना करना पड़ रहा है?"

इसी समय सोमू भी एक लम्बी गाड़ी में सवार वहाँ आ पहुँचा। कमरे में घुसते ही वह बोला, "सम्पत, यहाँ तो पहुँच पाना ही बड़ा मुश्किल है। हमें बहुत जल्द मेन रोड पर ही कोई जगह तलाश करनी पड़ेगी।"

फिर श्रीनिवास की तरफ मुड़कर वह बोला, ''और कहानी कैसे चल रही है, एडिटर साब?'' श्रीनिवास सोचने लगा कि सम्पत की कही भागीदारी की बातों से इस सवाल को जोड़कर उसे क्या जवाब दिया जाए, लेकिन वह और उलझता गया, और सोचना छोड़कर सादा सा जवाब दिया, ''बहुत जल्द सारे सीन तैयार हो जाएँगे।''

''वाह! वाह! यह तो बहुत अच्छी ख़बर है। तो हमें शूटिंग के मुहूर्त का दिन निश्चित कर लेना चाहिए। मैं इसके लिए ज़िला जज को बुलाना चाहता हूँ।'' लेकिन ये देखकर कि श्रीनिवास ने इस पर कोई उत्साह नहीं व्यक्त किया, वह बोला, ''आप लोगों को हम व्यापारियों को काम करने की आज़ादी देनी चाहिए।''

''जज साहब को इस काम के लिए निमन्त्रित करना क्यों ज़रूरी है?''

सोमू सम्पत की तरफ़ मुड़ा और आँख मारकर बोला, ''इन्हें भी कभी बता देना।'' सम्पत ने बात को सँभालते हुए कहा, ''जल्द ही पता लग जाएगा। हर काम की एक कीमत होती है।''

श्रीनिवास ऊपर जाने के लिए मुड़ा, कि अपना काम कर सके। उसे सीढ़ियों के नीचे सम्पत के साथ काफ़ी समय बिताना पड़ता था, क्योंकि उसके साथ बातचीत करने की यही जगह थी, उसके दफ्तर के बगल की एक कोठरी में रवि बैठकर हिसाब-किताब का अपना काम करता था, और बहुत सी बातें उसके सामने नहीं की जा सकती थीं। श्रीनिवास ने महसूस किया कि उसके यहाँ से हटने का समय आ गया है, क्योंकि सीढ़ियों के नीचे का हिस्सा कान्फरेंस रूम बनता जा रहा था। लेकिन सोमू ने उसे रोक कर कहा, ''अब हमें जल्द ही कहानी पर मीटिंग करनी चाहिए, कि उसमें कितनी प्रगति हुई है।''

''आप और सब काम करते रहें, जैसे ही सब कुछ तैयार हो जाएगा, मैं आपको बता दूँगा।''

''एक बात का ध्यान रखना, मिस्टर, बीच में एकाध कॉमिक दृश्य डालना मत भूलना।'' यह सुनकर श्रीनिवास का चेहरा खिंच गया। बोला, ''इस कहानी में कॉमिक दृश्य कैसे डाला जाए, यह ज़रा मुश्किल ही है।''

''कोशिश करके डालना। पिक्चर इन्हीं से पापुलर होती है। लोग बार-बार उसे देखकर हँसने के लिए आएँगे। मुझे खुद भी, मालूम है आपको, हँसी वाली चीज़ें ही ज़्यादा पसन्द हैं।''

बूढ़ा मकान-मालिक सड़क के कोने पर श्रीनिवास का इन्तज़ार कर रहा था। उसके मिलने पर बोला, ''मैं तुम्हारे घर आकर तुम्हें पकड़ सकता था, लेकिन नहीं आया,

क्योंकि वहाँ तुम ख़ातिर-तवज्जो भी करते। तो लोग क्या कहते, यही न कि यह बूढ़ा मुफ़्त की कॉफ़ी पीने यहाँ आता है। जी नहीं, मैं यह नहीं सुनना चाहता। मेरा अपने सब किराएदारों के साथ इज़्ज़त वाला ही व्यवहार रहा है।''

''बस उस नल को छोड़ कर।''

''तुम हमेशा इसका ज़िक्र करते हो। ठीक है, मैं नल लगवा दूँगा, और एक नहीं, कई-कई, हर ब्लाक के लिए एक। अब तुम खुश हो?''

''कब लगवाएँगे?''

''कब? अरे, तुम तो वकील की तरह जिरह करते हो। इसीलिए तो लोग कहते हैं, लिखनेवालों से सावधान रहो।''

''आपने मेरे सवाल का जवाब नहीं दिया,'' श्रीनिवास ने कहा।

''तुम्हें सन्तुष्ट करना बहुत मुश्किल है,'' बूढ़े ने इस तरह यह बात कही जैसे उसकी तारीफ़ कर रहा हो। ''कोई और मकान-मालिक होता तो वह दुखी हो जाता...खैर, इस वक्त मैं यहाँ ये बातें करने नहीं आया हूँ, मुझे एक ज़रूरी मुद्दे पर सलाह लेनी है। तुम इस वक्त दफ्तर जा रहे होंगे, क्या मैं भी साथ चलूँ?''

''अरे, आपको अकेले लौटते हुए बोरियत होगी,'' श्रीनिवास ने उसे टालने की गरज़ से कहा।

''इसका मतलब यह है कि तुम मुझे समझते ही नहीं,'' बूढ़े ने जवाब दिया। ''मेरे जैसे संन्यासी के लिए अकेलापन कोई चीज़ नहीं है। राह चलते मैं 'ओम्' का जाप करता रहूँ, तो वही मेरा साथी हो जाएगा। तुमने यह श्लोक नहीं सुना, ''जहाँ मेरा मन है, वहीं आपका रूप है; जहाँ मेरा सिर है, वहीं आपके पैर हैं?''

श्रीनिवास ने अपनी चाल धीमी कर दी, और वह साथ चल पड़ा। कई और सवाल करने के बाद उसने कहा, ''सम्पत की फिल्म कम्पनी के बारे में तुम्हारा क्या ख्याल है? इसमें क्या होता है?''

श्रीनिवास ने विस्तार से उसे इसके सब पहलुओं की जानकारी दी। उसने पूछा, ''कम्पनी क्या बहुत फ़ायदा दे रही है?'' श्रीनिवास को इस प्रश्न का उत्तर नहीं सूझा। उसने कहा, ''इसके बारे में मुझे कुछ नहीं मालूम।'' यह सुनकर बूढ़ा चलते-चलते रुक गया और उसकी बाँह पकड़कर बोला, ''क्या जवाब दिया है, वाह! तुम इसके ट्रेड सीक्रेट नहीं बताना चाहते, है न?'' यह कहकर उसने उसकी तरफ़ देखकर आँख मारी। श्रीनिवास ने सोचा कि ज़्यादा लुका-छिपी ठीक नहीं है, इसलिए उसने कहा, ''आप चाहते हैं तो मैं सम्पत से इसके बारे में पता करूँगा।'' ''नहीं, अरे नहीं,'' बूढ़े ने ज़ोर से कहा, ''यह मत करना। मैं नहीं चाहता कि सम्पत से इस बारे में बात करो। मैं नहीं चाहता कि वह सोचे कि मैं ये बातें दूसरों से कर रहा हूँ। उसने

मेरे ऊपर पूरा विश्वास किया...नहीं, नहीं, मैं तो यह सोच रहा था कि अगर मैं इसमें साढ़े बारह फ़ीसदी ब्याज पर पाँच हज़ार रुपये लगाऊँ तो–''

''दस हज़ार क्यों नहीं?''

''पचास हज़ार कहो...,'' बूढ़े ने चमक कर कहा, ''तुम सोचते हो कि मेरे पास बहुत पैसा है।'' लगा कि लोग उसे पैसे वाला समझें, यह सोचकर वह बहुत डर गया है। ''मेरे पास बच्ची की शादी के लिए थोड़े से पैसे बाकी बचे हैं। अगर किसी तरह इसमें कुछ बढ़त हो सकती है, तो बच्ची ही सुखी रहेगी। सम्पत बच्ची में दिलचस्पी दिखा रहा है, इसलिए मैंने सोचा...'' इस तरह वह देर तक बड़बड़ाता रहा, फिर अचानक यह सोचकर एकदम चुप हो गया कि उसने अपने पैसों के बारे में ज़रा ज़्यादा ही बात कर ली है। ''तो अब मैं वापस चलता हूँ। मैंने सोचा कि तुम मुझे इस बारे में कुछ बता सकोगे।'' यह कहकर वह लौट पड़ा और श्रीनिवास अकेला रह गया। वह दफ्तर पहुँचा और सोचने लगा कि सम्पत बूढ़े को साधने के लिए क्या उपाय कर रहा है। इसका संकेत भी उसे बहुत जल्द मिल गया।

सम्पत उसके पीछे सीढ़ियाँ चढ़कर ऊपर गया। ''तो एडिटर साहब, मेरा ख्याल है कि मैंने पैसे का बन्दोबस्त कर लिया है।'' श्रीनिवास को सवाल करने की ज़रूरत महसूस नहीं हुई क्योंकि वह वही बात सुन रहा था जो उसे पता चल गई थी। उसने कोट कील पर टाँगा और कुर्सी पर जाकर बैठ गया। सम्पत ने अपनी घड़ी पर नज़र डाली। यह घड़ी कुछ दिन पहले ही उसकी कलाई पर बँधने लगी थी, और वह बार-बार इसे देख लेता था। वह बोला, ''मैं तुम्हारे साथ पन्द्रह मिनट ही रह सकता हूँ। मैंने संगीत विभाग से कुछ लोगों को मिलने के लिए बुलाया है।''

लगता था कि पन्द्रह मिनट तक कुछ विचार करना चाहता है। कहने लगा, ''एडिटर साहब, मैं इन दिनों काफ़ी परेशान हूँ। इसमें आप मेरी मदद करेंगे तो अच्छा होगा। इस तमाम घटना-चक्र में मैं कहाँ हूँ। एक तरफ़ तो मैं एक्टर, कलाकार और संगीतज्ञों के इन्टरव्यू लेता हूँ। सोमू जो कहता है, करता है, स्टूडियो के तमाम काम-धाम करता हूँ, पिक्चर का काम मेरे पास है, उसका डायरेक्शन वगैरह,'' और यह कहकर वह अपने महत्त्व में फूलने-सा लगा, ''लेकिन फिर भी मैं हूँ क्या?'' यह कहकर वह इतना परेशान हुआ लगा कि श्रीनिवास को उत्तर देने के लिए कहना पड़ा, ''इस सवाल का जवाब कौन दे सकता है? अगर यह तुम्हारी समझ में आ जाए तो तुम सब कुछ समझ जाओगे।'' उसे लगा कि बूढ़े के साथ सम्पत की आध्यात्मिक चर्चा ने उसकी चेतना जगा दी है और उसके दिमाग़ में नई उलझनें पैदा होने लगी हैं। लेकिन सम्पत ने उसकी इस धारणा को एकदम खंडित कर दिया। ''मैं इस पिक्चर का प्रोड्यूसर हूँ या नहीं हूँ? इसी सवाल का फैसला करने के लिए मुझे पैसे की

ज़रूरत थी। मेरा ख्याल है कि इसका इन्तज़ाम हो जाएगा, तुम्हारा मकान-मालिक इसमें दिलचस्पी ले रहा है।'' श्रीनिवास ने इसमें जोड़ा, ''और तुम्हारी बहुत सी दार्शनिक शंकाओं का निवारण कर रहा है, है न यह बात?'' सम्पत यह सुनकर ज़ोर से हँसा। बोला, ''जी, जनाब, मेरा विश्वास कीजिए कि मैं आत्मा और विश्व के बारे में भी कुछ जानना चाहता हूँ। ऐसे विद्वान से यह सब ज्ञान पाना भी तो सौभाग्य की बात है।'' उसने अपनी आँखें बन्द करके बड़े श्रद्धाभाव से अपने गुरु को नमन किया। श्रीनिवास ने पूछा, ''और उसकी नातिन के विवाह के लिए किया गया अपना वादा तुम कैसे पूरा करोगे?''

''अच्छा, वो! हाँ, वह ज़रूर बड़ी समस्या है; मेरा ख्याल है–,'' आवाज़ धीमी करके वह बोला, ''नीचे वाला हमारा दोस्त इसमें मेरी मदद करेगा।''

''लेकिन तुमने तो उसे भी उसकी प्रेमिका से मिलाने का वचन दिया है,'' श्रीनिवास ने उसे याद दिलाया।

''अरे हाँ, हाँ,'' उसे परेशानी सी हुई कि उसने कितनी समस्याएँ अपने ऊपर लाद ली हैं। तभी उसे एक विचार आया जिससे उसे राहत महसूस हुई। ''हो सकता है, वह इस नातिन को ही मन्दिर में देखता हो। क्या मालूम? एडिटर, मुझे वह स्केच दिखाना।'' श्रीनिवास ने दराज़ से स्केच निकाला। उसमें वह देखकर, कि कान पर लगे हीरे से टकराकर रोशनी की किरण इधर-उधर फैल रही है, श्रीनिवास चमत्कृत हो उठा और कहने लगा, ''इस लड़के को तो ऐसे चित्र बना-बनाकर दुनियाभर में फैला देने चाहिए। इनके बिना यह दुनिया अधूरी ही रहेगी।''

''जी, जनाब, मैं इससे सहमत हूँ। आज भी यह आदमी कला का काम करने को तैयार हो जाए, तो मैं इसे वहाँ जगह दिलवा सकता हूँ।'' उसने चित्र को ध्यान देखा और निराश होकर कहा, ''नहीं, मकान-मालकिन की नातिन ऐसी नहीं है।''

''तुमने देखा है उसे?''

''हाँ, रोज़ देखता हूँ? मैं उसे कला की शिक्षा दे रहा हूँ। अच्छी लड़की है। काश, रवि को बुद्धि आ जाती। लेकिन'', यह कहकर वह सोचने लगा– 'मैं समझ नहीं पाता कि उसने इसी को दिल क्यों दे दिया है'–हालांकि हाड़-माँस की लड़की तस्वीरों की ऐसी एक दर्जन लड़कियों से बेहतर है। ''तुम उसे कुछ अक़्ल नहीं दे सकते? मेरा ख्याल है, वह तुम्हारी बात सुनेगा, और इससे बूढ़े को भी खुशी होगी।'' श्रीनिवास ने कोई जवाब नहीं दिया। सम्पत कुछ देर तक चित्र को देखता रहा, फिर एकदम बोला, ''अरे, यह चेहरा तो पहचाना-सा लगता है, एक मिनट रुकना।'' यह कहकर वह दौड़कर नीचे गया, और एक एलबम बगल में दबाकर वापस लौटा। उसे सामने मेज़ पर रखकर पन्ने पलटने शुरू किए और एक लड़की के फोटो पर

आकर रुक गया। उसके नीचे लिखा था– अर्ज़ी संख्या 345, मद्रास, नाम–शान्ति। श्रीनिवास ने भी उस पर नज़र डालकर कहा, "हाँ, लगती तो उसी जैसी है। इसका पता होगा तुम्हारे पास?"

"हाँ, है। हम उसे बुला भी सकते हैं। मुझे इसका चेहरा पार्वती के उपयुक्त लगा।" यह कहकर सम्पत ने उसे फिर ध्यान से देखा, और बोला, "मैं इसे तार दे देता हूँ।" फिर कहा, "इसका माइक और कैमरा टेस्ट ले लेना चाहिए, वह ठीक हो तो उसे चुना जा सकता है। हम उसे स्टार बना देंगे।" श्रीनिवास यह सुनकर खुश हुआ। "इसका मतलब है कि रवि की समस्या हल हो जाएगी। वह कितना खुश होगा। चलो, उसे बता दें।" लेकिन सम्पत ने मना किया, "अभी रुक जाओ, जल्दी मत करो। यह कोई और भी हो सकती है या इसे कोई समस्या हो सकती है। मेरा ख्याल है, हमें अभी इन्तज़ार करना चाहिए।"

"मुझे तो नहीं लगता कि इससे कुछ नुकसान होगा। रवि सिर्फ उसकी शक्ल भर देखना चाहता है, इससे उसका दिमाग़ हलका हो जाएगा और वह काम ठीक से करने लगेगा।" लेकिन सम्पत इसके लिए तैयार नहीं हुआ। उसने एलबम बन्द करके बगल में दबाया और नीचे जाने को हुआ। दरवाज़े पर क्षण भर रुककर बोला, "नहीं, एडिटर साब, अभी उसे कुछ मत बताना। स्टूडियो का मामला है यह, इससे बचकर रहना ही सही है। हमें सावधान रहना चाहिए। सोमू कुछ झक्की किस्म का आदमी है, वह कुछ और भी समझ सकता है।" वह इस तरह की बहुत सी बातें कहता रहा, और जब भी वह सोमू का नाम लेता, श्रीनिवास को लगता कि पता नहीं, क्या खास बात है। अन्त में उसने इस पर सोचना ही छोड़ दिया।

श्रीनिवास ने जैसे ही घोषित किया कि उसका लिखने का काम पूरा हो गया है, उसी दिन कहानी की कान्फ़रेंस हुई। सोमू खुशी से पागल हो रहा था, और सम्पत आगे की तैयारी में जुट गया। डी मेलो ने कहा, "सर, स्टूडियो का असली काम तो अब शुरू होगा।" उसने बाँहें ऊपर कीं, एक सिगरेट सुलगाई और उसके हरे डिब्बे पर थाप देने लगा। श्रीनिवास की मेज़ के इर्द-गिर्द बैठकर वे कहानी सुनने लगे। "पहला दृश्य–कैलाश पर्वत, पृष्ठभूमि में पहाड़ों की चोटियाँ, उन पर पड़ी बर्फ मल्टी कलर में चमकती हुई–" डी मेलो ने बीच में ही टोका, "यह सब बताने की ज़रूरत नहीं है, यह सब कला विभाग का काम है, सिर्फ स्थान का नाम बताइए।"

"आगे पढ़िए, मि. श्रीनिवास," सोमू ने आग्रह किया, जो ध्यान से सुन रहा था। वह इस समय श्रीनिवास की हर बात मान लेने को तैयार था; वह इस बात

से बहुत प्रभावित नज़र आ रहा था कि उसने कहानी पर फुलस्केप के पूरे सौ पृष्ठ लिख डाले हैं। लेकिन वह इस प्रशंसा को सौ फीसदी स्वीकारने के लिए भी तैयार नहीं था। वह बोला, "लिखने के लिए बहुत धीरज की ज़रूरत है। आपको बैठकर पन्ने पर पन्ने लिखने पड़ते हैं—यह काम हम व्यापारी लोग तो कर ही नहीं सकते। इसलिए जनाब, हमें आप जैसे बुद्धिजीवियों की ज़रूरत होती है।" वह इस तरह कह रहा था जैसे किसी अभिनंदन पत्र को पढ़ रहा हो। सम्पत ने उसे रोककर कहा, "कहानी पढ़ना जारी रखा जाए।" डी मेलो ने सिगरेट का ठूँठ ज़मीन पर डालकर उसे जूते से रगड़ा। हवा में तम्बाकू की गंध भर रही थी। श्रीनिवास ने आगे पढ़ा, "दूसरा दृश्य—पार्वती, एक बहुत सुन्दर स्त्री, उसके साथ कुछ स्त्रियाँ।" डी मेलो ने फिर टोका, "इसके लिए हमें बढ़िया ऐक्ट्रस तय करनी होगी।" सोमू यह सुनकर परेशान-सा लगा। उसने सम्पत की ओर देखकर पूछा, "हाँ, इसके बारे में आपका क्या कहना है?"

"हॉलीवुड में हम तब तक कहानी को हाथ नहीं लगाते, जब तक मुख्य अभिनेत्री का फैसला न कर लिया जाए।"

श्रीनिवास बोला, "यह हॉलीवुड नहीं है। इसलिए हमें रोल करने के लिए एक्टरों की तलाश करनी होगी।"

"लेकिन यह सही नहीं है। फिल्मों में स्टार ही कमाई की कुंजी है। बाकी सब चीज़ें गौण हैं।" सम्पत ने बात सम्भालने के लिए कहा, "अगर बने बनाए स्टार नहीं मिलते, तो स्टार हम बनाएँगे।" यह बात कान्फ़रेंस के हर सदस्य को पसन्द आई, और सोमू तथा डी मेलो ने एक साथ कहा, "सम्पत, यह अच्छा पाइंट है। हम अपने स्टार खुद बनाएँगे।" श्रीनिवास को लगा कि अब ये लोग इस जुमले को हमेशा दोहराते रहेंगे। उसे यह सोचकर झुनझुनी-सी हुई कि इसका उन्होंने गाना ही बना लिया है : "स्टार-स्टार-स्टार; हम बनाएँगे अपने स्टार!" लेकिन उसे यह सोचकर सन्तोष भी हुआ कि बातचीत कॉन्फ़रेंस के ही ढंग से चलने लगी है। कान्फ़रेंस का मूलमन्त्र ही यह है कि एक व्यक्ति एक बात कहे, दूसरा एक दूसरी बात कहे, और तीसरा उन बातों को जोड़कर एक ऐसा पक्का मुहावरा बना दें, जिसे फूल की तरह शान से कोट के कालर पर लगाया जा सके। दुनिया भर में कान्फ़रेंस का यह सुस्वीकृत विधान था और इसका वह विरोध नहीं कर सकता था। इसलिए, यद्यपि बार-बार उसके साथ टोटा टाकी की जा रही थी, उसने इस पर आपप्ति नहीं की और पढ़ना जारी रखा। उसे लगा कि अपने बचपन के दिनों में उसने एक ईसाई धर्म-प्रचारक का सड़क के कोने पर जो भाषण सुना था, जिसमें वह शोरशराबे, टोका टाकी, विरोधी नारों और हू-हा के बीच बराबर अपनी बात शान्ति से कहता-समझाता रहा, उसका

वह इस समय अनुकरण कर रहा है। श्रीनिवास ने एक घासवाले को अपना बोझा ही उसपर फेंकते हुए देखा था, लेकिन उसने अपने उपदेश देना बन्द नहीं किया। इस समय अपने कार्य में उसी प्रकार की निष्ठा की ज़रूरत थी। श्रीनिवास एक के बाद दूसरा दृश्य प्रस्तुत करता रहा, उनके विवरण, ऐक्शन और डायलॉग बोलता-सुनाता रहा, और इस लगातार वर्णन के जादू में आखिरकार सब चुप हो गए। फिर जब कमरे में अँधेरा घिरने लगा, नीचे के घरों से लोगों की आवाज़ें सुनाई देने लगीं, तो वह स्वयं अपने शब्दों की माया में खोने लगा, और सामने बैठे श्रोता उसे छायाओं की तरह दिखाई देने लगे। डी मेलो की सिगरेट का धुआँ भी ऊपर लगे जालों में जाकर ठहर गया। श्रीनिवास अपनी कल्पना के नशे में पढ़ता ही गया, हालांकि वह यह नहीं तय कर पा रहा था कि सामने बैठे लोग सुख के सागर में मग्न हैं या सो गए हैं। अँधेरे के कारण उसे पढ़ने में कठिनाई हो रही थी, लेकिन वह रोशनी जलाने से डर रहा था, क्योंकि कहीं लोगों का ध्यान न भंग हो जाए और वे फिर बातें करना न शुरू कर दें।

6

दूसरी महत्त्वपूर्ण घटना थी उद्‌घाटन समारोह की। शहर से एक विशेष बस नदी-पार स्टूडियो के लिए चलाई गई। बस पर चारों तरफ़ बड़े-बड़े अक्षरों में लिखा था, 'सनराइज़ पिक्चर्स' और रंगीन साइनबोर्डों पर फिल्म का नाम 'काम-दहन—उद्‌घाटन समारोह' लिखा हुआ था। यह धीरे-धीरे मार्केट रोड पर चली और जिसके भी पास जलसे का निमन्त्रण पत्र होता, वह बस को रोककर उस पर चढ़ सकता था। निमन्त्रण-पत्र मोटे खुरदरे कागज़ पर सुनहरी रंग बुरक कर छापा गया था, उस पर भारत-माता का स्त्रीनुमा नक्शा बना हुआ था, जिसके पैरों में फूल चढ़ाती एक सुन्दरी झुकी हुई थी—फूलों से 'काम-दहन' शब्द बनता था। इसका अर्थ था कि सुन्दरी 'सनराइज़ पिक्चर्स' का प्रतीक है।

श्रीनिवास ने सम्पत से पूछा, "यह आपका आइडिया लगता है"—वह कई दिन तक बिना खाये-पिये इस काम में लगा रहा था। सम्पत ने सावधान रहकर जवाब दिया, "यह अच्छा नहीं लग रहा?" श्रीनिवास ने सोचा कि सही जवाब दे या चुप रह जाए। उसने बीच का रास्ता अपनाया और पूछा, "दूसरे लोग क्या कहते हैं?"

"सब कहते हैं कि बहुत अच्छा लग रहा है। सोमू तो खुशी से पागल हो उठा। हमारे लड़कों ने बनाया है—इसमें देश भक्ति का भाव दिखाया गया है, और कोशिश की गई है कि देश की अच्छी-से-अच्छी सेवा की जाए, या ऐसी ही कोई बात।"

"लेकिन यह विचार किसका है?" लेकिन सम्पत को इस तरह सवाल किया जाना पसन्द नहीं आया, और विषय बदलकर उसने छपाई की चर्चा शुरू कर दी। "समय पर तैयार कर पाना बहुत मुश्किल हो गया मेरे लिए, लेकिन मुझे कोई धोखा नहीं दे सकता। मैं भी जमकर बैठ गया और छपवाकर ही माना।" श्रीनिवास मन में इस बात का मज़ा लेता रहा कि सम्पत को प्रेसवालों से कितनी परेशानी हुई। "मैं तीन रात से घर नहीं गया हूँ। मैंने ब्राउन प्रेस में खुद मशीन चलाई। कितना

बुरा हुआ कि अपना प्रेस बन्द हो गया।'' यह कहकर उसने एक लम्बी साँस ली। ''खैर, फ़िक्र की कोई बात नहीं है। हमारा बहुत जल्द बहुत बड़ा प्रेस खड़ा हो जाएगा।'' उसे प्रेस के खत्म होने का काफ़ी दुख हो रहा था, इसलिए श्रीनिवास ने बात बदल दी और पूछा, ''कितने लोगों को निमन्त्रित किया है?''

''करीब एक हज़ार,'' सम्पत ने खुश होकर कहा। ''ऐसा जलसा शहर में पहले कभी नहीं हुआ होगा।''

बस नल्लप्पा की झाड़ियों की ओर मुड़ी, वहीं से जलसे के झंडे हवा में उड़ते हुए दिखाई देने लगे, जो दुनिया के सभी देशों के झंडे मिलाकर बनाए गए थे, जिनमें चीन, स्कैंडिनेविया और नीदरलैंड्स के झंडे भी शामिल थे। पियर्स एनसाइक्लोपीडिया की मदद से इन्हें पहचाना जा सकता था। ये म्युनिसिपल कौंसिल के खजाने में खास सँभालकर रखे जाते थे, किसी को पता नहीं था कि इन्हें कैसे इकट्ठा किया गया था, लेकिन इन्हें सभी किस्म के सरकारी या प्राइवेट उत्सवों पर फहराने के लिए उन्हें बड़ी उदारता से दे दिया जाता था। इसके अलावा कोई भी मीटिंग तब तक सफल नहीं मानी जाती थी, जब तक उनमें इन्हें फहराया नहीं जाता था, इनमें कई जहाज़ों वगैरह के प्रतीक भी शमिल थे।

दर्शकों के विशाल समूह को एक नम्बर के स्टूडियो में ले जाया गया, जहाँ मोड़कर रखी जानेवाली सैंकड़ों कुर्सियाँ रखी हुई थीं। उद्घाटन का समय 4.20 बजे निश्चित किया गया था, क्योंकि 4.30 बजे से दिन का अशुभ काल शुरू हो जाता था। ज़िला जज को अध्यक्षता करनी थी, परन्तु वे अभी तक पहुँचे नहीं थे। आयोजक लोग बेचैनी से उनका इन्तज़ार कर रहे थे और दर्जनभर बार दौड़-दौड़कर दरवाज़े तक आ-जा चुके थे। सम्पत ने बेहद परेशान सोमू को माइक पर ले जाकर शान्त किया और घोषणा की, ''भाइयो और बहनो, कार्यक्रम के अध्यक्ष महोदय किसी आवश्यक कार्य के कारण अभी तक नहीं आ सके हैं, लेकिन वे अतिशीघ्र पधार रहे हैं। परन्तु शुभ मुहूर्त न गुज़र जाए इसलिए उद्घाटन कार्यक्रम का आरम्भ किया जा रहा है।'' यह कहकर वह स्वयं तिपाए पर रखे कैमरे के पास जा पहुँचा और बोला, ''रेडी?'' और उसका स्विच दबा दिया। रोशनी एक बोर्ड की तरफ घुमाकर ले जाई गई जिस पर लिखा था : ''सनराइज़ पिक्चर्स अत्यन्त प्रसन्नता और गर्वपूर्वक अपनी पहली फिल्म 'काम-दहन' प्रस्तुत करता है।'' इसका क़रीब सौ फ़ीट तक शॉट लिया गया और डी मेलो ने ज़ोर से कहा, ''कट''। आज वह काले रंग का सूट पहनकर आया था, मूँछों पर चुपड़ा तेल दूर से चमक रहा था। इस तरह उन्होंने शुभ मुहूर्त पर कार्यक्रम आरम्भ कर दिया, हालांकि अध्यक्ष महोदय की शानदार कुर्सी खाली पड़ी रही।

ज्योतिषियों की एक समिति ने आपस में सलाह-मशवरा और ग्रह-नक्षत्रों की गणना करके कार्यक्रम का आरम्भ करने के लिए आज का दिन और यह समय निश्चित किया था। इसके लिए उन्होंने काफ़ी समय लगाया था, क्योंकि सोमू के अनुसार "इस तरह के कार्यों में कोई ख़तरा मोल नहीं लिया जा सकता। ग्रहों की स्थिति सभी दृष्टियों से सही और लाभदायक होना आवश्यक है।" यह तिथि और काल निकालने वाले प्रत्येक ब्राह्मण को उसने प्लेट में रखकर तीन-तीन रुपये और एक-एक नारियल भेंट में दिया था। यही ब्राह्मण आज के कार्यक्रम में पुरोहित का कार्य कर रहे थे। ये शिवजी की एक मूर्ति और सोमू के कुलगुरु का चित्र भी लाए थे। जिन्हें सामने मंच पर फूलों से ढककर रख दिया गया था। ब्राह्मण पुरोहित इनके समक्ष माथे पर बड़े-बड़े तिलक लगाए और कंधे पर अँगोछा डालकर बैठे हुए थे। वे गले में रुद्राक्ष की मालाएँ डाले मन्त्रों का सस्वर उच्चारण कर रहे थे। उनके सामने नारियल, कपूर और देवताओं को चढ़ाई जानेवाली विविध सामग्री से भरी थालियाँ सजाकर रखी गई थीं। निश्चित मुहूर्त से कुछ पहले वे उठे, थालियों में रखा कपूर जलाया और घंटी बजाते हुए देवताओं के चारों ओर लौ को घुमा-घुमाकर आरती की। फिर कैमरे के पास पहुँचकर उसे चन्दन का तिलक लगाया और उस पर फूल डाले। फिर ज़ोर-ज़ोर से प्रार्थना करने लगे। कैमरे को इस तरह हिलाते-डुलाते देखकर डी मेलो चिन्तित हो उठा और उसकी इच्छा हुई कि ज़ोर से चिल्लाकर कहे, "यह मिशेल कैमरा है...प्लीज़...इसकी कीमत 40 हज़ार रुपये है," लेकिन वह कुछ सोचकर चुप रह गया क्योंकि उसने बाद में बताया : 'इस देश में लोगों की धार्मिक भावनाएँ बड़ी प्रबल होती हैं...ज़रा सी छींक से ही सारी बात बिगड़ जाती है, इसलिए चुप बने रहना ही ज़्यादा अच्छा है।" पुरोहितों ने आरती-पूजा खत्म करने के बाद उसे एक फूल उठाकर दिया, हालाँकि वह समझ नहीं सका कि इसका क्या करे, इसलिए उसने उसे अपनी नाक और आँखों से छुआ लिया; फिर इसके बाद उन्होंने एक चुटकी राख और सिन्दूर पकड़ाया, और यह भी उसे परेशान करने लगा, लेकिन दूसरों की देखादेखी उसने भी इसे अपने माथे से मल लिया। वह इस कार्यवाही से काफ़ी प्रभावित नज़र आ रहा था। यह दृश्य बहुत मनोरंजक था, काले रंग का हॉलीवुड स्टाइल में सिला सूट पहने डी मेलो और उसके माथे पर सिन्दूर तथा भभूत। श्रीनिवास ने मन में सोचा, "यह सब ठीक ही है। ये लोग एक नया धर्म ही शुरू कर रहे हैं, जिसका देवता पुष्प-चन्दन से चमकता कैमरा ही है, और उसकी ही इसमें पूजा भी की जाएगी।" उसे यह खेतों में की जाने वाली नई फ़सल की पूजा जैसा ही लगा। सोमू और इन सब लोगों के लिए इस समय ईश्वर उस शक्ति की ही तरह है जो उन्हें धन का लाभ या हानि ही प्रदान करेगी, और इन लोगों ने जो ज़िम्मेदारियाँ उठाई हुई हैं,

उनकी सफलता के लिए इस देवता को अप्रसन्न नहीं किया जा सकता। और चूँकि डी मेलो इस नये धार्मिक समुदाय का नेता था, इसलिए उसे भी इसके सामने झुकना अनिवार्य ही था। श्रीनिवास सोचने लगा कि काश, उसका 'झंडा' प्रकाशित हो रहा होता, तो वह उसमें "कैमरे का लेंस ही ईश्वर है" शीर्षक से कितना अच्छा लेख लिखता।

इस सारे कार्य को पाँच सौ से ज़्यादा लोग आश्चर्य से मुँह फाड़े देख रहे थे। अचानक वहाँ हलचल हुई; "अध्यक्षजी आ गए हैं," कहकर सोमू बड़े उत्साह से उनका स्वागत करने के लिए बाहर की तरफ़ दौड़ा। दर्शकों में खलखली मच गई, सब गर्दनें उचका-उचकाकर उन्हें देखने की कोशिश करने लगे। हालांकि वे उन्हें रोज़ ही देखते थे, लेकिन इस समय फिल्म के उत्सव में अध्यक्ष के नाते उन्हें देखने का चाव एकदम अलग था। काले रंग का एक तगड़ा सा आदमी, आँखों पर धूप का काला चश्मा लगाए, और लोगों की तरफ देखते हुए आगे बढ़ रहा था। वह ज़ोर से कह रहा था, "माफ़ कीजिएगा। कचहरी के काम में देर हो गई। क्या सब खत्म हो गया।" आयोजक उसे मंच की तरफ ले गए और कुर्सी पर बिठा दिया। उसने जेब से निमन्त्रण-पत्र निकाला और कार्यक्रम का हिस्सा पढ़ने लगा। फिर उसने फूलों से ढके कैमरे और ब्राह्मणों को देखा और पूछा, "क्या यही पहला दृश्य है, जिसे आप शूट करेंगे?" सम्पत ने अध्यक्ष को स्थिति बताई, क्षमा माँगी, उन्हें माला पहनाई, और गुलदस्ता भेंट किया। श्रीनिवास सोच रहा था, "ये लोग इसी एक आदमी की क्यों इतनी सेवा कर रहे हैं? यह कार्यक्रम फिल्म शुरू करने के लिए है या इसे खुश करने के लिए?" जिस ढंग से यह कार्यक्रम आगे बढ़ रहा था, वह उसे काफ़ी अद्भुत लगने लगा था। वह स्टूडियो के एक कोने में उलटे पड़े लकड़ी के बक्स पर बैठ गया और तमाशा देखने लगा। अब वे अध्यक्ष को माइक्रोफोन के सामने ले गए। गुलाब के फूलों की माला पहने उसने कहना शुरू किया, "भाइयो और बहनो, मैं फिल्मों के बारे में कुछ नहीं जानता, मैं कचहरी के काम की वजह से वक्त पर नहीं आ सका, और शुरू के कार्यक्रम में शरीक नहीं हो सका। मैं फिल्में बहुत कम देखता हूँ, बस, जब कभी छोटी बेटी या बेटा ज़िद करता है, तो उन्हें दिखाने ले जाता हूँ।" यह कहकर वह मुस्कराया कि कितनी मधुर बात कही। इस तरह वह करीब घंटे भर तक बोलता रहा, और श्रोता लोग आँखें बन्द करके सीटों में घुसे जाने लगे। इसके बाद उन्होंने उपदेश देना शुरू किया कि अच्छी फिल्में कैसे बनानी चाहिए। "मैं देखता हूँ कि ज़्यादातर फिल्में धार्मिक और पौराणिक विषयों पर बनाई जा रही हैं। इन सबको एकदम तिलांजलि दे देनी चाहिए। फिल्मों का उद्देश्य शिक्षा प्रदान करना है। हमें गाँववालों को बताना चाहिए कि वे कैसे ज़िन्दगी बिताएँ, कैसे

सफ़ाई-सुथराई से रहें, किस तरह कर्ज़ देनेवालों के जाल से बचें, और इस तरह की बातें। फिल्मों को कहानी दिखाने के साथ-साथ कुछ सन्देश भी देना चाहिए। जनता अज्ञानी होती है, उसके लिए यह ज़रूरी है। किसानी और ज़मीन की देखभाल की समस्याएँ हैं—इनके बारे में बताना चाहिए। ऐसा कुछ भी नहीं है जिसे शामिल न किया जा सके—बस आपके मन में यह भावना होनी चाहिए कि हमें लोगों की सेवा करनी है। कहा जाता है कि फिल्म ज्ञान का सबसे अच्छा साधन है, लोग फिल्में पसन्द भी करते हैं, इसलिए हमें ऐसी फिल्में देखनी चाहिए जिनसे हमें कुछ प्राप्त भी हो। आप लोग देवी-देवताओं और राक्षसों को हमेशा बहुत महत्त्व देते आए हैं। मेरा ख्याल है कि अब हमें ऐसी सब फिल्मों का बायकाट करने का व्रत लेना चाहिए और आधुनिक विषयों पर फिल्में बनानी चाहिए।'' इस समय किसी ने उसे धीरे से टोका। सब लोग बड़ी देर से उसका गला दबाने का विचार कर रहे थे, लेकिन ज़िला जज को रोकना आसान काम नहीं था, विशेषकर इस स्थिति में जहाँ वह अध्यक्ष भी हो। अब सोमू और सम्पत उसके दोनों ओर खड़े होकर काफ़ी देर तक दबी जबान में बातचीत करते रहे, जिसके बाद उसने कहा, ''मुझे खेद है कि मैंने...,'' इसके साथ वह जेब में पड़ा निमन्त्रण निकालने में लगा रहा, फिर उसे देखकर बोला, ''जी, मुझे खेद है कि मैंने फिल्म का विषय नहीं पढ़ा। मेरे परम मित्र सोमू बताते हैं कि यह पौराणिक विषय है। हम जानते हैं कि हमारे पुराण ज्ञान और आध्यात्मिकता के भंडार हैं। उनमें जो सन्देश दिए गए हैं वे सनातन हैं और प्राचीन काल की तरह वर्तमान युग में भी उतने ही महत्त्वपूर्ण और मूल्यवान हैं। ये हर उम्र, हर जाति और हर व्यक्ति, स्त्री और पुरुष सभी के लिए समान रूप से अनुकरणीय हैं और रहेंगे। उनका सही ढंग से पालन किया जाना चाहिए। भारत को ये पाठ सारी दुनिया को पढ़ाने हैं। हमें उन्हें अपनी प्राचीन संस्कृति, सभ्यता और ज्ञान का परिचय देना चाहिए। हमारा जिला जिसमें इतनी सुन्दर नदी बहती है और जो जंगल और पहाड़ों से भरा हुआ है, बहुत भाग्यशाली है कि उसे ऐसे कर्मठ नेता प्राप्त हुए हैं। मुझे विश्वास है कि बहुत शीघ्र यह सारे भारत का प्रेरणा-केन्द्र बन जाएगा इसे देश का हॉलीवुड कहा जाने लगेगा।'' इस शब्द के इस्तेमाल पर डी मेलो ने तालियाँ बजाईं और ज़ोर से कहा, ''हियर, हियर!'' और इस संकेत पर सारी सभा ने तालियाँ बजाना आरम्भ कर दिया। अध्यक्ष जी अपनी सीट पर आकर बैठने लगे, लेकिन तुरन्त मुड़कर माइक्रोफोन पर वापस लौटे और बोले, ''मुझे खेद है कि मैं फिर भूल गया। मुझे यह घोषणा करने को कहा गया है कि अब आपके सामने प्रतिभाशाली युवा कलाकारों द्वारा नृत्य का कार्यक्रम प्रस्तुत किया जाएगा।'' तुरन्त स्टूडियो के कुछ नए कलाकारों ने मंच पर आकर आर्केस्ट्रा के साथ नृत्य करना आरम्भ कर दिया। इसके बाद अध्यक्ष

जी को अपने बीच खड़ा करके चार विभिन्न दिशाओं से इनके फोटो लिए गए। इसके बाद कई टोकरियाँ लाई गई जिनमें कागज़ की थैलियों में नारियल और मिठाइयाँ रखी थीं, इन्हें सब दर्शकों में वितरित किया गया। सम्पत ने माइक पर जाकर अध्यक्ष और जनता को धन्यवाद दिया।

जब सब लोग बाहर निकल रहे थे, तीसरी पंक्ति में श्रीनिवास को एक परिचित चेहरा दिखाई दिया। यह उसका बूढ़ा मकान-मालिक था, जो एक बदरंग पगड़ी सिर पर बाँधे, नाक पर चश्मा चढ़ाए और काले अलपाका का कोट पहने, (जो घिस-घिसकर हरा पड़ गया था,) उसकी ओर देख रहा था। श्रीनिवास दौड़कर उसके पास जा पहुँचा और ताज्जुब से बोला, "आप भी यहाँ?" बूढ़ा अपना दंत-विहीन मुँह खोलकर मुस्कराया। बोला, "तीस सालों में पहली दफ़ा इतनी दूर आया हूँ। सम्पत मुझे कभी अकेला नहीं छोड़ता। उसने "मेरे लिए कार भेजी। तुम्हारा कलाकार दोस्त कहाँ है? मेरा ख्याल था कि वह भी यहाँ होगा।"

"रवि? वह दफ़्तर में होगा। उसे ऐसे जलसे पसन्द नहीं हैं।" बूढ़े की नज़र सम्पत पर पड़ी तो उसने ज़ोर से उसे आवाज़ लगाई। श्रीनिवास वहाँ से हट गया, वह दोनों के सामने आना नहीं चाहता था, क्योंकि उसने सोचा कि शायद सम्पत इस मौके का फायदा उठाकर उससे चेक वसूलने की कोशिश करे।

श्रीनिवास फिल्म की स्क्रिप्ट को अन्तिम रूप देने में व्यस्त था। सवेरे नौ बजे से लेकर रात के नौ बजे तक वह लगातार अपनी सीट पर जमा इस पर काम करता रहता था। रवि भी, जब कभी उसे अपने काम से ज़रा सी भी फुर्सत मिलती, उससे मिलने ऊपर आता, लेकिन वह भी उसे बेहद व्यस्त देखकर दरवाज़े पर इन्तज़ार करके चुपचाप वापस लौट जाता था। श्रीनिवास जैसे पागल की तरह काम में लगा था। वह अपने हिस्से का काम पूरा करने को बेतरह उत्सुक था, हालांकि कभी-कभी उसके मन के एक कोने में यह सवाल उठता कि पता नहीं, इसे ये लोग कितना स्वीकार करेंगे, लेकिन वह इस सन्देह को दृढ़ता से पीछे ढकेल देता, और स्वयं से कहता, "यह मेरी चिन्ता का विषय नहीं है कि ये लोग मेरे काम का क्या करेंगे।"

सम्पत एक सप्ताह तक गायब रहा, फिर एक शाम वह बहुत उत्साह से भरा अचानक वहाँ आ गया। उस पर एक नज़र डालते ही श्रीनिवास समझ गया कि उसे अपना काम रोकना पड़ेगा। और उसने अपने कागज़ अलग रख दिए। सम्पत बोला, "वह आ गई है।"

"कब?"

''पाँच दिन पहले। हम उसके टेस्ट ले रहे हैं। डी मेलो का कहना है कि वह स्क्रीन के बिलकुल उपयुक्त है। बढ़िया लड़की है!''

''यह वही लड़की है–,'' श्रीनिवास ने स्केच की ओर इशारा करके पूछा। सम्पत यह सुनकर मुस्कराया। उसने स्केच को ध्यान से देखा और बोला, ''कितने ताज्जुब की बात है कि दो लोग एक-दूसरे से कितने ज़्यादा मिल सकते हैं!'' यह कहकर वह ज़ोर से हँसा, जैसे उसने बहुत शानदार मज़ाक किया हो। वह बहुत उत्तेजित हो उठा। फिर बोला, ''हाँ, इस तस्वीर से वह कुछ-कुछ मिलती है, लेकिन दोनों में कई अन्तर भी हैं। दरअसल वह यहाँ पहली दफ़ा आई है। इससे पहले कभी नहीं आई। वह मद्रास में ही पैदा हुई और पली-बढ़ी है।''

''इस वक्त कहाँ है वह?'' श्रीनिवास ने पूछा।

''मैंने उसे माडर्न लॉज में एक कमरा दिला दिया है। ज़रूरत होती तो मैं उसे अपने घर भी रख लेता; दरअसल वह किसी रिश्ते से मेरी सम्बन्धी भी होती है, हालाँकि हम दोनों को इसकी उम्मीद नहीं थी। हमारी पार्वती के रोल की समस्या तो हल हो गई समझो। वह बहुत बढ़िया काम करेगी। मुझे लगता है, उसका भविष्य बहुत उज्ज्वल है। कल हम बाकी अदाकारों का भी फैसला कर लेंगे, इसके बाद रिहर्सल शुरू कर देंगे।''

श्रीनिवास स्टूडियो के रिहर्सल हॉल में मौजूद था। यह पहली मंज़िल पर एक छोटा सा कमरा था, जिसमें कॉयर की चटाई बिछी थी, गुलाबी और काले क्रेटोन के कुछ सोफ़े पड़े थे, और दीवार पर सोमू का एक बड़ा सा चित्र लगा था। उसके सामने की दीवार पर एक चार्ट लगा था जिसमें एक फिल्म का जीवनेतिहास, कहानी की कल्पना से लेकर अंत में थियेटर में दर्शकों तक, अंकित था। ग्यारह बजे रिहर्सल आरम्भ करने का समय निश्चित किया गया था, और श्रीनिवास सवेरे ही बस लेकर वहाँ सबसे पहले पहुँच गया था। वह वहाँ अकेला बैठा सोमू का चित्र और चार्ट देख रहा था। स्टूडियो में हो रहे कामों की आवाज़ों-लोगों की बातचीत, हथौड़ों की चोटें, गाने-बजाने की ध्वनियों-का मिला-जुला शोर उसके कानों में पड़ रहा था। खिड़की से बाहर उसे दूर बहती सरयू नदी दिखाई दे रही थी, सूरज के प्रकाश में चमकती, किनारे पर खड़े पेड़ों की पत्तियों से उसके जल में बनती छोटी-छोटी सायाएँ, उनके पार दूर तक फैला आसमान, और उससे भी आगे दिखाई देता म्युनिसपैलिटी के दफ्तर का ऊँचा-सा बुर्ज़, जो उसे 'झंडा' पत्रिका की याद दिलाता था। पत्रिका का पूरा जीवन मालगुडी म्युनिसपैलिटी के कार्यों तथा उसकी निरन्तर नाकामयाबियों की

आलोचना का ही इतिहास था। उसे प्रेस की चलती मशीन की घड़घड़ और गैली प्रूफ़ों की नमी की जैसे यादें सताने लगी थीं। "अब कब मैं इसे फिर प्रकाशित कर सकूँगा?" उसने स्वयं से पूछा। उसे अपने सब कार्यों में अब एक अर्थ नज़र आने लगा था क्योंकि वर्तमान कठिनाइयों के बावजूद उसे पत्रिका के पुनर्प्रकाशन की सम्भावना दिखाई देती थी। उसने अभी तक सम्पत से यह बात नहीं की थी कि उसके कार्य का उसे कितना भुगतान किया जाएगा। वह शायद इस बारे में बात कर भी नहीं सकता था। उसे हर महीने की दूसरी तारीख को अपनी मेज़ पर डेढ़ सौ रुपये का एक चेक रखा मिल जाता था, जो उसका महीने भर का खर्च चलाने के लिए पर्याप्त था, और जिससे वह सन्तुष्ट भी था। यह कब तक चलता रहेगा, उसे कब तक इसकी उम्मीद करनी चाहिए और क्या इसमें कुछ बढ़ोतरी होगी, इन प्रश्नों पर वह कभी विचार नहीं करता था।

कभी-कभी उसकी पत्नी, सही मूड देखकर उससे प्रश्न भी करती, परन्तु वह यही उत्तर देता था, "तुम्हारी महीने भर की ज़रूरतें तो पूरी हो जाती हैं..."

"हाँ, लेकिन..."

"फिर तुम चिन्ता क्यों करती हो? तुम्हें मान लेना चाहिए कि तुम्हारी सब ज़रूरतें हमेशा पूरी होती रहेंगी। और जब तक तुम ज़्यादा की चाह नहीं करोगी, तब तक खुश रहोगी।"

"लेकिन, लेकिन—"

"हमारी ज़िन्दगी की योजना में इससे ज़्यादा विचार सम्भव नहीं है," वह बीच में बात काट कर बोला। और सचमुच इसी आधार पर उसका कार्य और रोज़मर्रा की ज़िन्दगी चल रही थी। वह सोचने लगा, "अगर 'झंडा' फिर प्रकाशित होने लगता तो मैं ज़्यादा आज़ादी महसूस करता। इस वक्त मैं यह नहीं जानता कि मैं क्या कर रहा हूँ, मैं सम्पत की सहायता कर रहा हूँ या वह मेरी सहायता कर रहा है—यह सारी स्थिति बहुत अस्पष्ट और उलझी हुई है। मेरी ज़िन्दगी की रेखाएँ तभी साफ़ दिखाई देती हैं जब मैं अपनी मेज़ पर बैठा 'झंडा' का काम कर रहा होता हूँ।" अब 'झंडा' के बारे में सोचने का उसके पास काफ़ी समय था। पहली बात उसने यह तय की कि वह रवि को इससे अलग कर लेगा और उसे 'झंडा' के काम में लगाएगा। 'झंडा' अपने अस्तित्व की सफलता तभी सिद्ध कर पाएगा जब वह रवि जैसे आदमी की रक्षा करके दुनिया को अपनी रचनात्मक शक्ति का प्रमाण दे सकेगा... 'झंडा' में वह क्या-क्या परिवर्तन करेगा, इन सब बातों को उसने अपने मस्तिष्क में अंकित कर लिया। अब वह 36 पन्नों की पत्रिका निकालेगा जिसके एक चौथाई में कला, संस्कृति और दर्शन की चर्चा रहेगी। इससे उसे जीवन में स्थिरता लाने

वाले अज्ञात तत्व का शोध करने में सहायता मिलेगी, मौलिक मूल्यों की जानकारी प्राप्त होगी, आत्मज्ञान होगा, जो संसार सागर में थपेड़े खाते मनुष्य को शान्ति प्राप्त करने के लिए पत्थर की चट्टान के समान है; अपनी सत्ता का सौ टाँक सच्चा परिचय प्राप्त होगा जो बढ़ती उम्र के मानसिक सन्देहों, वैचारिक ऊहापोहों और संघर्षों में सभी प्रकार के विषाद से उसे सुरक्षा प्रदान करेगा। उसने सोचा, 'इसके लिए मुझे एक पूरा पन्ना देना चाहिए। यह अकेला पन्ना ही समूचे अंक की केन्द्रीय शिला होगा, इसी पर उसकी सभी गतिविधियों और योजनाओं की समीक्षा की जाएगी; इससे एक परिप्रेक्ष्य भी प्राप्त होगा और अनेक प्रश्नों का उत्तर प्राप्त होगा—यानी कीमियागर की वह कटोरी जिसमें सुवर्ण को जलाकर निकाला जाता है। इस विमर्श को मुझे क्या नाम देना चाहिए? कीमिया? नहीं, यह बहुत स्पष्ट है...'

वह खिड़की के पास कुर्सी घसीट कर ले आया था और बाहर के दृश्य से अभिभूत था, नदी-तट पर बिछी बालू पर लहराती गर्मी की चमक और धीरे-धीरे बहती हवा से उसे अपार शान्ति प्राप्त हो रही थी, समय के बीतने का उसका अहसास ही समाप्त हो गया था। वह सोचने लगा कि यहाँ कोई न आए जिससे वह अपनी योजनाओं पर विचार करता रह सके। लेकिन यह सम्भव नहीं प्रतीत होता था, क्योंकि तभी सीढ़ियों पर किसी के चढ़ने की आवाज़ें सुनाई देने लगीं, और सम्पत तथा उसके साथ नई लड़की ने प्रवेश किया।

"मेरी कज़िन शान्ति से मिलो, ये फिल्म में पार्वती का रोल करेंगीं," सम्पत ने उत्साहपूर्वक कहा। श्रीनिवास अपनी सीट से उठा, ज़रा सा सिर झुकाकर अभिवादन किया, और फिर बैठ गया। उसने देखा कि उसके सामने एक अत्यन्त सुन्दर लड़की खड़ी है, जिसकी लम्बाई आपको न बहुत ज़्यादा लगेगी और न कम, सुडौल शरीर, गुलाबी रंग रूप, तराशी हुई भौंहें और बादाम की तरह आँखें—सब कुछ ऐसा जो पुरुष को, विशेषतः कलाकार को, मंत्र मुग्ध कर दे। श्रीनिवास भी महसूस करने लगा कि उसके ऊपर शान्ति का जादू छाता जा रहा है। उसके पैरों में वेल्वेट के सैंडल थे, टखनों पर झीनी हरे रंग की साड़ी, जिस पर सुनहरा काम था, झूल रही थी; उसके गले में हीरे का एक छोटा-सा सितारा चमक रहा था। लग रहा था कि उसने अपने व्यक्तित्व के एक-एक हिस्से को बड़े ध्यानपूर्वक सँवारा है। श्रीनिवास ने अपने से कहा, "यह एकदम बकवास है कि स्त्री पुरुष को आकर्षित करने के लिए ही अपना शृंगार करती है। यह पुरुष द्वारा अपने को खुश करने के लिए रचा गया विचार है। स्त्री सारा दिन यह सब कार्य इसीलिए करती है क्योंकि यही उसका कर्म है, जैसे पूर्ण चन्द्र अपने प्रकाश को विकीर्ण किए बिना रह नहीं सकता।" उसने पाया कि उसके मन में कविता उत्पन्न हो गई है, वह उसके शरीर पर कसकर पहने

हुए वस्त्र के नीचे उसकी त्वचा तक पहुँचने की कोशिश करने लगा। फिर उसने एकदम अपने को रोका। यह बहुत सामान्य प्रतिक्रिया प्रतीत हो रही थी, फिल्म की कहानी में शिवजी स्वयं अपने को इस स्थिति में पाते हैं, जब गन्ने के धनुष से उन पर निशाना साधा जाता है। पुराण की इस कथा का महत्त्व उसे अब विशेष रूप से अनुभव होने लगा। उसने प्रार्थना की : ''हे देवता, अपनी तीसरी आँख खोलकर मेरे साथ भी कुछ ऐसा ही कर दो।'' उसने स्वयं से कहा, ''मनुष्य ने इस समय तक सौन्दर्य के सामने सही प्रतिक्रिया करना नहीं सीखा है।'' शान्ति, जो अब तक सोफ़े पर सम्पत की बगल में बैठ गई थी, उसने कुछ धीरे से कहा। और सम्पत बोला, ''मेरी कज़िन कह रही है कि आप कुछ विचार मग्न हो गए हैं।'' यह सुनकर शान्ति ने अपनी भौंहें सिकोड़ीं, हलका-सा गुस्सा व्यक्त करते हुए दोनों हाथ ऊपर उठाकर जैसे उसे पीटने का अभिनय किया और धीरे से कहा, ''गलत क्यों बोल रहे हैं? मैंने तो ऐसा कुछ भी नहीं कहा।'' उसने भयभीत-सी नज़रें श्रीनिवास पर डालीं, जो उसके भीतर तक चली गईं। उसने कहा, ''कोई बात नहीं। आपने कहा हो, तो भी मुझे बुरा नहीं लगेगा।'' यह सुनकर उसकी परेशानी खत्म हो गई, और वह मधुरता से बोली, ''मैंने तो सिर्फ़ यही कहा था कि हमने शायद आपको डिस्टर्ब किया है, आप कुछ सोच रहे थे, और ये कहते हैं–'' उसने सम्पत को तेज़ नज़रों से देखा। श्रीनिवास इस चर्चा को खत्म करना चाहता था, इसलिए उसने कहा, ''मैं यहाँ दो घंटे से इन्तज़ार कर रहा हूँ। तुमने कहा था कि रिहर्सल दस बजे शुरू होगी।''

''माफ़ करना, एडिटर साहब!'' सम्पत ने जवाब दिया। ''तो मैं सच बताऊँ? इसकी ज़िम्मेदार हैं–,'' यह कहकर उसने शान्ति की तरफ नज़र घुमाई, तो वह तुरन्त बोली, ''मैं ज़िम्मेदार हूँ? मुझे नहीं पता था।''

''तुमने तैयार होने में पूरे तीन घंटे लगाए हैं–,'' सम्पत ने कहा। श्रीनिवास ने देखा कि दोनों एक-दूसरे से काफ़ी घुलमिल गए हैं। उसने पूछा, ''मैंने सुना है, आप इनकी कज़िन हैं?''

''आपको फ़िल्मों का काफ़ी अनुभव लगता है,'' उसने कहा और तुरन्त ही महसूस किया कि यह बेकार की बात है। उसके जवाब देने से पहले उसने सम्पत से पूछा, ''तुमने इन्हें कहानी बता दी है?'' यह कह कर भी उसे एकदम महसूस हुआ कि यह बात भी उसने बेकार ही कही, क्योंकि यह चिन्ता करना उसका काम नहीं है। लेकिन सम्पत ने इसके जवाब में विस्तार से बताना शुरू किया कि रात-दिन वह उसे कहानी के बारे में, और इसमें उसे जो पार्ट अदा करना है, उसके महत्त्व के बारे में बताता रहा है; और अंत में कहा, ''एडिटर साहब, आपसे मेरा सम्बन्ध बेकार नहीं जाएगा।'' यह कहते हुए सम्पत लड़की की तरफ़ भी तिरछी नज़रें डाल

लेता था, कि उस पर कैसा प्रभाव पड़ रहा है, और श्रीनिवास बिना कुछ बोले चुपचाप उसकी बात सुनता रहा। अंत में उसने कहा, "मैं कितना ज़्यादा बोल गया।"

उसी समय सीढ़ियों पर पैरों की आवाज़ें फिर सुनाई दी, "और पाँच-छह लोग ऊपर आए, उनके पीछे सोमू था। सोमू काफ़ी तेज़ी से घुसा, लेकिन लड़की को देखकर उसके पैर ढीले पड़ गए, उसने मूँछों पर हाथ फेरा, लेकिन फिर भी अव्यवस्थित बना रहा। श्रीनिवास ने अपने से कहा, "अब यह भी फिजूल की ही बातें करेगा, काम की नहीं।" आगन्तुक चारों ओर फैल गए, और सोमू ने एक तगड़े, पेट निकले आदमी की तरफ़ इशारा करके कहा, "ये शिवजी बनेंगे।" उसने सिर हिलाकर इस तरह यह सम्मान स्वीकार किया, जैसे इस क्षण वह सचमुच भगवान बन गया है। उसने खरखरी आवाज़ में कहा, "पिछले बीस सालों में मैंने सौ से ज़्यादा ड्रामों में और बीस फिल्मों में शिवजी का रोल किया है। मैं कोई और रोल नहीं करता क्योंकि मैं शिवजी का भक्त हूँ।"

"आपने इनके बारे में सुना होगा," सम्पत ने आगे कहा। "आप हैं वी. एल.जी... ।" श्रीनिवास ने दिमाग़ पीछे दौड़ाना शुरू किया, कि यह कौन सज्जन हैं, और अचानक उसे याद आया कि तालपुर की कचहरी में, बहुत साल पहले, पोस्टरों पर लिखा होता था : "...फिल्म में वी.एल.जी."—यह ज़्यादातर शिवजी से सम्बन्धित कहानी होती थी। वह चिल्लाकर बोला, "हाँ, हाँ, याद आया, इन्द्रधनुषी रंग के पोस्टरों में...,"—ये रंग उस समय उसके शरीर में झुरझुरी पैदा कर देते थे, आज भी वह उनकी याद करके थरथरा उठा। शिवजी के भक्त को यह सुनकर खुशी हुई और वह बोला, "हाँ, यह 'दक्ष-यज्ञ' का पोस्टर था। मैं हमेशा शिवजी का ही पार्ट करता हूँ, और किसी का नहीं। मैं उनका भक्त हूँ।"

"ये शिवजी की आत्मा में प्रवेश कर जाते हैं," सम्पत ने भी दाद दी। एक्टर ने तीसरी दफ़ा वही बात दोहराई, "मैं हमेशा शिवजी ही बनता हूँ, और कुछ नहीं। मैं उनका भक्त हूँ, काम में भी और फुरसत के समय भी—मैं उन्हीं का ध्यान करता रहता हूँ।" उसके माथे पर भी पवित्र भस्म और चन्दन का टीका लगा हुआ था। श्रीनिवास ने उसे अपनी फिल्म की दृष्टि से ध्यान से परखा, और सोचा, "इसकी आँखें तो सही हैं, लेकिन बाक़ी हिस्सा, जैसी मैंने शिव की कल्पना की है, वैसा नहीं है। मेरे शिव का पेट बढ़ा हुआ नहीं है—कहानी में उसका जो चरित्र दिखाया गया है, जिसमें तप प्रमुख है, उसका यहाँ अभाव है। और ये ढीले-ढाले लटकते हुए ओंठ भी नहीं होने चाहिए, बढ़ती उम्र की ऐसी पट्टियों वाली खाल भी नहीं चलेगी। वैसे पच्चीस सालों से सैंकड़ों-हज़ारों लोगों ने शिवजी की धारणा इन्हीं को देखकर बनाई है। इसी विचार का समर्थन करते हुए सम्पत ने कहा, "जब पोस्टरों पर शिवजी

के रोल में इनका नाम सामने आएगा, तब तो दर्शक एकदम टूट ही पड़ेंगे।'' एक्टर ने अपनी प्रशंसा को स्वीकार करते हुए कहा, ''कितने लोग मुझसे कहते रहे, लेकिन मैंने सबको मना कर दिया, मैंने कहा अब मुझे कुछ आराम चाहिए। लेकिन जब मैंने यह स्टूडियो शुरू होने की बात सुनी तो मैंने तय कर लिया कि इसमें मैं काम करूँगा।'' सोमू ने कृतज्ञता के भाव से उसकी ओर देखा। श्रीनिवास की इच्छा हुई कि उससे कुछ प्रश्न करे और अपने भीतर का यह प्रश्न शान्त करे कि ऐसी क्या बात है जो उसने इस स्टूडियो को यह सम्मान देने का फैसला किया, लेकिन वह यह सोचकर चुप रह गया कि यह एक ऐसा विषय है, जिसका उत्तर कभी प्राप्त नहीं होता। एक्टर ने जेब से एक डिबिया निकाली और उसमें से एक चुटकी तम्बाकू अपने मुँह में रखकर उसे बड़े सन्तोष से चुभलाना शुरू किया। फिर एक पान का पत्ता निकालकर उस पर चूना मला और उसे भी मुँह में डाल लिया। श्रीनिवास समझ गया कि अब वह बातें नहीं करेगा और अकेले ही मज़ा लेना चाहेगा। उसकी आँखें झपकने लगीं और दूसरे लोग भी यह स्थिति समझ गए। उन्होंने उसे अकेला छोड़ दिया और उसकी बगल में ही खड़े एक दुबले से लड़के की तरफ़ मुख़ातिब हुए।

इसका सिर काफ़ी बड़ा, गाल पिचके हुए और बाल लम्बे सिर के पीछे फैले हुए थे। ''ये कामदेव का पार्ट करेंगे,'' सम्पत ने कहा। ''इन्होंने कई फिल्मों में यह रोल किया है।'' श्रीनिवास ने उस पर नज़र डाली। वह सोचने लगा कि इसे कैसे स्वीकार करे। 'मैं इन दोनों भयंकर शक्लों वाले एक्टरों को ये रोल किसी भी तरह नहीं करने दूँगा।' तभी उसके मन में किसी ने कहा, ''ये दोनों पार्ट नहीं करेंगे तो कोई दो और इन्हीं जैसे लोग करेंगे, इसलिए इसकी चिन्ता छोड़ ही दी जाए।'' इसी समय लड़की ने यह कहकर उसके सोच-विचार पर रोक लगा दी कि, ''चार बज रहे हैं। रिहर्सल कब शुरू होगी?''

''बस, कॉफ़ी आ रही है, उसे खत्म करने के बाद...,'' सम्पत ने कहा। साढ़े छह बजे कॉफ़ी खत्म हुई, और सबने सर्वसम्मति से किसी और दिन के लिए रिहर्सल स्थगित कर दी, और प्रसन्न मन वहाँ से विदा हुए।

शरीर नष्ट कामदेव और उसकी पत्नी के वार्तालाप को श्रीनिवास अन्तिम रूप दे रहा था। कामदेव ने कहा, ''मैं यहाँ हूँ। तुम्हें दिखाई नहीं देता?'' पत्नी ने उत्तर दिया, ''दिखाई दो या न दो, तुम मेरे स्वामी हो। तुम मेरे मन में जीवित हो। मैं शिव से प्रार्थना करूँगी कि मुझे भी अदृश्य कर दें।'' श्रीनिवास को लगा कि यह वाक्य ज़रा ज़्यादा ही घना है। ''क्या मैं इसे और स्वाभाविक नहीं बना सकता?''

लेकिन उसके मस्तिष्क के दूसरे भाग ने तर्क किया, ''यह स्थिति ही सहज और प्राकृतिक नहीं है। किसी पत्नी का दुख, जिसका पति इस तरह नष्ट हो गया हो, वही व्यक्ति समझ सकता है, जो स्वयं भी ऐसे ही दुख से गुज़रा हो। अगर मेरी पत्नी अचानक मुझे अदृश्य देखे तो वह क्या कहेगी? यह मुझे उसी से पूछना चाहिए।'' जब वह इस दृश्य पर विचार कर रहा था और किसी निर्णय पर नहीं पहुँच पा रहा था, सम्पत खुश होता हुआ वहाँ आया और कहने लगा कि ''आज तो चमत्कार हो गया।'' श्रीनिवास बोला, ''मैं तुम्हारा चमत्कार बाद में सुनूँगा। पहले यहाँ बैठ जाओ और मेरे सवाल का जवाब दो। मान लो, अचानक तुम अदृश्य हो गए हो, उस समय तुम्हारी भावनाएँ क्या होंगी?'' सम्पत ने कुछ देर सोचा, फिर बोला, ''मैं शायद यह सोचूँगा कि अब, जो कपड़े मैं पहने हूँ, उनकी कोई ज़रूरत नहीं है।'' फिर हँसकर उसने कहा, ''मेरा ख्याल है कि कुल मिलाकर यह फायदे की ही बात होगी।''

''और इस स्थिति में तुम्हारी पत्नी क्या कहेगी?'' श्रीनिवास ने पूछा। सम्पत ने उत्तर दिया, ''अगर वह सामान्य मूड में होगी तो वह रोने लगेगी, और अगर सवेरे दस बजे के मूड में हुई तो कहेगी, ''यह एक और परेशानी खड़ी हो गई। यह ईश्वर ही जानता है कि अदृश्य पति से मैं कैसे निभाऊँगी। लेकिन यह तो बताओ कि तुम हो कहाँ, इस तरह कोने-कोने से मुझे परेशान मत करो।'' ''

''यह दस बजे का मूड क्या है?'' श्रीनिवास ने पूछा।

''रोज़ सवेरे दस बजे उसका गुस्सा आसमान पर होता है—बच्चों को तैयार करके स्कूल भेजना होता है, खरीदारी वगैरह करनी होती है, उस वक्त अगर उसकी नज़र में मेरी कुछ खामी आ जाए, तो उसके दिमाग़ में तमाम तरह के विचार चक्कर लगाने लगते हैं और वह हर चीज़ और बात पर अपना गुस्सा उतारने लगती है। इस वक्त अगर में समझदारी से काम लूँ तो बड़ा ज़बरदस्त विस्फोट हो सकता है।

''बेचारी! तुम्हें उनकी सब परेशानियाँ दूर करनी चाहिए।'' श्रीनिवास कहने लगा, वह पिछले दिन उसके दरवाज़े के पीछे ही रहकर बातचीत और काम करने से बहुत प्रभावित था। उसे लग रहा था कि इन दिनों सम्पत घर बहुत ही कम जाता था, और हर समय स्टूडियो के ही कामों में लगा रहता नज़र आता था। इसलिए उसने विशेष रूप से सम्पत को अपनी पत्नी का ध्यान रखने की वकालत की। कहा, ''मैं ज़रा ज़्यादा ज़ोर देने लगूँ, तो बुरा मत मानना।'' वह उसे पारिवारिक बंधनों तथा ज़िम्मेदारियों के बारे में समझाता रहा, लेकिन उसके दिमाग के एक कोने में यह भी चल रहा था कि उसकी अपनी पत्नी उसकी आदतों के बारे में क्या सोचती होगी। फिर उसे लगा कि सम्पत उसका विरोध न करे, लेकिन इस मामले में वह ज़्यादा समझदार था, वह चुप बना रहा। श्रीनिवास ने भी अपने भाषण का अंत काफ़ी मुलायमियत से किया।

फिर सम्पत ने सवाल किया, "क्या कोई मेरी शिकायत कर रहा था?"

"नहीं, अभी तक तो नहीं की है," श्रीनिवास ने जवाब दिया।

श्रीनिवास महसूस कर रहा था कि वह ज़रा ज़्यादती कर रहा है। इसलिए उसने अपने ऊपर लगाम लगाई। फिर बोला, "अच्छा, यह बताओ कि यह डायलॉग कैसा लगता है?" उसने पूरा दृश्य पढ़कर सुनाया। सम्पत ध्यान से सुनता रहा, फिर बोला, "बहुत प्रभावशाली है। यहाँ एक गाना भी जोड़ दो।" फिर वह जिस काम से आया था, उसकी बात करने लगा, "पता है, तुम्हारा मकान-मालिक पैसा लगाने को तैयार हो गया है।"

"अच्छा, यह तो चमत्कार हुआ। है न?" श्रीनिवास ने कहा।

"शायद...हाँ!" सम्पत बोला।

"तुम सचमुच महान हो," श्रीनिवास ने गर्मजोशी से कहा। "तुम्हारी कुशलता के लिए लोगों को तुम्हारे सामने सिर झुकाना चाहिए।" सम्पत ने हँसते हुए कहा, "अभी रुको। जब तक मैं पैसे की पहली किश्त न वसूल कर लूँ। वह पाँच किश्तों में पेमेंट करेगा। और हर किश्त की अलग रसीद लेगा। हर किश्त का साढ़े बारह ब्याज वह पहले ही काट लेगा, लेकिन रसीद पूरे पैसे की बनाएगा।"

"बाप रे! तुमने इसे मान भी लिया?"

"और कोई रास्ता नहीं था।"

"और तुम उसकी नातिन की शादी का भी इन्तज़ाम करोगे?"

"हाँ, हाँ," यह कहकर सम्पत ने नीचे की तरफ़ इशारा करके कहा, "पता नहीं बूढ़े ने इस लड़के को ही क्यों पसन्द किया है! उसने इससे एक दफ़ा बात भी नहीं की। मुझे कभी इससे मिलकर कुछ करना ही पड़ेगा।" वह रवि के बारे में चिन्तित नज़र आया। "यह तर्क की बात क्यों नहीं सुनेगा! उसे लड़की के साथ पाँच हज़ार रुपये, साढ़े बारह फ़ीसदी ब्याज के साथ, मिल रहे हैं। मेरा ख्याल है, कलाकारों को व्यावहारिक बनने की शिक्षा देनी चाहिए। कल सवेरे हम वकील से मिलने जा रहे हैं, जो पहली किश्त के कागज़ तैयार करेगा और मुझे पैसे मिल जाएँगे। मैं इसके लिए कुछ सोना और घर पर पड़े छोटे-मोटे ज़ेवर भी गिरवी रख रहा हूँ।"

"अपनी पत्नी के?"

"हाँ, शादी के वक्त चाँदी के छोटे-छोटे बहुत से उपहार हमें मिले थे।" यह उसने कुछ बनावटी से हलकेपन से कहा। कुछ क्षण वह सोचता-सा रहा। फिर बोला, "इससे मुझे सोमू की शर्तें मानने में मदद मिलेगी। इसके बाद ही मैं कोई बड़ा सौदा कर सकूँगा। अभी तक रोटरी का कोई इन्तज़ाम नहीं हो पाया है। आपने इस बूढ़े से मुझे मिलाया, इसके लिए मैं बहुत शुक्रगुज़ार हूँ। इसकी मदद से मैंने संस्कृत का

भी काफ़ी ज्ञान प्राप्त कर लिया है। हालांकि उससे अपनी पास-बुक के बारे में बात करना बहुत मुश्किल है, लेकिन किसी भी आध्यात्मिक समस्या पर वह तुरन्त अपना दिल और दिमाग़ खोलकर बताना शुरू कर देता है। उसके पास बैठकर बातें करने में मुझे काफ़ी मज़ा आने लगा है।'' इसके बाद उसने आवाज़ ऊँची करके संस्कृत में एक श्लोक पढ़ना शुरू किया जिसका अर्थ था :

''बचपन खेल में गुज़र गया, जवानी युवती के साथ, बुढ़ापा चिन्ता में, और परमात्मा के साथ ज़रा सा भी वक्त नहीं गुज़ारा।''

''तुम जानते हो, इस श्लोक के वह छह अर्थ बताता है।''

शाम होने लगी थी। श्रीनिवास अपनी मेज़ से उठा और घर जाने लगा। नीचे सम्पत का इन्तज़ार करती कार खड़ी थी। उसने कहा, ''मैं तुम्हें घर छोड़ देता हूँ।''

''मैं पैदल चला जाऊँगा।''

सम्पत अपनी सीट पर बैठ गया। 'बॉय!' उसने आवाज़ लगाई और बटन लगा कोट पहने और सिर पर टोपी लगाए एक लड़का दौड़ा हुआ आया। ''यह दफ्तर का पुराना लड़का है, फिर आ गया है।'' लड़का मुस्कराया और श्रीनिवास ने उसे पहचान लिया कि यही उन दिनों 'झंडा' की प्रतियाँ लादकर लाया-ले जाया करता था। लेकिन अब यह बिलकुल बदल गया था, इसकी लम्बाई एक इंच बढ़ गई थी और सफेद-हरी यूनिफार्म में यह काफ़ी स्मार्ट लग रहा था। सम्पत ने कहा, ''सफेद और हरा हमारे स्टूडियो का रंग है। मैंने अपने पेपरवेट भी इसी रंग के बनाने का निर्देश दिया है।'' लड़का इन्तज़ार करता खड़ा था। ''बॉय, देखना रवि साहब हैं? उनसे पूछो कि हमारे साथ घर चलेंगे?'' बॉय दौड़कर भीतर गया और लौटकर बोला, ''वे अभी नहीं जाएँगे, सर। कह रहे हैं, उन्हें काम है।'' सम्पत बोला, ''यह रवि आज कल बहुत रिज़र्व रहने लगा है। अलग रहता है और काम में डूबा नज़र आता है। मैं सोचता था कि उसे अपने साथ ले जाऊँ और उससे इस लड़की के बारे में बात करूँ। चलो, फिर कभी सही। तुमने देखा, यह लड़का कितना तेज़ हो गया है। मैं जानता था कि यह वापस आ जाएगा। अभी तो यह शुरुआत है। मैं जानता हूँ, मेरे सब कर्मचारी वापस आ जाएँगे। सबको मैं सम्भाल लूँगा। अच्छा, गुड नाइट, सर। मैं घर जाकर बीवी-बच्चों को घुमाने ले जाऊँगा। आपकी सलाह सचमुच दमदार है।'' यह कहकर वह चल पड़ा।

श्रीनिवास एन्डरसन लेन पहुँचा, तो उसे वहाँ बहुत भीड़ दिखाई दी। बहुत से लोग इधर-उधर आ-जा रहे थे। बहुत से ग्रुप बनाए खड़े थे और चिन्तित दिखाई दे रहे थे। लेकिन श्रीनिवास अपने विचारों में ही खोया था। उसने इस पर ध्यान नहीं दिया। एन्डरसन लेन के निवासियों की आदत थी कि कई दफ़ा शाम के समय किसी-न-किसी बात पर उत्तेजित हो उठते थे, लेकिन आज श्रीनिवास ने देखा कि दूसरी गलियों के लोग भी इकट्ठे हो गए हैं, इसलिए वह रुककर सोचने लगा कि ''क्या बात है।'' उसने देखा कि एक जगह जहाँ उसके मकान-मालिक का कमरा था, वहाँ बहुत ज़्यादा भीड़ जमा है। लड़के उत्तेजित से आपस में बात कर रहे थे, और बहुत से बूढ़े, औरतें, विद्यार्थी और युवा उस कमरे की तरफ़ टकटकी लगाकर देख रहे थे। 'क्या बात है?' उसने एक लड़के से पूछा। तीन-चार लड़के और एक बड़ी उम्र का आदमी फ़ौरन उसके इर्द-गिर्द जमा हो गए, और सब एक साथ कुछ कहने लगे। लड़के ने समझाते हुए कहा, ''हम इस गली में क्रिकेट खेल रहे थे। रोज़ ही खेलते हैं यहाँ, हमारी टीम का नाम रोगल है, और आज चैम्पियन्स इलेविन के साथ हमारा मैच था...।'' वह बड़ी तीखी आवाज़ में बोल रहा था, लेकिन एक उससे भी तीखी आवाज़ उस पर हावी हो गई : ''लेकिन हम मैच पूरा नहीं खेल पाए। आज आधा भी नहीं हो सका। इसे हम ड्रॉ नहीं मानेंगे...'' यह वाक्य पूरा होने से पहले ही एक और आवाज़ कहने लगी, ''बॉल खिड़की के भीतर चली गई।'' सबने एक-दूसरे पर शर्मिन्दगी की नज़र डाली और अपने हाथों के बल्ले नीचे कर लिए। ''वो दादाजी मर गए।'' ''कौन से दादाजी?'' लड़कों ने बूढ़े की खिड़की की तरफ़ इशारा किया। श्रीनिवास यह सुनकर उस तरफ़ दौड़ा। वहाँ एक सिपाही तैनात था। वह किसी को भीतर नहीं जाने दे रहा था। श्रीनिवास भीड़ को धकेलता वहाँ तक पहुँचा। भीड़ उसे ध्यान से देखने लगी। उसने किसी को कहते सुना, ''यह उनका बेटा है।'' दूसरी आवाज़ आई, ''बेटा हो ही नहीं सकता। उसके कोई बेटा नहीं था।'' लेकिन श्रीनिवास उनकी बातों को अनसुना करके आगे बढ़ता गया। सिपाही ने उसका रास्ता रोका। लोग ध्यान से देखने लगे कि क्या होता है। सिपाही बोला, ''पीछे हटो।'' उसका चेहरा बोरियत से भरा था। श्रीनिवास समझ नहीं पा रहा था कि क्या करे। उसने कहा, ''हवलदार साहब, मुझे उन्हें देखने दीजिए।''

''इन्सपेक्टर साहब का हुक्म है कि किसी को उनके पास जाने न दिया जाए।''

''लेकिन मुझे जाने दीजिए। मैं पाँच मिनट से ज़्यादा नहीं लूँगा। उनके आखिरी दर्शन करना चाहता हूँ। आप मेरी जगह होते तो क्या करते?'' उसकी इस बात में इतनी चिरौरी थी कि सिपाही ने पूछा, ''आप इनके कोई रिश्तेदार हैं?'' श्रीनिवास ने एक क्षण सोचा और कहा, ''हाँ, मैं उनका अकेला भतीजा हूँ। इसी घर में रहता

हूँ। ये मेरे चाचा हैं।'' यह कहने के बाद उसने मन-ही-मन ईश्वर से प्रार्थना की कि इस झूठ के लिए वह उसे माफ़ करे। उसने ईश्वर को समझाया, ''इस भयंकर समय में मैं और क्या कर सकता था?'' सिपाही ने उससे कहा, ''तो यह दूसरी बात है। मैं रिश्तेदारों को हमेशा जाने देता हूँ, कुछ भी क्यों न हो जाए। इन्सपेक्टर साहब ने दो-एक दफ़ा मुझे इसके लिए झाड़ा भी, लेकिन मैंने उनसे साफ़ कह दिया, ''सिपाही भी आदमी होता है, और रिश्तेदारों के लिए...''

श्रीनिवास ने पूरी बात नहीं सुनी। वह आगे बढ़ा और दरवाज़े पर खड़ा हो गया। सिपाही उसके पास पहुँचा और भीड़ भी आगे बढ़ी। सिपाही बोला, ''साब, आप कमरे के भीतर न जाएँ। दरवाज़े पर खड़े होकर देख सकते हैं। और ज़्यादा वक्त न लगाएँ, इन्सपेक्टर साहब लौटते ही होंगे।'' श्रीनिवास ने चौखट पर खड़े होकर भीतर देखा। बूढ़ा ध्यान की मुद्रा में बैठा लग रहा था, उसके हाथ में माला थी। सामने उसकी डिबिया खुली पड़ी थी, जिसमें टीका लगाने की सामग्री थी, और उसका सुपरिचित कपड़ों का बक्सा कोने में रखा था। शाम का अँधेरा घिर आने के कारण चेहरा साफ़ नहीं दिखाई दे रहा था। क्रिकेट की बॉल उसके पैरों के पास पड़ी थी। श्रीनिवास का मन हुआ कि बॉल झपट कर उठा ले और उसे लड़कों को वापस कर दे, लेकिन उसने इस विचार पर अंकुश लगा लिया। एक बेवकूफ़ी का सवाल उसके मन में बार-बार चक्कर काटने लगा, कि ''क्या बूढ़ा सचमुच मर गया है?'' वह सोचने लगा कि हर व्यक्ति से यह सवाल पूछे। वह देर तक उसे देखता रहा, जैसे घंटों बीत गए हों; लेकिन सिपाही ने कहा, ''अभी एक मिनट भी नहीं हुआ है, आप कुछ देर रह सकते हैं।...लेकिन क्या किया जाए, लोग मरते ही रहते हैं, और बूढ़े लोग तो ज़्यादा ही... ।'' श्रीनिवास भीड़ से बाहर निकल आया। लोग उसे ऐसे देख रहे थे जैसे वह कोई हीरो हो! लोग उससे पूछने लगे, ''क्या है, साब...क्या है?'' उसने कोई जवाब नहीं दिया और सीधे अपने घर आकर नल के नीचे बैठ गया, जो इस समय एकदम खाली था, और कुछ देर बाद अपने घर आ गया। अपनी पत्नी से बोला, ''मकान-मालिक की याद में अन्तिम स्नान करके आया हूँ।'' पत्नी ने उसे पूरी कहानी सुनाई, ''लगता है, लोगों ने उसे हमेशा की तरह नल के नीचे नहाते देखा, फिर ग्यारह बजे के करीब वह भीतर चला गया, और इसके बाद बाहर नहीं आया।'' उनका बेटा, जो उसी समय रवि के घर से वापस आया था, कहने लगा, ''हम चैम्पियन्स इलेविन के साथ मैच खेल रहे थे, और उनके किसी लड़के ने बॉल खिड़की के भीतर मार दी, फिर वे बॉल माँगने खिड़की पर आए और चिल्लाते रहे, लेकिन...,'' यह कहकर उसने सिर हिला दिया। ''मुझे जैसे ही पता चला कि वह मर गया है तो मैं फौरन दौड़कर घर आया। माँ को मैंने ही सबसे पहले बताया।''

श्रीनिवास ने चिन्तित होकर पूछा, ''यह बताओ, तुम लोगों की बॉल से तो उसकी मौत नहीं हुई?

''अप्पा, यह कैसे हो सकता है? हम तो टेनिस की बॉल से क्रिकेट का मैच खेलते हैं। वह हमें हमेशा लगती रहती है। लेकिन हम मर तो नहीं गए?'' फिर उसने दुख से कहा, ''उनकी बैटिंग की वजह से हुआ यह, और इसको वे बाउंड्री मान रहे हैं। यह ग़लत बात है न, अप्पा?''

श्रीनिवास का दूसरा दिन पूरी तरह इस घटना की जाँच-पड़ताल में व्यतीत हुआ। एक कमरे में एक पंचायत बैठी और पोस्टमार्टम की रिपोर्ट पर विचार करती रही। उसने श्रीनिवास को भी तलब किया क्योंकि उसने अपने को बूढ़े का भतीजा बताया था। उन्होंने श्रीनिवास का वक्तव्य लिया कि उसने बूढ़े को आखिरी बार कब देखा था, और उसकी अच्छी और बुरी आदतें क्या थीं। उन्होंने सम्पत को भी बुलाया क्योंकि इन दिनों वह भी बूढ़े के साथ देखा जाता था। इससे वह भयभीत भी हुआ, और उसे लगा कि कहीं उस पर हत्या का मुकदमा न चला दिया जाए। उसका वक्तव्य लिया गया कि वह बूढ़े से मिलने क्यों जाता था। उसने कहा कि वह बूढ़े का छात्र था और उससे संस्कृत पढ़ने जाता था। फिर उन्होंने कई वस्तुएँ प्रदर्शित कीं—एक सेविंग्स बैंक की पास बुक, एक कागज़ जिस पर लिखा था, साढ़े बारह फीसदी, 5000 और सम्पत का नाम। उससे पूछा गया कि क्या उसने कभी यह पास बुक देखी थी। उसने कहा, ''नहीं।'' उससे यह बताने के लिए कहा गया कि कागज़ पर उसका नाम और रुपये पैसे क्यों लिखे हैं। उसने बताया कि बूढ़े ने पैसा निवेश करने के किसी मामले में उससे सलाह ली थी और शायद हिसाब लगाने के लिए उसने यह सब लिखा होगा। पंचायत के सदस्यों ने इस बारे में और ज़्यादा पूछताछ की और जानना चाहा कि यह निवेश किसके लिए था। सम्पत इस समय तक स्थिर हो गया था और उसने जवाब दिया ''यह मुझे नहीं मालूम। कभी-कभी मेरे शिक्षक पैसा लगाने के बारे में सामान्य चर्चा करते थे और फायदे का अन्दाज़ा लगाने के लिए हिसाब लगाते थे। वह कहाँ पैसा लगाना चाहते थे, इसकी चर्चा उन्होंने कभी नहीं की।'' दो और गवाहों को जाँच के लिए बुलाया गया : जिस घर में उसका कमरा था, उसके मालिक को और उसके दामाद को। उनसे मामूली सवाल किए गए, जिसके बाद पंचायत एक कमरे में बातचीत करने गई और जल्द ही लौटकर फैसला सुनाया। ''हम डॉक्टरों के इस निर्णय से सन्तुष्ट हैं...कि जब बूढ़े की मृत्यु का पता चला, उससे सात घंटे पहले उसकी मृत्यु हो गई थी। उसकी मृत्यु प्राकृतिक कारणों, बुढ़ापा और कमज़ोरी के कारण हुई है।''

7

कार रवाना होने की आवाज़ श्रीनिवास को सुनाई दी, और उसी क्षण किसी के सीढ़ियों के नीचे 'एडिटर' 'एडिटर' कहकर पुकारने की आवाज़ें भी आने लगीं। ये इतनी तेज़ थीं कि श्रीनिवास ने फ़ौरन उठकर नीचे देखा। वहाँ रवि खड़ा चिल्ला रहा था, "एडिटर, एडिटर, तुमने देखा?"

"क्या?" उसने पूछा।

"तुम्हारे पास टाइम है? मैं ऊपर आ जाऊँ?" रवि ने पूछा। वह झपट कर ऊपर आ पहुँचा। श्रीनिवास अपनी कुर्सी पर आकर बैठ गया और रवि को भी बैठने का इशारा किया। लेकिन रवि बहुत उत्तेजित था, वह खड़ा ही रहा। वह न ज़ोर से बोल पा रहा था और न फुसफुसाकर धीरे-धीरे, हाँफता हुआ टुकड़ों-टुकड़ों में शब्द बोल रहा था। वह श्रीनिवास की कुर्सी के सामने आकर उसके हत्थे पकड़कर कहने लगा, "वह लड़की—वह लड़की—," उसका चेहरा लाल हो उठा था और वाक्य पूरा नहीं हो पा रहा था। श्रीनिवास ने उसे कंधों से पकड़कर कुर्सी पर बिठाया और कहा, "तुम पहले शान्त हो जाओ।" लेकिन रवि शान्त होने को तैयार नहीं था, इस वक्त उसे शान्ति की ज़रूरत ही नहीं थी। बोला, "मुझे वह स्केच तो देना।" श्रीनिवास ने दराज़ खोलकर स्केच निकाला और पकड़ा दिया। स्केच ने जैसे दवा का काम किया और रवि शान्त होने लगा। वह कहने लगा, "अब मैं इसे बड़ा करके बनाऊँगा, और तुम चाहो तो रंगीन भी बना दूँगा।" श्रीनिवास को लगा कि वह सारा जीवन इसी क्षण की प्रतीक्षा कर रहा था।

रवि बड़ी तन्मयता से स्केच देख रहा था और अपने आप बड़बड़ाता भी जा रहा था, "किसी ने मुझे नहीं बताया कि वह यहीं है। मुझे पता ही नहीं चला कि वह भी स्टूडियो आई है। यही तो भाग्य है! तुम्हें इसमें भगवान का हाथ नहीं दिखाई देता?" श्रीनिवास ने पूछा, "तुमने उससे बात की?"

"हाँ, हाँ। मैं दफ्तर में बैठा हिसाब-किताब में मशगूल था। तभी किसी के

पैरों की आवाज़ सुनाई दी, लेकिन मैं यह सोचकर अपने काम में लगा रहा कि उन बहुत से लोगों में से किसी की आवाज़ होगी, जो हर वक्त वहाँ आते-जाते रहते हैं। तभी बहुत हलके क़दमों की 'पिट-पिट' आवाज़ आने लगी, जो मुझे संगीत की तरह लगी, लेकिन मेरा नियम है कि मैं सिर नहीं उठाता। फिर वह आवाज़ मेरी मेज़ के सामने आकर रुक गई और वह बोली ''एकाउंटेंट साहब,'' जिसे सुनकर मैंने सिर उठाया—तो सामने वह खड़ी थी। बस, एडिटर, मैं सब कुछ भूल गया। अब मुझे याद नहीं कि उसने क्या पूछा और मैंने क्या जवाब दिया। मैं हक्का-बक्का रह गया था। फिर वह मुड़ी और गायब हो गई। पहले तो मैंने सोचा कि यह उसकी प्रेतात्मा है, लेकिन चपरासी लड़का भी वहाँ था, उसने बताया कि उसने सम्पत साहब के बारे में पूछा था कि वे कहाँ हैं, फिर वह चली गई।'' यह कहते हुए वह खुशी के मारे अपने हाथ रगड़ रहा था और आगे-पीछे आ-जा रहा था। श्रीनिवास ने उसे परेशानी से देखा, और सोचने लगा कि इसे सच बताऊँ या न बताऊँ, फिर बोला, ''तुम्हें निश्चय है कि वही थी यह?'' रवि ने जवाब दिया, ''इसमें क्या शक है? उसके दाहिने गाल पर चमक पड़ती है। यही उसका निशान है। और कुछ गलत भी हो जाए, यह बात गलत नहीं हो सकती। मैं चुनौती देकर कहता हूँ—''

''लेकिन वह तो कहती है कि इस शहर में वह पहली दफ़ा आई है।''

''यह कहती है, सचमुच? लेकिन मैंने उसे देखा है, मैं जानता हूँ उसे, उसके गाल पर जो रोशनी है, वह और किसी के नहीं होती।''

''उसने तुम्हें पहचाना?'' श्रीनिवास ने पूछा।

''पहचानेगी कैसे? उसने मुझे पहले कभी नहीं देखा। मैं तो उसे रोज़ देखता था, और वह मुझे देखती होगी या नहीं, यह कह नहीं सकता।''

''लेकिन तुम तो कहते थे कि तुमने उससे एकाध शब्द कहा और उसने तुम्हें नारियल का टुकड़ा दिया, वगैरह, वगैरह...यह क्या था?''

रवि ने अचानक सीना तान दिया और इस तरह कहने लगा, जैसे उसे दुनिया में किसी की परवाह न हो, ''मैंने कहा था यह, सचमुच कहा था? कोई बात नहीं। वह मेरे लिए क्या कहती या सोचती है, इसकी मैं क्यों परवाह करूँ? मेरे लिए यह काफ़ी है कि वह यहीं है। यह मुझे देखे या न देखे, मेरे लिए यह काफ़ी है कि मैं उसे कभी-कभी एक नज़र देख सकूँ। एडिटर साब, आपको इसमें मेरी मदद करनी होगी। अब यह हिसाब रखने का काम मैं नहीं करूँगा। यह मुझे पसन्द नहीं है। मैं लेजर ने नफरत करता हूँ। अब मैं स्टूडियो में काम करना चाहता हूँ—कला विभाग में। तुम सम्पत से बात करो। नहीं तो मैं यह नौकरी छोड़ दूँगा। मैं सब काम छोड़कर स्टूडियो के फाटक पर बैठ जाऊँगा। मेरे लिए यही काफ़ी होगा।'' यह कहकर वह

बैठ गया, जैसे थक गया हो। फिर बोला, ''अगर तुम सम्पत से बात न करो, तो मैं कर लूँगा।'' वह स्केच सामने करके उसे बहुत ध्यान से देखने लगा। श्रीनिवास ने कोशिश की कि स्केच वापस ले ले, लेकिन उसने नहीं दिया। फिर बोला, ''तुम्हें पता है, यह मैंने कब बनाया था? वह जगह जहाँ मैंने रोशनी दिखाई है। स्टूडियो जाकर फिर देखो उसे, यही उसकी विशेषता है। आदमी का चेहरा लाइनें खींचकर नहीं बनता। यह प्रकाश और सायाओं से बनता है, इसी से उसका व्यक्तित्व प्रकट होता है। नहीं तो, तुम सोचते हो कि नाक और आँख की शकल से एक आदमी दूसरे से भिन्न होता है? आदमी का व्यक्तित्व–'' वह मनुष्य के व्यक्तित्व के बारे में अपने विचार जितनी सरलता से व्यक्त हो सकें, करने की कोशिश में लगा था। अंत में उसने कहा, ''यह कोई मज़ाक नहीं है। हमारे व्यक्तित्व में रोशनियों और सायाओं का ही सबसे ज़्यादा महत्त्व है।''

श्रीनिवास सम्पत से मिलने स्टूडियो गया, क्योंकि इन दिनों वह इतना व्यस्त था कि सीढ़ियों के नीचे वाले दफ्तर में आने का समय ही नहीं निकाल पाता था। उसे बताया गया, ''सम्पत साहब तीन बजे के करीब आते हैं।'' श्रीनिवास स्वागत कक्ष की एक कुर्सी पर बैठ गया और इन्तज़ार करने लगा। हलके रंग की साड़ियाँ पहने और बालों में फूलों के गुच्छे लगाकर सुन्दर दिखने की कोशिश करती लड़कियाँ, जिनके साथ कोई बड़ी उम्र का आदमी भी होता था; गले के नीचे तक फैले बालों वाले कलाकार दिखने का प्रयत्न करते पुरुष; अपना काम दिखाने के लिए आए कलाकार; पांडुलिपियाँ हाथों में थामे कहानी-लेखक; नौकरी की तलाश में इकट्ठा क्लर्क; बहुत से कुली किस्म के लोग जिन्हें किसी भी तरह का काम पाने की उम्मीद थी; सब तरह के लोग यहाँ दिखाई दे रहे थे। डी मेलो ने स्टूडियो में प्रवेश पाने के नियम इतने सख़्त बनाए थे, कि लोग मज़ाक में कहने लगे थे कि यह 'रिसेप्शन हॉल' न होकर 'रिजेक्शन हॉल' है। लेकिन मनुष्य के हृदय में आशा की किरण कभी बुझती नहीं थी। इसलिए लोग यहाँ से हिलने का नाम नहीं लेते थे, और थकान बरदाश्त करते हुए भी इधर-उधर इस आशा में टहलते रहते थे कि गाड़ियों में आने-जाने वाले बड़े अधिकारियों की नज़र पता नहीं कब उन पर भी पड़ जाए। रिसेप्शन हॉल में आगन्तुकों को दो स्पष्ट श्रेणियों में बाँट दिया था–विशेषज्ञ और काम करने के इच्छुक। लेकिन श्रीनिवास ने भीतर जो देखा, उससे उसे लगा कि दोनों में कोई खास अंतर नहीं है, हॉल की दायीं तरफ़ वे लोग हैं जो ज़रा पहले आ पहुँचे हैं और जिन्होंने अपना वर्ग अलग बना लिया है, और दूसरी तरफ़ वाले लोग अछूत हैं।

शाम उतरने लगी थी। रिसेप्शन क्लर्क ने चमड़े की जिल्दवाला रजिस्टर उलटा-पलटा, उन कुछ लोगों से बातचीत की जो भीतर आ गए थे और जिन्होंने अपने नाम और हस्ताक्षर साफ़-साफ़ कर दिए थे, वहाँ से गुज़रते एक तकनीशियन से 'हलो' कहा, और जब यह काम खत्म हो गया, तो एक जासूसी उपन्यास खोलकर पढ़ने लगा—और हर दस लाइनें पढ़ने के बाद आँखें उठाकर लोहे के फाटक की तरफ़ देख लेता था कि कोई आया तो नहीं है।

एक गाड़ी की आवाज़ सुनाई दी तो उसने कहा, "यह सम्पत साहब की कार है।" श्रीनिवास ने देखा कि एक पुरानी शेवरले गाड़ी भीतर प्रवेश कर रही है जिसे सम्पत खुद चला रहे हैं और उनके बगल में उनकी कज़िन बैठी है। क्लर्क से दाँत निकालकर कहा, "मैंने कहा था न कि साहब तीन बजे पधारते हैं। क्या मैं उन्हें रोककर आपके आने की सूचना दूँ?" "नहीं, जाने दो उन्हें। मैं मिल लूँगा।" गाड़ी पगडंडी पर बढ़ी और एक मोड़ पर गायब हो गई। श्रीनिवास उठा और सभी लोग उसे ईर्ष्या और आदर से देखने लगे। उसे पहले कभी देखी एक पेन्टिंग की याद आई जिसमें मन्दिर के सामने भिखमंगों की भीड़ लगी है, या शायद यह कोई चर्च था जिसके सामने पादरी खड़े थे—वह ठीक से याद नहीं कर पा रहा था। वह आगे बढ़ा।

वह रिसर्हल हॉल पहुँचा तो सम्पत ने उस पर नज़र डालकर कहा, "अरे वाह! इस वक्त मैं तुमसे ही मिलना चाहता था। मैं अपनी कज़िन को डायलॉग बोलने की रिहर्सल में डाल रहा हूँ और उन्हें कुछ वाक्य समझने में कठिनाई हो रही है।" आज तो वह अद्‌भुत लग रही थी, इन्द्रधनुषी रंग की साड़ी पहने, और उसी से मैच करता फूलों का जूड़ा। श्रीनिवास सोचने लगा, "ईश्वर ऐसी सुन्दरता क्या इसीलिए पैदा करता है कि लोग पागल हो जाएँ!" यह सुनकर वह मुस्कराई और श्रीनिवास को अच्छा लगा। उसने मन ही मन प्रार्थना की, "हे ईश्वर, अपना तीसरा नेत्र मत खोलना।" शान्ति ने पूछा, "आप पार्वती की लाइनें कैसे बुलवाना चाहते हैं?" तो उसकी आवाज़ भी मधुर लगी। उसने एक दृश्य का डायलॉग बोलकर सुनाया जिसमें पार्वती अपनी सहेलियों को बताती है कि वह शिव से प्रेम करने लगी है। फिर वह पूछती है, "अब मैं उन्हें कैसे प्राप्त करूँ?" यहाँ शान्ति उससे पूछ रही है, "मैं यह वाक्य कैसे बोलूँ? सवाल की तरह बोलूँ या निराशा व्यक्त करते हुए?" यह सूक्ष्म सी बात थी, और श्रीनिवास को यह जानकर खुशी हुई कि वह अपने रोल पर ज़्यादा ध्यान दे रही है। वह सहज प्राकृतिक रूप से डायलॉग बोल रही थी, उसमें असर पैदा करने के लिए बनावट का सहारा नहीं ले रही थी। श्रीनिवास ने कहा, "यह मोटे तौर पर निराशा की आवाज़ है। समझ रही हो न?" शान्ति ने विजयी भाव

से सम्पत पर नज़र डालकर कहा, "अब आप मान गए न? खुद लेखक का भी यही कहना है।" फिर वह श्रीनिवास की तरफ मुँह करके बोली, "आज दिन भर सम्पत साहब मुझसे इन लाइनों की रिहर्सल इस तरह कराते रहे कि यह डायलॉग सवाल की तरह बोला जाना चाहिए। लेकिन मैं इसका विरोध करती रही, इसलिए आज दस लाइनों से आगे बढ़ ही नहीं सके। फिर हमने इस पर दस रुपये की शर्त भी लगाई, मालूम है?" सम्पत ने जेब से अपना पर्स निकाला और दस रुपये का नोट उसके हाथ में रख दिया। "देवी, तुम जीत गईं। अब यह फैसला हो गया, इसलिए हमें आगे बढ़ना चाहिए। यहाँ रुक नहीं जाना चाहिए।" शान्ति ने दस रुपये का नोट ठीक से मोड़ा और उसे कोबरा के फन से बने अपने हैंड बैग में सँभाल कर रख लिया। श्रीनिवास ने बैग पर आँखों का निशान देखा और वह यह सोचकर सिहर उठा कि वह ऐसा खतरनाक बैग रखती है। उसे यह अजीब लगा कि शान्ति को अपनी बाँह पर ऐसी चीज़ लटकाकर परेशानी नहीं होती। उसने पूछा, "यह बैग आपने कहाँ से लिया? क्या यह सचमुच कोबरे का फन है?"

"नहीं लगता क्या?" उसने जवाब दिया। "मैं एक दफा छुट्टी मनाने मालाबार के जंगलों में गई थी, और वहाँ...," इसके आगे की बात बताते वह हिचकिचाई और कहानी खत्म करने के ढंग से बोली, "हाँ वह किंग कोबरा ही था। उसे फौरन गोली मार दी गई और उसकी खाल से यह बैग बनाया गया।" श्रीनिवास भी चुप हो गया, बात को बढ़ाना उसने उचित नहीं समझा।

इसके बाद जब वह ड्रेस रिहर्सल करने वहाँ से चली गई, तो सम्पत ने बताया, "मेरी कज़िन ने एक फॉरेस्ट अफसर से शादी की थी, फिर वे अलग हो गये, और बहुत सी बातें हुईं, उसकी मौत हो गई और यह विधवा हो गई। अब उसे वे सब बातें सोचते और बताते बुरा लगता है...जो सही भी है?"

"मैं उसे चोट पहुँचाना नहीं चाहता था। बस, उस जैसी सुन्दर लड़की के हाथ में ऐसा बैग देखकर सहज ही उत्सुकता हुई...हम पुरुषों के लिए यह देखने और समझने जैसी बात है।"

"हाँ, ठीक कहते हो," सम्पत ने कहा। बात पूरी बताने के लिए वह ज़्यादा उत्सुक था। "ये फॉरेस्ट कैंप में गये थे। कोबरे ने उसे वहाँ घेर लिया, वह फॉरेस्ट लॉज में वहाँ की चारपाई पर लेटी थी, कि साँप दरवाज़े पर खड़ा होकर फन उसके सामने करके फुफकारने लगा। इसे तो लगा कि ज़िन्दगी का आखिरी लम्हा आ पहुँचा है, लेकिन उसके पति ने खिड़की से उसे गोली मार दी। श्रीनिवास ने तय किया कि साँप का विषय बदल दिया जाय। और लोग आने लगेंगे और सम्पत से अकेले

में बात करने का उसका इरादा दिन भर पूरा नहीं हो सकेगा। इसलिए उसने तुरन्त अपनी बात कही, ''मैं तुमसे रवि के बारे में बात करने आया था।''

''अच्छा, हाँ, मैं भी उसके बारे में बात करना चाहता था। लगता है, तीन-चार दिन से वह दफ्तर नहीं आ रहा है। कर क्या रहा है वह?''

''वह कला विभाग में काम करने को तैयार है। तुम उसे इसमें क्यों नहीं लगा लेते? हमें उसे ऐसा हर मौका देना चाहिए कि वह अच्छे चित्र बना सके। हमारी यह भी ज़िम्मेदारी बनती है।''

सम्पत हमेशा श्रीनिवास की बात का विरोध न करने का आदी था, इसलिए उसने कहा, ''अगर मैं पहले की तरह आजाद होता तो तुम्हारे वाक्य पूरा करने से पहले ही यह कर देता, लेकिन अब मुश्किलें हैं। अब मैं एक ऐसी चीज़ का हिस्सा हूँ जो संस्था बन चुकी है।''

''सुनो मेरी बात। मैं सिर्फ यह जानना चाहता हूँ कि तुम उसे ले रहे हो, या नहीं।''

''मैं सोमू से पूछूँगा। मैं उसके पीछे कुछ कर रहा हूँ, यह दिखाना नहीं चाहता। वह बहुत महत्त्वपूर्ण व्यक्ति है।''

पिछले कुछ दिनों से, जब से बूढ़े, मकान-मालिक की मृत्यु हुई थी, सम्पत के लहज़े में सोमू के प्रति ज़्यादा इज्ज़त का भाव नज़र आने लगा था।

''ठीक है। तो उससे बात कर लो और मुझे बताओ। मैं इन्तज़ार कर रहा हूँ।''

''अभी? अरे नहीं, एडिटर साब, मुझे कुछ वक्त दो। पता नहीं इस वक्त वह क्या कर रहे हैं।'' लेकिन श्रीनिवास जैसे अडिग था। उसने कहा, ''मुझे यह तो मत बताओ कि तुम, जब चाहो उस से मिल नहीं सकते। मैं यह मान ही नहीं सकता।'' उसके शब्दों में कुछ ऐसा अधिकार था, जिसकी सम्पत उपेक्षा नहीं कर सका।

''ठीक है, मेरे सम्पादक की इच्छा हर बात से ऊपर है—आज्ञाकारी मुद्रक के नाते मैं उसकी उपेक्षा नहीं कर सकता। ठीक है न?'' यह कहकर वह नीचे उतर गया। उसके जाने में बाद उसकी कज़िन आकर खड़ी हो गई। ''ड्रेस का काम तो खत्म हो गया।... ये कहाँ हैं?''

''मैंने उन्हें किसी काम से नीचे भेजा है।'' श्रीनिवास को लगा कि शान्ति से बात करने का यह सुनहरा अवसर है। लेकिन इस विचार को उसने ज़्यादा महत्त्व नहीं दिया, सिर्फ यह पूछना चाहा, ''मैंने सुना है कि कल आप दफ़्तर आई थीं।'' लेकिन यह प्रश्न भी उसे सही नहीं लगा, यह ईमानदारी का सवाल नहीं था। वह उससे रवि के बारे में जानना चाहता था कि वह उससे कितनी परिचित हैं, लेकिन

इतनी सुन्दर स्त्री से यह पूछना उसे सही नहीं लग रहा था। इसलिए उसने अन्त में यही पूछ लिया, ''आपको यह रोल अच्छा लग रहा है?''

''अच्छा?'' वह बोली। ''मुझे जो रोल दिया जाएगा, वह मुझे करना ही होगा, और मैं अच्छा-से-अच्छा करने की ही कोशिश करूँगी। और इसीलिए मेरी सम्पत से झड़प होती रहती है—क्योंकि मैं सही अभिनय ही करना चाहती हूँ। लेकिन ये फैसले करने वाले हम नहीं हैं, हमें तो डायरेक्टर के फैसले मानने पड़ते हैं।'' ड्रेस रिहर्सल में उसने अपने बाल और साड़ी थोड़ी सी इधर-उधर कर दी थी, जिससे उसका भाव ज़रा मुलायम हो गया था। श्रीनिवास सोच रहा था इसे देखना कितना मनोरम लगता है।...इसलिए ताज्जुब नहीं कि इसने रवि की ज़िन्दगी में इतना तूफान पैदा कर दिया है। शान्ति ने चर्चा आगे नहीं बढ़ाई, और कोने में जाकर खिड़की के सामने बैठकर बाहर देखने लगी।

सम्पत वापस लौट आया। उसने क्षण भर अपनी कज़िन को ध्यान से देखा। वह खिड़की के बाहर देखती रही। उसने श्रीनिवास से बाहर आने का इशारा किया, और उसने वहाँ पहुँचने पर धीरे से कहा, ''काम हो गया है।''

''बहुत, बहुत धन्यवाद'', श्रीनिवास बोला। ''अब देखना यह कितने अच्छे चित्र बनाता है।''

''उम्मीद तो मुझे भी है, एडिटर साब। बस, फिक्र ज़रा सी यह है कि कोई परेशानी पैदा न करे।'' यह कहकर उसने फिर अपनी कज़िन पर नज़र डाली।

रवि का नया अफ़सर अब कला और प्रचार विभाग का डायरेक्टर था—जो खिलाड़ियों वाले हरे रंग के कपड़े पहने, कान में पेंसिल दबाए और हाथ में कागज़ पकड़े हर वक्त स्टूडियो में चक्कर लगाया करता था। उसका शानदार दफ़्तर था, जिसमें शीशे का आधा दरवाज़ा लगा था, वर्दी पहने चपरासी और कमरे के सिरे पर बैठा क्लर्क काम करते नज़र आते थे। वह खुद शीशा-लगी बड़ी-सी मेज़ पर बैठता था, जिस पर बड़े-बड़े एलबम रखे थे, बहुत से चित्र चारों ओर बिखरे पड़े थे और उन पर बल्बों की तेज़ रोशनी पड़ रही थी। वह खुले शीशे का चश्मा लगाये था जिससे काले रंग की ज़ंजीर लटक रही थी। अपने दफ्तर को वह स्टूडियो का नियन्त्रण कक्ष कहता था—यह कला और प्रचार विभाग के बीचोंबीच था, जिसके चारों तरफ़ छोटे-छोटे कमरों में बहुत से कलाकार अपनी-अपनी मेज़ों पर या ज़मीन पर अपने कागज़ या कैनवास फैलाये काम करते रहते थे।

दो दिन बाद सम्पत रवि को हाथ से पकड़े इस दफ्तर में दाखिल हुआ। उसने

डायरेक्टर की तरफ़ देखकर कहा, ''कला और प्रचार विभाग के डायरेक्टर साहब, मैं आपके लिए बहुत ही अच्छा कलाकार लाया हूँ।'' डायरेक्टर ने उस पर ऊपर से नीचे तक नज़र डाली और पूछा, ''आपने कहाँ कला की शिक्षा प्राप्त की है?'' रवि प्रश्न का उत्तर सोचने लगा, तो सम्पत ने बीच में ही कहा, ''आप खुद इसका अन्दाज़ा लगाइए। इनका काम देखिए और मुझे बताइए।''

''ठीक है,'' डायरेक्टर बोला, और चपरासी को आवाज़ लगाई। वह आया तो कहा, ''तीन कप कॉफ़ी!'' रवि ने कॉफ़ी के लिए माफ़ी माँगी, तो उसने कहा, ''नहीं, मेरा नियम है कि नया व्यक्ति कम से कम पहले दिन मेरे साथ कॉफ़ी ज़रूर पीता है।'' कॉफ़ी खत्म होने के बाद उसने हाथ बढ़ाकर एक कमरे की तरफ इशारा किया और कहा, ''आपका कमरा उधर है। मैं वहीं आपको काम की सूचनाएँ भेजूँगा।'' फिर उसने घंटी बजाई और लड़का आया तो उससे कहा, ''इन्हें चार नम्बर में ले जाओ।'' रवि चुपचाप उसके पीछे चला गया। उस का यह व्यवहार सम्पत को अच्छा लगा। सम्पत ने कहा, ''डायरेक्टर, यह अच्छा लड़का है...मैं इसके बारे में कुछ बताऊँ...''

''हाँ,'' यह कहकर डायरेक्टर सुनने के लिए तैयार हो गया। सम्पत ने क्षण भर सोचा कि क्या कहूँ, फिर बोला, ''कोई बात नहीं, आप अपने लड़कों से काम लेना बेहतर जानते हैं...।'' फिर वह सीधे कबीर लेन में श्रीनिवास के पास जाकर कहने लगा, ''शायद तुम्हें अच्छा न लगे...मैं सुझाव देना चाहूँगा कि रवि को ज़रा समझाओ...।''

''हाँ...क्या समझाना है?'' श्रीनिवास ने सिर ऊपर उठाकर पूछा।

''बात यह है...,'' सम्पत ने आवाज़ खींचकर कहना शुरू किया...और श्रीनिवास ने महसूस किया कि वह जो कहना चाहता है, उसे कहने में संकोच का अनुभव कर रहा है। यह अनोखी बात थी, क्योंकि सम्पत कभी कुछ भी कहते हिचकता नहीं था। वह बोला, ''बात यह है...कि तुम्हारी इच्छा के अनुसार मैंने रवि का काम बदल दिया है; लेकिन इसके बदले में मैं भी तुमसे कुछ चाहता हूँ...कि, अच्छा, कह ही डालूँ यह बात। वहाँ शान्ति है, तुम यह जानते हो। मैं चाहता हूँ कि रवि, जहाँ तक सम्भव हो, उसके रास्ते में न आए।''

''हाँ, ठीक है...लेकिन काम के सिलसिले में तो उसे मिलना पड़ सकता है।''

''उसकी कोई बात नहीं, वह तो होगा ही...लेकिन इसके अलावा...मैं चाहता हूँ...''

''वह उसका पीछा न करे, न बातचीत करे, यही तो चाहते हो न तुम?'' श्रीनिवास ने आँख में शरारत भरकर कहा। सम्पत जवाब में मुस्कराया, तो श्रीनिवास ने फिर

कहा, "मेरा ख्याल है, वह ऐसा कुछ नहीं करेगा, फिर भी मैं उसे सतर्क कर दूँगा। सब अच्छा ही होगा। और, शान्ति वह लड़की नहीं है, है न यह सही?"

सम्पत ने चिन्तित भाव से कहा, "यह ठीक है, लेकिन कलाकार किस बात को कैसे लेता है, यह कौन जानता है। मुझे हमेशा रवि के रंग-ढंग से ताज्जुब होता रहा है।"

श्रीनिवास उस रात रवि के घर लौटने का इन्तज़ार करता रहा। जब स्टूडियो की गाड़ी के वहाँ आने की आवाज़ सुनाई दी, तो उसने धीरे से आवाज़ लगाई, "रवि!" रवि बाहर आया तो उसने कहा, "तुम ज़्यादा थके हुए न हो तो ज़रा घूमने चलते हैं।" "ठीक है," उसने कहा! उसकी एक छोटी बहिन उसकी बाँह से आकर लिपट गई और साथ चलने की ज़िद करने लगी। लेकिन उसने उसे यह कहकर वापस किया कि, "मैं कल तुम्हें चाकलेट लाकर दूँगा, अब जाकर सो जाओ।" फिर जब वे चुपचाप एन्डरसन लेन में आगे जाने लगे, जहाँ लोग चबूतरों पर सो रहे थे या बातें कर रहे थे, श्रीनिवास सोच रहा था कि वह सम्पत का सन्देश उसे किस तरह दे। लेकिन यह उसके लिए कर्तव्य की तरह था। वह कुछ देर तक रवि को अपने साथ चुपचाप चलते हुए देखता रहा। फिर पूछा, "तुम्हें अपना काम कैसा लग रहा है?"

"बहुत अच्छा," रवि ने कहा। "सब मुझे अकेला काम करने देते हैं, और मैं भी उन्हें अकेले छोड़ देता हूँ। मुझसे जो कहा जाता है, वही करता हूँ। दस बजे गाड़ी मुझे वापस घर छोड़ने के लिए आकर खड़ी हो जाती है, और मैं घर लौट आता हूँ। इस वक्त मैं एक पोर्ट्रेट बना रहा हूँ। जब स्टूडियो आना हो तो देखना।"

"मुझे यह सुनकर बड़ी खुशी हुई," श्रीनिवास ने कहा। "विषय क्या है पोर्ट्रेट का।"

"मेरा तो एक ही विषय है," रवि ने जवाब दिया। "इस दुनिया में मेरा तो एक ही विषय है, और उसी पर काम करने में मुझे सुख मिलता है।"

"तुम इसके लिए सिटिंग की माँग तो नहीं करते?" श्रीनिवास ने पूछा। इस घने अँधेरे में भी उसने देखा कि रवि ज़ोर-ज़ोर से हँस रहा है। उसने कहा, "सिटिंग? सिटिंग क्या होती है? यह सब यहाँ है, यहाँ," यह कहकर उसने अपने माथे की तरफ़ इशारा किया। "यह मेरे लिए काफ़ी है। मैं बहुत बड़ा तैल-चित्र बना रहा हूँ. ..इसका मुझे पैसा नहीं मिलेगा, लेकिन जब भी मुझे फुरसत मिलती है, मैं इस पर काम करने लगता हूँ। इस पर मैं सब्जियों के रंगों का भी प्रयोग कर रहा हूँ, जो

एक नई बात है। मेरे विषय के गालों का रंग प्रभात की चमक जैसा होना चाहिए, उसकी आँखों में सितारों की रोशनी होनी चाहिए, उसके वस्त्रों में गर्मी के बादलों की आभा होनी चाहिए, माथे पर हाथी दाँत का रंग, वगैरह वगैरह...। मुझे लगता है कि ट्यूबों में जो सिन्थेटिक रंग आते हैं, वे मेरे काम के लिए बिलकुल सही नहीं हैं...।''

उसका जोश देखकर श्रीनिवास ज़रा चिन्तित हो उठा। लेकिन उसे खुशी हो रही थी कि तस्वीर बनने लगी है। पर यह अन्तिम रूप में कैसी होगी, यह कल्पना वह नहीं कर पा रहा था। लेकिन उसे लगने लगा कि यह इतनी अद्भुत होगी कि दुनिया को झकझोर डालेगी, अपनी शताब्दी की सबसे शक्तिशाली पोर्ट्रेट होगी यह...दुनिया भर के लोगों की आँखें इसे देखकर चकाचौंध हो उठेंगी। इस क्षण उसे लगा कि रवि को अपने यहाँ रखने में ये लोग जो-जितना खतरा उठा रहे हैं, वे बेकार नहीं जाएगा। इस महान चित्र के लिए कोई भी त्याग बहुत बड़ा नहीं है। उसे यह बड़ी मूर्खता का काम लगने लगा कि रवि को कोई चेतावनी दी जाए। जो आदमी अपनी आन्तरिक वृत्तियों पर इतना ज़्यादा निर्भर करता है, उसे अपने व्यवहार का नक्शा बनाकर देना सम्भव ही नहीं है। इसलिए उसने तय किया कि वह रवि को कोई चेतावनी नहीं देगा। अब तक वे मार्केट रोड पहुँच गए थे। सड़क खाली पड़ी थी, देर रात को बन्द होने वाली कुछ दुकानों पर ही रोशनी खुली थी, और कहीं-कहीं म्युनिसपैलिटी की रोशनियाँ हलकी-हलकी चमक रही थीं। ऊपर आसमान में तारे झिलमिला रहे थे, ठंडी हवा चल रही थी। कुल मिलाकर श्रीनिवास को रात बहुत सुहावनी लग रही थी। वह रवि के लिए उस सबके लिए, जो वह कर रहा था या करने जा रहा था, कृतज्ञता महसूस करने लगा।

श्रीनिवास ने सम्पत की बताई कोई भी बात कहे बिना उसे विदा दी। लेकिन उसने सम्पत को अगली दफ़ा मिलने पर यह बताने का फैसला कर लिया, क्योंकि वह उसे सन्देह में नहीं रखना चाहता था। चार दिन बाद ही उसे यह अवसर मिल भी गया—सम्पत उससे कहानी के बारे में कुछ बात करने के बहाने से उससे मिलने आया, यद्यपि उसका असली उद्देश्य रवि के बारे में जानना ही था। कहानी से सम्बन्धित बात तो पाँच ही मिनट में खत्म हो गई। उसने कहानी के एक टुकड़े के बारे में कुछ मामूली से सवाल किए, और जवाब में श्रीनिवास ने जो कुछ भी कहा, उसे चुपचाप स्वीकार भी कर लिया। फिर वह सीधे रवि के बारे में बात करने लगा। ''एडिटर, तुम अब उसी विषय की चर्चा पर एतराज़ तो नहीं करोगे?'' ''किस विषय की?'' श्रीनिवास ने तुरन्त प्रश्न किया। सम्पत ने विनती-सी करते हुए कहा, ''मुझे तुम्हें इस बारे में परेशान करते हुए बहुत अफ़सोस हो रहा है।'' यह सुनते ही श्रीनिवास

का दिल पिघल उठा और उसे सम्पत के काल्पनिक भयों पर दया-सी आने लगी। उसने उस पर नज़र डाली। उसने अपनी शक्ल-सूरत पर बहुत ज़्यादा ध्यान दिया लगता था और बालों के बीचोंबीच माँग निकाली थी। आँखों के नीचे भी सिलवटें कम दिखाई दे रही थीं। साफ़ लगता था कि घर, स्टूडियो, रवि और दूसरी सब चीज़ों के बारे में वह बहुत चिन्तित था। उसके व्यक्तित्व में चमक अब तेजी से कम होती जा रही थी। श्रीनवास सोचने लगा कि इस वक्त सम्पत जो सिल्क की कमीज़ और मलमल की धोती पहने है, और इनके ऊपर भी जो चमकती बंडी लटकाए है, उसके बजाए वह अपनी पहले वाली सादा सी कमीज़ पर मोटा-सा कोट लटकाए और गले में स्कार्फ़ बाँधे और उँगलियों में मशीन की कालिख लगाए ही फिर से आकर खड़ा हो जाए। उसने उसकी उँगलियों पर नज़र डाली—अब ये एकदम साफ़-सुथरी बहुत चिकनी-चुपड़ी, नाखून सफ़ाई से तराशे हुए, बिलकुल सर्जन की उँगलियों की तरह और यही नहीं, एक-दो नाखूनों पर औरतों वाली लाल रंग की चटख नेल-पालिश भी चमकती दिखाई दी। श्रीनिवास यह रंग देखकर चकित हो उठा और उसने पूछा, ''यह उँगली पर लाल-लाल क्या लगा है?'' सम्पत ने भय का भाव दिखाते हुए उँगली सामने करके जवाब दिया, ''अरे, यह रंग—मेरी कज़िन ने मेरे अनजाने में कोई मज़ाक किया होगा। उसकी मेज़ पर ऐसी तरह-तरह की चीज़ें भरी पड़ी हैं।'' इस तरह बेपरवाही दिखाकर उसने बात को टालना चाहा। वह काफ़ी शर्मिंदा महसूस कर रहा था, इसलिए श्रीनिवास ने भी बात बदलने की दृष्टि से कहा, ''तुम रवि के बारे में मुझे कुछ बताना चाहते थे—है न?...बताओ।''

''तुमने रवि से वह बात की?'' सम्पत ने पूछा।

''मैं उससे यह बात नहीं करना चाहता,'' उसने हलकापन दिखाते हुए कहा। ''मेरा ख्याल है कि सब कुछ ठीक-ठाक चलेगा, चिन्ता की कोई बात नहीं है।''

''मेहरबानी करके मेरी परेशानी को समझो। वह आजकल ज़रा ज़्यारा ही नज़र आने लगा है। मैं उसे रोज़ गेट पर खड़ा देखता हूँ; और कपड़ों के विभाग में भी बिना वजह दिखाई देता है।''

''क्या इसका मतलब यह है कि वह अपना काम ठीक से नहीं कर रहा है?''

''नहीं, यह कहना तो सही नहीं होगा, लेकिन अब वह यहाँ-वहाँ ज़रा ज़्यादा ही नज़र आने लगा है?''

''तो इसमें क्या बुराई है?'' श्रीनिवास ने पूछा।

इस प्रश्न का उत्तर देने में सम्पत ने ज़रा समय लगाया, क्योंकि इसमें एक तरह की चुनौती सी थी। उसने कहा, ''स्टूडियो का यह नियम है, कि काम न होने की हालत में लोग किसी जगह आते-जाते न दिखाई दें।''

"मैं इस बात की तुम्हें गारंटी देता हूँ कि काम के बिना रवि कहीं भी नहीं जाएगा," श्रीनिवास ने कहा, और क्षण भर के लिए सम्पत इस उत्तर से अभिभूत-सा हुआ दिखाई दिया। वह कुछ देर चुप रहा, फिर बोला, "बात यह है कि मेरी कज़िन ने भी इस बात का नोटिस लिया है। उसका कहना है कि उसका हर समय पीछा किया जाता है। उसने यह भी कहा, 'यह लड़का है कौन? मैं जहाँ भी जाती हूँ, मुझे घूरता रहता है। और जिस तरह यह मुझे देखता है, उससे मुझे लगता है जैसे मेरी नाक मेरे गाल पर आ लगी है, या इस तरह की कोई और बात।' "

"उससे कहो कि फ़िक्र न करे, शीशे में देखकर निश्चय कर ले कि नाक सही जगह है या नहीं।"

"लेकिन इससे उसके काम पर भी असर पड़ता है—अगर उसे लगे कि कोई उसे घूर रहा है।"

"सम्पत, अगर वह खुद भी दूसरे को घूरकर न देखे, तो उसे कैसे पता चलेगा कि क्या हो रहा है—इसका इलाज भी खुद उसी के पास है। मेरे ख्याल से वह बहुत अच्छी लड़की है, उससे कहो कि खामखाँ ऐसी बातें न सोचे—और तुम भी ऐसी बातें उसके दिमाग में न डालो।"

इसके बाद श्रीनिवास जब स्टूडियो गया, वह रवि के कमरे में भी जा पहुँचा। इस वक्त वह कमरा नम्बर चार में अपनी सीट पर नहीं था। वह कार्य विभाग की तरफ़ से अपने विचारों में खोया चला आ रहा था। आसपास क्या चल रहा है, इस तरफ़ उसका ध्यान ही नहीं था। श्रीनिवास ने कहा, "मैं तुमसे मिलने आया था," तो वह चौंका और बोला, "अरे, एडिटर साहब, मैंने तो देखा ही नहीं आपको।"

"मैंने सोचा, तुम्हारी पोर्ट्रेट देखता चलूँ।"

"अच्छा, वो?" उसने हिचकिचाकर कहा। "मैं उस पर थोड़ा और काम कर लूँ। इस वक्त वह किसी को दिखाने लायक नहीं है।" इस वक्त वे पार्क में थे। "मैं आधे घंटे के लिए खाली हूँ। थोड़ी देर साथ बैठ लेते हैं।" श्रीनिवास ने मान लिया। दोनों हरी लतरों से बनी एक छतरी के नीचे जाकर बैठ गए। डी मेलो ने सजावट के लिए एक विशेषज्ञ माली को लगाया था, जो खाली जगहों पर फूलों के पौधे और हरी-भरी लम्बी-लम्बी लतरें लगाकर छतरियाँ वगैरह तैयार करता रहता था। रवि कहने लगा, "इस बगीचों वाले विभाग के लिए कुछ करना पड़ेगा। यह मेरे दिमाग पर चढ़ता जा रहा है। सब जगह उलझी-पुलझी बेलें और लतरें ही दिखाई देती हैं। बगीचों का यह विशेषज्ञ एकदम ईडियट है। उसने पानी के नलों पर भी यही बेलें चढ़ा रखी हैं। उसकी बगीचों की समझ जंगली आदिवासियों वाली है।"

"मुझे तो यह सुन्दर लगती है," श्रीनिवास ने इधर-उधर देखते हुए कहा।

"लेकिन इसमें ज़रा भी कलात्मकता नहीं है। न कल्पना है, न योजना है, न सन्तुलन है। इनके बिना कुछ कैसे अच्छा लग सकता है?" वह इतना व्यथित दिखाई दे रहा था, कि श्रीनिवास ने बिना ननुनच के उसकी थ्योरियाँ मान लीं। रवि कहता रहा, "हमारा आर्ट डायरेक्टर इस बगीचा विभाग का भी अधिकारी है, उसे यह सुपरवाइज़र फ़ौरन निकाल देना चाहिए। लेकिन उसे हम दोष भी कैसे दे सकते हैं? कलाकार तो है नहीं वह। उसने पार्वती के गहनों और अगल-बगल की सजावट के लिए जो नक्शा तैयार किया है, वह तो बहुत ही भयंकर है। वह पार्वती को कुछ ऐसा दिखाना चाहता है, कुछ ऐसा, कुछ...," लेकिन ऐसा क्या, यह तय न कर पाने के कारण उसने वाक्य अधूरा ही छोड़ दिया, और आगे कहने लगा, "वह ज़बरदस्त मूर्ख है। लेकिन मुझे वही आज्ञा देता है, और मैं आँख बन्द करके उसका पालन करता हूँ। वह मुझे बुरी से बुरी आज्ञा दे, सबसे भयंकर दृश्य बनवाए, मैं बिना कुछ बोले बना देता हूँ। इसी का मुझे पैसा मिलता है। लेकिन उन्हें इससे आगे नहीं बढ़ना चाहिए।" यह बात उसने बड़े ज़ोर से कही, जैसे सारी दुनिया को चेतावनी दे रहा हो। उसने उँगलियाँ चलाकर फिर कहा, "उन्हें इससे आगे नहीं बढ़ना चाहिए। वे मेरी पोर्ट्रेट के पास भी न फटकें, यह मेरा अपना काम है। मैं जैसा चाहूँगा, इसे बनाऊँगा। इसमें किसी को मुझे आदेश देने का अधिकार नहीं है। यह ऐसा न कर सका तो मैं पागल हो जाऊँगा।"

श्रीनिवास को लगा कि कुछ दिन पहले का उसका शान्ति और सहजता का मूड अब खत्म हो गया है, उसकी जगह अब उत्तेजना और गैर-ज़िम्मेदारी की काली, अँधेरी भावना उस पर हावी हो उठी है। लेकिन श्रीनिवास ने इस पर चिन्तित होना ठीक नहीं समझा। उसने अपने से कहा, "यही आर्टिस्ट की तस्वीर होती है।" उसने महसूस किया कि इस समय कुछ टिप्पणी करना सही नहीं होगा, और वह चुपचाप उसकी बातें सुनता रहा। रवि ने कहा, "मेरी पोर्ट्रेट एक अंधी गली में आकर खड़ी हो गई है, जानते हो? मैं उस पर आगे काम नहीं कर पा रहा, इसीलिए मैं तुम्हें वह दिखाना भी नहीं चाहता। क्या हुआ, यह मैं तुम्हें बताता हूँ। दो दिन पहले मेरे डायरेक्टर ने मुझे बुलाया और कहा कि मैं स्टूडियो के किसी भाग में तब तक न जाऊँ, जब तक वहाँ कोई निश्चित काम न हो। मेरा मन हुआ कि उसे थप्पड़ मारूँ और पूछूँ, "क्यों न जाऊँ?" लेकिन मैंने सिर झुकाकर कहा, "यस, सर," और तब से मैं जेल की तरह अपने कमरे में बैठा रहता हूँ। इसका नतीजा क्या हुआ? अब मैं उसे देख ही नहीं पाता, एक नज़र भी नहीं डाल पाता। इस तरह मैं कैसे काम कर पाऊँगा? फाटक पर भी, जब उसकी गाड़ी भीतर आती है, खिड़की पर पर्दे होते हैं। तुम्हें पता है, इस वक्त मैं कहाँ से आ रहा हूँ? कार्य विभाग से, जहाँ इस वक्त

मुझे कोई काम नहीं है। वहाँ लकड़ी के तख्ते पर खड़े होकर, जैसे सुनहरे सिंहासन की सीढ़ी या ऐसी ही किसी और चीज़ पर खड़े होकर मुझे भीतर के वस्त्र विभाग का आँगन दिखाई पड़ता है, जहाँ से वह आती-जाती है। इससे मुझे तस्वीर के दो-एक पाइंट समझने में मदद मिली है, और अब मैं उस पर काम करूँगा।'' तभी चार बजने का घंटा सुनाई दिया और वह चौंककर उठ खड़ा हुआ। बोला, ''डायरेक्टर के कमरे में प्रचार विभाग की मीटिंग है। अब मैं चलूँगा।'' यह कहकर वह ग़ायब हो गया।

अगले महीने की पहली तारीख को श्रीनिवास सोचने लगा कि इस महीने का किराया किसे दिया जाए। उसे ज़्यादा वक्त नहीं लगा क्योंकि सवेरे 6.30 बजे ही एक आदमी उसके पास आ पहुँचा। श्रीनिवास ने दरवाज़ा खोला तो देखा कि बीच की उम्र का एक आदमी अलपाका का बन्द गले का कोट पहने और सिर पर पगड़ी बाँधे उसके सामने खड़ा है। उसे याद आया कि ऐसे ही कपड़े पहने किसी आदमी को उसने पहले भी कहीं देखा है, फिर क्षण भर में उसके सामने अपने बूढ़े मकान-मालिक का चित्र घूम गया जो ऐसे ही कपड़े पहनकर फिल्म के समारोह में शामिल हुआ था। उसे लगा कि इन दोनों में कोई सम्बन्ध ज़रूर होना चाहिए। इस आदमी का चेहरा पिचका हुआ-सा था, नाक बहुत नुकीली थी और आँखों पर चश्मा चढ़ा था। वह बोला, ''मेरा नाम रघुराम है और मैं आपके मकान-मालिक का सबसे बड़ा दामाद हूँ। मैं किराया लेने आया हूँ।'' श्रीनिवास की नींद अभी खुली नहीं थी, उसने उसे भीतर ले जाकर चटाई पर बिठाया। पहले तो उसने सोचा कि इस आदमी से फिर कभी आने को कहे और अपनी नींद पूरी कर ले। लेकिन उसका स्वभाव इतना खुश्क व्यवहार नहीं कर सकता था। उसे चटाई पर बिठाकर वह भीतर चला गया और पन्द्रह मिनट बाद बातचीत के लिए तैयार होकर वापस लौट आया।

अजनबी बोला, ''मेरा नाम है...और मैं आपके स्वर्गवासी मकान-मालिक का...हूँ। मेरे ससुर साहब ने यह सम्पत्ति मेरी पत्नी को वसीयत की है, और मैं किराया लेने आया हूँ।''

''लेकिन मैंने तो आपको पहले कभी नहीं देखा,'' श्रीनिवास ने कहा।

''बात यह है कि मेरे ससुर साहब ज़रा अजीब किस्म के आदमी थे, इसलिए हमने तय किया था कि हम उनके किसी काम में दखल न दें, उन्हें अकेले ही रहने दें। हमने उनसे कहा भी कि हमारे साथ आकर रहें, लेकिन उन्होंने यह बात नहीं मानी।''

"वे हमें आप सबके बारे में बताते तो थे, लेकिन उनका कहना था कि उनकी बेटी कराची में रहती है।"

"वह मेरी बीवी की दूसरी बहन है। मैं सवेरे-सवेरे इसलिए आ गया क्योंकि इसके बाद शायद आप न मिलते।" यह कहकर उसने चारों तरफ़ कुछ इस तरह नज़र डाली, जैसे पैसा वहीं कहीं उसके लिए रखा हो। श्रीनिवास तय नहीं कर पा रहा था कि क्या करे। वह अपनी बीवी से सलाह-मशवरा करने भीतर गया, जो पीछे ज़मीन पर बैठी पीतल के बर्तन साफ़ कर रही थी। "बूढ़े का दामाद आया हुआ है, अब वह हमारा मकान-मालिक है। वह किराया माँग रहा है, दे दूँ?"

"हाँ, दे दो," उसने तुरन्त जवाब दिया, उसे बर्तन साफ़ करने का काम बहुत पसन्द था, और इस वक्त उससे जो भी कहा जाता, उसके लिए वह फ़ौरन 'हाँ' कर देती थी। "लेकिन उससे पूछना कि दूसरा नल कब लगवा रहा है।" श्रीनिवास ने लौटकर अलमारी खोली और उसमें से लकड़ी का एक छोटा-सा डिब्बा निकाला। फिर इसमें से पाँच रुपये के छह नोट निकालकर आगन्तुक के हाथों में रख दिए। उसने पूछा, "रसीद चाहिए?" यह कहकर उसने रसीद बुक खोलकर उसमें रकम वगैरह लिखी और दस्तखत करके पर्ची श्रीनिवास को पकड़ा दी। श्रीनिवास बोला, "आपको हमें एक नया नल लगवा कर देना है।" "नल नहीं है क्या?—हाँ, हाँ, मैं ज़रूर नल लगवा दूँगा, और,"—यह कहकर उसने दीवारों पर नज़र डालकर कहा, "हमें आपकी सुविधा के लिए जो भी ज़रूरी है, करना ही चाहिए।"

दिन के समय, जब वह दफ्तर में काम कर रहा था, तीस-पैंतीस साल की उम्र का एक और आदमी उससे मिलने आया। उसने धीरे से पूछा, "आप ही मि. श्रीनिवास हैं?" सीढ़ियाँ चढ़ने के कारण वह हाँफ़ रहा था। वह दुबला-पतला था, खद्दर का कुरता पहने था, जिसमें से जिराफ़ की तरह उसकी लम्बी गर्दन बाहर निकली पड़ रही थी। श्रीनिवास ने उसे कुर्सी पर बैठने का इशारा किया। वह बटन घुमाते हुए बैठ गया और कहने लगा, "मैं कारपोरेशन के हाई स्कूल में पढ़ाता हूँ। आपके स्वर्गीय मकान-मालिक मेरे ससुर थे। अब मेरी पत्नी इस जायदाद की मालिक है। मैं किराया लेने आया हूँ।"

श्रीनिवास ने उसे रसीद दिखाई। इसे देखकर वह परेशान हो उठा और बोला, "इस तरह उसके यहाँ आकर किराया ले जाने का क्या मतलब है?" यह कहकर वह तेज़ी से उठ खड़ा हुआ और ज़ोर से कहने लगा, "ये चालें मेरी समझ में नहीं आतीं। मेरी बेटी ससुरजी की प्रिय थी और उन्होंने अपनी सारी जायदाद उसके नाम कर दी थी—और सबसे उसी को ज़्यादा मानते थे वो।"

"आपकी बेटी वही तो है जो स्कूल में पढ़ रही है?"

यह सुनकर आगन्तुक बहुत खुश हुआ। ''तो आप मेरी बेटी के बारे में जानते हैं?'' वह फिर कुर्सी पर बैठ गया और फुसफुसाकर कहने लगा, ''तो आप मेरी मदद करेंगे? है न?''

''कैसी मदद?''

अब अपनी आँखें गोल करके उसने श्रीनिवास के कान में कहा, ''ससुरजी मेरी बेटी को ही सबसे ज़्यादा प्यार करते थे। उन्होंने उसकी शादी के लिए भी कुछ रुपया अलग कर दिया था। क्या इस बारे में उन्होंने आपसे बात की थी?'' वह साँस रोककर श्रीनिवास के उत्तर की प्रतीक्षा करने लगा, और श्रीनिवास यह सोचने में लग गया कि 'हाँ' कहे या 'ना'। अंत में उसने कहा, ''हाँ, एकाध दफ़ा कहा तो था,''—क्योंकि गलत बात कहना उसके लिए सम्भव ही नहीं था। आगन्तुक यह सुनकर उछलने-सा लगा। उसकी आँखें उत्साह से चमकने लगीं।

''यह पैसा कहाँ रखा है उन्होंने?'' उसने पूछा।

''यह तो मैं नहीं जानता,'' श्रीनिवास ने उत्तर दिया। ''मुझे और कुछ पता नहीं है।''

आगन्तुक इस उत्तर से परेशान-सा लगा और विनती-सी करने लगा, ''आप मेरी मदद कीजिए, सर, मुझे अब आपका ही सहारा है।''

श्रीनिवास को उस पर दया आने लगी, ''लेकिन मैं कर भी क्या सकता हूँ? एकाध दफ़ा ही उन्होंने ऐसा कुछ कहा था—इससे ज़्यादा मुझे कुछ नहीं पता!''

''मैंने सुना है, उनका सारा पैसा पोस्ट ऑफिस के सेविंग्स बैंक में जमा है। क्या यह सच है?'' श्रीनिवास को एक बार फिर सिर हिलाना पड़ा। उसने कहा, ''ज़िन्दा रहते वक्त भी लोगों के लिए पोस्ट ऑफिस के सेविंग्स बैंक से पैसा निकालना मुश्किल काम होता है।''

उसने दुखी होकर कहा, ''अब मैं बेटी की शादी कैसे करूँगा?'' श्रीनिवास ने उसे धीरज बँधाने के लिए कहा, ''अगर वे कुछ और दिन ज़िन्दा रहते तो तुम्हारी लड़की की शादी के लिए सब कुछ कर जाते। कितना चाहते थे वे उसे!''

''कैसा दुर्भाग्य है मेरा!'' यह कहकर उसने अपने माथे पर हाथ मारा। ''उन्होंने यह इन्तज़ाम पहले क्यों नहीं कर दिया?'' वह बूढ़े के इतनी जल्दी मरने की भी जैसे शिकायत करने लगा, या इस तरह मर जाना भी जैसे उसकी चाल हो; वह बूढ़े के मरने के ढंग से बहुत आहत दिखाई दिया। फिर उठकर बोला, ''मैं देखता हूँ क्या किया जा सकता है। और तब तक आप किसी और को किराया न दें।'' उसने दो-तीन क़दम आगे बढ़ाए, लेकिन फिर लौट आया और बोला, ''उनकी मि.

सम्पत से अच्छी घनिष्टता थी। आपका क्या ख्याल है, उनसे इस बारे में कुछ मदद मिल सकती है?''

''बात करके देख लें। वे नीचे ही बैठते हैं। लौटते हुए उनसे मिल लें।''

शाम को एक और आदमी मिलने आ गया। यह काफ़ी लम्बा था, और इसने अपने को बूढ़े का सबसे बड़ा बेटा बताया। उसने कहा, ''मुझे पता है, पिताजी ने अपनी वसीयत लिखी थी। आपको इस बारे में कुछ पता है?''

''नहीं, बिलकुल नहीं...''

आगन्तुक यह सुनकर खुश नज़र आया। ''अच्छी बात है। उन्होंने एक ही वसीयत लिखी थी, जो मेरे पास है। अगर कोई कुछ तमाशा खड़ा करता है, तो उससे मैं निपट लूँगा। आपने उसे किराया क्यों दे दिया? अब मुझसे बात किए बिना किसी को कुछ मत दीजिएगा।''

अगले दिन सुबह एक और आदमी किराया लेने आ गया, और उसने एक गुप्त वसीयत का भी ज़िक्र किया। अब श्रीनिवास सोचने लगा कि इस तरह तो वह ज़िन्दगी भर इन्हीं लोगों में उलझकर रह जाएगा, और कुछ और कर ही नहीं सकेगा। इस नये आदमी ने कहा, ''मैंने सुना है कि उन्होंने अपना सारा पैसा कार स्ट्रीट के डाकखाने में जमा किया है। उसे कैसे निकाला जा सकता है? इसके बारे में तो उन्होंने कोई बात नहीं की है।'' श्रीनिवास को यह सब जीवन का उद्योग व्यर्थ लगने लगा। वह सोचने लगा, ''इससे पहले ये सारे लोग कहाँ थे? आज अचानक सब कहाँ से प्रकट हो गए?''

उसने फैसला किया कि इन सब झंझटों से निजात पाने के लिए वह यह घर छोड़ देगा, और उसने नए घर की तलाश शुरू कर दी। लेकिन मालगुडी की जो स्थिति है, उसमें उसे घर मिलना सम्भव ही नहीं था, और ऐसा ही हुआ। वह यह भूल गया कि सम्भव होता तो वह पहले ही कोई और घर ले लेता और यहाँ इसमें रहने आता ही नहीं। इसलिए उसने घर की निरर्थक तलाश में एक पूरा हफ़्ता ही बिता दिया। इस कारण उसकी पत्नी नये घर के लिए इतनी उत्साहित हो उठी कि वह जब भी शाम को वापस लौटता, तो वह उससे पहला सवाल यही करती, ''घर का क्या हुआ?''

''कोई नतीजा नहीं निकला। कल मैं ग्रोव स्ट्रीट और विनायक स्ट्रीट पर तलाश करूँगा, फिर इसके बाद—'' यह सुनकर पत्नी निराश हो जाती। अपने मन में उसने नये घर में रहना शुरू भी कर दिया था, और इस घर में रहना उसे असम्भव लगने लगा था। अब यहाँ का सब कुछ उसे असह्य लगने लगा था। दीवारें गन्दी थीं और सीधी भी नहीं थीं, प्लास्टर चटकने लग गया था और डर लगा रहता था कि वह

खाने में न गिर जाए, लकड़ी की छतें चिकनी और गन्दली हो गई थीं, फ़र्श टूटने लगा था और उसमें कीड़े-मकोड़े पैदा हो गए थे, और इन सबसे ज़्यादा मुश्किल यह थी कि नल एक ही था। श्रीनिवास उसकी परेशानियाँ सुनता और सोचता रहता कि क्या करे। इस सबमें उनके बेटे ने अपनी परेशानियों की एक और सूची जोड़ दी थी : "पता है, मैं जब नहा रहा था, ऊपर से एक टाइल टूटकर मेरे सिर पर आ गिरी। पिछवाड़े एक नाली है जिसमें एक दिन मैंने साँप देखा था–," वगैरह, वगैरह। दोनों ने यह मकान छोड़ने का मन बना लिया। फिर बूढ़े के अपने लोग भी उन्हें इसी फैसले की तरफ धकेल रहे थे। लेकिन कहीं भी कोई घर उपलब्ध नहीं था। ऐसी स्थिति में कोई कर भी क्या सकता था? उसने सम्पत के सामने अपनी समस्या रखी। "हम आसानी से इसे हल कर लेंगे," उसने कहा, और कुछ नया करने का अवसर प्राप्त कर उसे खुशी हुई।

बूढ़े के आखिरी वसीयत की जाने की जो बात कही गई, वह बड़ी काम आई। इसके बाद जब अगला व्यक्ति उससे मिलने आया, तब सम्पत ने न तो इससे इनकार किया और न स्वीकार किया, जिसका नतीजा यह हुआ कि हर व्यक्ति उसके आगे-पीछे दौड़ने लगा। उसने कहा, "खोयी हुई वसीयत पर बात करने के लिए हम एक मीटिंग कर लेते हैं।" अब वह अपने पुराने रंग-ढंग में लौट आया था, और श्रीनिवास को यह देखकर अच्छा लग रहा था। वेशभूषा उसकी नयी थी, पर आँखों में पुरानी चमक लौट आई थी।

एक शनिवार की शाम उसने आधा दर्जन सम्बन्धियों को श्रीनिवास की मेज़ के इर्द-गिर्द ला बिठाया। वे सब एक-दूसरे को ज़हरीली नज़रों से देख रहे थे, उनमें से कोई भी किसी से बोल नहीं रहा था। सम्पत ने गम्भीर आवाज़ में बोलना शुरू किया, "आज हम सब उस पुण्यात्मा का स्मरण करने के लिए एकत्र हुए हैं।" इस वक्तव्य का कोई भी विरोध नहीं कर सकता था। "मेरा सौभाग्य है कि मुझे उनका विश्वास प्राप्त था। मुझे उनसे सत्य का ज्ञान प्राप्त हुआ। सांसारिक बातों में भी, मैं कह सकता हूँ कि मैं उन बहुत थोड़े लोगों में एक था जिसके सामने वे अपना हृदय खोल सकते थे...," यह वाक्य सुनकर हर आदमी ने एक-दूसरे पर जलती हुई नज़र डाली। "इस सबका श्रेय मेरे मित्र और सम्पादक श्रीनिवास को जाता है, जिन्होंने इन वृद्ध महानुभाव से मेरा परिचय कराया।" लोगों ने फिर एक-दूसरे को घूरकर देखा। उसने आगे कहना शुरू किया, "अब हम सबको, जो उनके सम्बन्धी बेटे-बेटियाँ और मित्र हैं, परस्पर मिलकर कुछ ऐसा करना चाहिए जिससे उनकी प्रतिष्ठा बढ़े और लोग उन्हें याद रखें। यह हम एकता और उदारता प्रदर्शित करके ही कर सकते हैं।" श्रीनिवास को उसकी भाषण-शक्ति पर आश्चर्य हो रहा था। इसके बाद वह

समस्या की चर्चा करने लगा। ''वे हमारे लिए अपना घर छोड़ गए हैं, पोस्ट ऑफिस में जमा पैसा छोड़ गए हैं, और बाकी जो कुछ भी उनका है, उसे भी छोड़ गए हैं। इसमें सन्देह नहीं कि यदि उन्हें होने वाली दुर्घटना का अनुमान होता, तो वे अवश्य इन सबके वितरण का प्रबन्ध कर जाते। लेकिन अब मुझे इसमें भी सन्देह ही होता है, क्योंकि उनके समान सन्त-चरित्र व्यक्ति के लिए सांसारिक वस्तुएँ जीवन की बाधाएँ ही होती हैं। वे एक श्लोक दोहराते थे जिसका अर्थ कुछ इस प्रकार हैं :

जब मैं राख हो जाऊँगा
तो मुझे इसकी परवाह क्यों हो
कि कौन पाता है मेरा धन
कौन गिनता है मेरे पैसे और
कौन बन्द करता है मेरी तिजोरी का ताला–
जब मेरी हड्डियाँ गलने लग जाएँ
तो मेरे घर का द्वार खुला रहे या बन्द
दोनों बराबर हैं मेरे लिए

''मैं विषय से थोड़ा भटक गया। अब हमें यह फैसला करना है कि इस स्थिति में हमें क्या करना चाहिए। एन्डरसन लेन के इस मकान में जो बहुत से लोग रहते हैं, उनमें मेरे मित्र श्रीनिवास और रवि भी हैं। स्थिति यह है कि हमारे एडिटर साहब को यह पता ही नहीं है कि किराया किसे देना है।'' यह सुनकर सब एक साथ बोलने लगे, और सम्पत ने इशारा करके उन्हें चुप हो जाने को कहा। ''किराया किसी एक को दिया जाए या सबको, यह विवाद का विषय है। इसका हम बहुत जल्द फैसला कर लेंगे, लेकिन उस समय तक, हर महीने किसे दिया जाए, यह वे समझ नहीं पा रहे, और चूँकि वे किराया रखना भी नहीं चाहते...''

एक साथ कई आवाज़ें उठीं, ''लेकिन इसका तो फैसला हो चुका है,'' और सम्पत ने इस पर एतराज़ जताया परन्तु कुछ ऐसी मुद्रा में, जिसका कोई स्पष्ट अर्थ नहीं था। उसने कहा, ''हाँ, हो चुका है, हरेक की अपनी दृष्टि से। लेकिन मुद्दा यह है कि जब तक आखिरी पक्का फैसला न हो जाए, कि किराया किसे, कहाँ देना है, तब तक क्या करना होगा। इस बारे में मेरा सुझाव यह है कि उस समय तक किराया जमा करने के लिए पोस्ट ऑफ़िस में एक और एकाउंट खोल दिया जाए।''

यह सुनते ही लोगों का शोर बहुत ज़्यादा बढ़ गया और सम्पत ने कहा, ''यही वजह है कि मेरे मित्र यह घर छोड़कर कहीं और रहना चाहते हैं–उनका कहना है

कि जहाँ इतने लड़ाई-झगड़े हों, वहाँ कैसे रहा जा सकता है।'' यह कहकर वह थोड़ी देर रुका, यह देखने के लिए कि लोगों पर इसकी क्या प्रतिक्रिया होती है। लग रहा था कि सब एकदम डर गए हों—हालाँकि इसकी ज़रूरत नहीं थी। लेकिन चूँकि यह बात धमकी के लहज़े में कही गई थी, इसलिए उसका पूरा नहीं, तो आधा असर तो हुआ ही। सम्पत ने यह देखकर प्रभाव को पूरा किया, ''आप लोग एडिटर साहब जैसे पुराने, विश्वसनीय किराएदार को खोकर कुछ अच्छा तो नहीं करेंगे।''

सब एक साथ बोल पड़े, ''नहीं, हरगिज़ नहीं, हम ऐसे व्यक्ति को परेशान नहीं करना चाहते।'' यह कहकर सब एक-दूसरे का मुँह ताकने लगे। तब एक ने कहा, ''हम जानना चाहते हैं कि वह वसीयत कहाँ है? मैं तो सोचता था कि यहाँ हम उसके बारे में जानने आए हैं! क्या आपको इसकी कोई जानकारी है?'' अब सब लोग सम्पत की तरफ़ देखने लगे। उसने बड़ी सादगी से यह कहा, ''इस जैसे महत्त्वपूर्ण विषय पर मैं क्या कह सकता हूँ! मैंने तो उनसे बहुत सी बातें सुनी हैं।''

अब सब चीखें, ''बहुत सी बातें तो आप रहने दीजिए। इसी बात के बारे में बताइए।'' सम्पत ने इसका निश्चित उत्तर यह दिया, ''नहीं, मैं दो महीने तक इसकी चर्चा नहीं करूँगा। उस समय तक, जो भी जानने योग्य है, सब सामने आ जाएगा। इसका मुझे पूरा विश्वास है।''

अब बड़े लड़के ने कहा, ''पिता जी ने जो वसीयत रजिस्टर कराई थी, उसकी यह प्रतिलिपि है। मि. सम्पत, आप इसे देखिए।'' यह सुनकर सब लोग उत्तेजित हो उठे। सम्पत ने कागज़ हाथ में लिया और उसे ज़ोर-ज़ोर से पढ़ना शुरू किया : ''मैं एतद् द्वारा यह वसीयत करता हूँ...और यह मेरी आखिरी वसीयत है।''

''मेरी बेटी के बारे में तो कुछ नहीं है,'' ''और इसमें मेरा हिस्सा कहाँ है?'' ''तुम्हें तो वे बिलकुल नहीं चाहते थे...'' ''आप भूल गए...,''—बहुत सी आवाज़ें एक साथ फूट पड़ीं। सम्पत ने कहा, ''अब इसका फैसला अदालत में होगा, यहाँ नहीं। हमें इस सबमें उलझना नहीं चाहिए। खून के रिश्ते आज लड़ते हैं, तो कल एक भी हो जाते हैं। हम बाहर वालों का इस सबसे कोई लेना-देना नहीं हो सकता। हमें तो उसे ही किराया देना है जिसके लिए अदालत हुक्म देती है...। इस बीच, जो भी यह मानता है कि वह मकान का हकदार है, उसे हमारे बुजुर्ग के वादों को पूरा करने की ज़िम्मेदारी भी निभानी चाहिए, इससे भी उसका हक साबित होने में मदद मिलेगी।

''क्या ज़िम्मेदारी?'' सबने एक साथ पूछा।

सम्पत ने कहा, ''नीचे गाड़ी खड़ी है। आप सब मेरे साथ आइए।'' यह कहकर वह उठ खड़ा हुआ, और सब लोग उसके पीछे चले। सब बड़े खुश थे कि कार

में बैठने का अवसर मिल रहा था। सब एक-दूसरे पर चढ़कर बैठ गए। सम्पत सबको लेकर श्रीनिवास के घर पहुँचा। यह सब किसी जाँच समिति की तरह था जो मौके का मुआयना करने आई थी। सम्पत ने पहली बात यह कही, ''देखिए, चार परिवारों के लिए एक ही नल है यहाँ।'' इसके बाद चारों परिवारों के लोग यहाँ आकर इकट्ठे हो गए और अपनी ज़रूरतों की उन्होंने एक पूरी सूची ही सुना दी।

इसका परिणाम यह हुआ कि एन्डरसन लेन के इन घरों का कुछ ही दिनों में नक्शा ही बदल गया। श्रीनिवास के लिए इस कारण थोड़ी सी परेशानी ज़रूर हुई—उसे अपना परिवार दफ़्तर में लाकर रखना पड़ा। जब वह लौटा तो उसने पाया कि दीवारों को खुरचकर उन पर ताज़े चूने की पुताई कर दी गई है, टाइल बदल दिए गए हैं, फर्श को सीमेंट से पक्का बना दिया गया है, और उसके ही घर के पिछवाड़े एक अलग नल लगवा दिया गया है। इसी तरह रवि के घर के पीछे का पार्टीशन तोड़ दिया गया था और जितने हिस्से में पहले चार-पाँच परिवार रहते थे, उसमें अब तीन ही परिवार रहने लगे। अब यह जाँचना ओर बता पाना मुश्किल था कि इस सब फेरबदल में किसका प्रमुख योगदान है; बूढ़े के सभी रिश्तेदार अपना हक साबित करने के लिए काम करने में जुट गए थे। श्रीनिवास की पत्नी बहुत प्रसन्न थी। सम्पत ने कहा, ''अब एडिटर साहब, आपकी समस्या तो हल हो गई। अब आप पहली तारीख को अपना किराया सेविंग्स बैंक में जमा करा दिया करें। सब इसके लिए तैयार हो गए हैं। अब ये लोग अदालत में जा रहे हैं, आखिरी फैसला कराने के लिए। लेकिन इसमें हमें फिलहाल कुछ नहीं करना है।

8

फिल्म का एक बहुत महत्त्वपूर्ण दृश्य। शिव ध्यानमग्न हैं। वे आँख खोलते हैं और पार्वती की ओर देखते रहते हैं। उनमें कामना की लहरें उठने लगती हैं। वे सोचते हैं कि इसका कारण क्या हो सकता है। आजतक तो वे पार्वती की पूजा को निरपेक्ष भावना से ग्रहण करते रहते थे, परन्तु आज उन्हें उनके प्रति आकर्षण उत्पन्न हो रहा है। उन्हें लगता है कि कोई उनके साथ खेल खेल रहा है, और यह जानने के लिए कि वह कौन हो सकता है, वे चारों ओर नज़र डालते हैं तो पाते हैं कि काम का देवता एक कोने में खड़ा उनके ऊपर तीर चला रहा है। वे तुरन्त उसे भस्म कर देते हैं और फिर ध्यान में लीन हो जाते हैं।

यह दृश्य फिल्माया जा रहा था और स्क्रीन पर प्रदर्शित हो रहा था। सब आराम कुर्सियों पर बैठे, मुँह में सिगरेट दबाए शान्तिपूर्वक देख रहे थे। सोमू, सम्पत, सोहन लाल—जो फिल्म खरीद रहा था, डी मैलो, और पीछे की सीटों पर बैठे कई तकनीशियन। अपनी केबिन में बैठा ऑपरेटर बार-बार एक ही रील चलाकर दिखाते रहने से थका, अपना काम किए जा रहा था। सोमू ने सबसे पहले यह शान्ति भंग की। कहा, ‘‘क्या कहते हैं, लाल साहब?’’

सोहनलाल बोले, ‘‘सही नहीं है। अच्छा रहेगा अगर यह दृश्य दोबारा शूट करें। इसमें कुछ कमी लग रही है।’’

डी मैलो ने इसमें जोड़ा, ‘‘अगर मैं एक शब्द में कहूँ, तो इसमें ‘पेप’ नहीं है। यानी हलकी सी उत्तेजना। इसे सही ढंग से प्रस्तुत करने में काफ़ी कुछ करने की गुंजाइश है। मैं सहमत हूँ सोहनलाल साहब से।’’

‘‘ठीक है। अगर सबकी यह राय है कि सीन दोबारा शूट किया जाए, तो कर लेना चाहिए। इसके लिए स्क्रिप्ट भी दोबारा लिखी जानी होगी।’’ सबने श्रीनिवास पर नज़र डाली। ‘‘क्या ख्याल है आपका, यह दृश्य दोबारा लिखा जाना चाहिए?’’

‘‘लेकिन कैसे? किस तरह?’’ श्रीनिवास ने शान्त रहने का प्रयास करते हुए,

जितना भी इस विवेचना में सम्भव था, कहा। उसे इन लोगों की शिकारी जैसी नज़र पर तरस आ रहा था। जो चीज़ें ये समझते ही नहीं हैं, उन पर बहस कर रहे हैं ये लोग। सिर्फ व्यापार की नज़र से इसे देख रहे हैं। उसके मन में गुस्सा उमड़ रहा था, लेकिन उस पर काबू करने की कोशिश के साथ-साथ वह इनके दृष्टिकोण को भी सहानुभूति से समझने का प्रयत्न कर रहा था। उसके सवाल का कोई उत्तर नहीं आया। सबने एक-दूसरे की तरफ़ डरी-सी नज़रें डालीं और कुड़मुड़ाने लगे। केवल डी मैलो ने हिम्मत बटोर कर जवाब दिया, "शायद एक डांस डाल देने से बात बन जाएगी; लोगों को यह पसन्द आएगा।"

"हाँ," सोहनलाल ने तुरन्त समर्थन किया। "डांस डालने का विचार बहुत अच्छा है। फिल्म में कुछ मनोरंजन भी ज़रूरी है।"

"इसमें कॉमेडी भी है ही," सोमू ने जोड़ा। उन्हें गर्व था कि यह काम उनके कहने से हुआ है। श्रीनिवास ने कोशिश की कि इसे न सुने, क्योंकि कॉमेडी की बात पर उसका खून खौलने लगता था। उसने शुरू से ही कॉमेडी दृश्यों से अपने को अलग रखा था, इसलिए सम्पत और सोमू ने आपस में साँठ-गाँठ करके इनकी कल्पना की थी और इन्हें अलग से शूट करवाकर फिल्म के बीच-बीच में मसाले की तरह डाल दिया था। श्रीनिवास ने देखा कि उसके लिखे कुछ बहुत प्रभावी दृश्य गोपू और माली की आपसी फूहड़ किस्म की नोंक-झोंक में गायब ही हो गए हैं। ये दोनों फिल्मों के सबसे ज़्यादा कीमत वसूलने वाले मशहूर कॉमेडियन थे, और इस तरह वे हर फिल्म में चटपटेपन का छौंक लगाकर उसे लोकप्रिय बनाने की कोशिश करते थे। लोग उनके हँसी-मज़ाक देखने के लिए चले आते थे। सोमू को खुशी थी कि उनके प्रयत्नों से यह काम हो सका था। लेकिन सोहनलाल ने उनकी बात के उत्तर में यह कहा, "हाँ, कॉमेडी तो ठीक है, लेकिन मनोरंजन के लिए डांस का अपना ही महत्त्व है।" यह सुनकर सबने फैसला कर लिया कि यह दृश्य नृत्य के रूप में प्रस्तुत किया जाए, और सबने स्टूडियो के विभिन्न विभागों से कई और लोगों को बुला भेजा। श्रीनिवास ने हारकर इस स्थिति को स्वीकार कर लिया। उसने यही तय किया कि दृश्य को दोबारा लिखने से इनकार कर देगा। वास्तव में यही उसका सबसे प्रिय दृश्य था। इसमें उसने घटना का आन्तरिक तत्व प्रदर्शित करने के लिए उसके भाव को बाह्यात्मक रूप प्रदान करके उसके ऊपर प्रतीकों के प्रदर्शन द्वारा प्रेम और उसकी पवित्रता, शान्ति और सात्विकता अभिव्यक्त करने का प्रयत्न किया था। परन्तु अब ये लोग उसके स्थान पर नृत्य का प्रोग्राम लगाना चाहते थे। श्रीनिवास को लगा कि उसके समान असहाय और कोई इस दुनिया में नहीं होगा। फिर भी उसने कोशिश की कि इस निराशा को ज़्यादा तूल न दे। लेकिन वह अपने दिमाग़ को और ज़्यादा

कष्ट नहीं देना चाहता था, इसलिए उसने सिर सम्पत की ओर झुकाकर उसके कानों में फुसफुसाकर कहा, "मैं जा रहा हूँ। क्यों, यह बताने की ज़रूरत नहीं है।"

"ठीक है, जाओ," सम्पत ने कहा, और वह बाहर निकल गया। वह स्टूडियो के खुले मैदान में चलने लगा। उसने देखा कि कितना ज़्यादा लोग अपने-अपने कामों में लगे, चेहरे पर गहरी गम्भीरता ओढ़े, हर दिन कम-से-कम दस घंटे व्यस्त रहते हैं। वह सोचने लगा, "ये लोग इतना सब उद्योग किसी अच्छे काम में क्यों नहीं लगाते?" घूमता-घामता वह कला और प्रचार विभाग में आ गया।

रवि अपने कमरे में बैठा पब्लिसिटी पोस्टर तैयार करने में जुटा था। खुद वह ज़मीन पर बैठा था और उसके सामने एक बड़ा-सा बोर्ड दीवार से टिका रखा था। उसके अपने हाथ में एक ब्रुश था। बोर्ड पर पेंसिल से शान्ति की रूपरेखा खिंची थी, जिसमें वह रंग भर रहा था। यह उसी छोटे से पेंसिल से बनाए स्केच का बड़ा रूप था, जिसे उसने काफ़ी दिन पहले बनाया था। इसकी आँखों की पुतलियों से जैसे ज़िन्दगी निकल रही थी, आँखें रोशनी से भरपूर थीं और कान में पहने हीरे से तेज़ चमक निकल कर चारों ओर फैल रही थी; सब कुछ इतना जानदार और प्रभावी था कि उसे किसी भी आर्ट गैलरी में प्रदर्शित किया जा सकता था। श्रीनिवास चकित होकर इसे देख रहा था।

"कैसा लग रहा है?" रवि ने प्रश्न किया।

"तुम इसी चित्र की चर्चा कर रहे थे?"

"अरे नहीं, यह तो थियेटर के फाटक पर लगाने का पोस्टर ही है। दूसरा तैल-चित्र है और मेरा अपना है।"

"कहाँ है वह?"

"वह दीवार के सहारे उलटा रखा है।" श्रीनिवास ने देखा कि काफी दूर एक कोने में लकड़ी का एक तख़्ता रखा है। वह उसकी ओर बढ़ा और पूछने लगा, "देख सकता हूँ।"

"अरे नहीं, कई साल बाद ही शायद मैं इसे किसी को दिखा सकूँगा।" यह कहकर उसने ब्रुश ज़मीन पर रख दिया, और कुर्सी पर बैठकर कहने लगा, "इस पर जब मैं काम करता हूँ तो लगता है, उसके पास हूँ? जब मैं उसकी तस्वीर बना रहा होता हूँ, भले ही वह पोस्टर क्यों न हो, मुझे किसी और चीज़ की दरकार नहीं रह जाती। तुम्हारा क्या ख्याल है—क्या वह सच कह रहा है कि वह यह नहीं है?"

"अब तुम यह सब चिन्ता मत करो," श्रीनिवास ने आग्रहपूर्वक कहा।

"मैं चिन्ता नहीं कर रहा। मैं रोज़ उसे घर जाते देखता हूँ, सम्पत के बगल में एकदम उसके पास और उसे छूते हुए देखता हूँ, दोनों हमेशा साथ ही दिखाई

देते हैं। वह तो मुझे उसके पास फटकने तक नहीं देता। मुझे इतना बेवकूफ़ समझता है?'' यह कहकर वह कड़ुवाहट से हँसा। ''वह मुझसे खुद बात करने आए तब भी मैं उससे बात नहीं करूँगा। वह नाटक कर रही है कि कोई और है।''

''रवि, हर वक्त यह सब मत सोचा करो। अपना काम करो और बाकी सब भूल जाओ।''

''मैं यही तो कर रहा हूँ। और करूँ भी क्या? उसका चित्र बनाते हुए, भले ही वह पोस्टर हो, मुझे शान्ति मिलती है। वही उसे पूरा हथिया ले, मैं परवाह नहीं करता। मुझे उससे ज़्यादा अच्छी चीज़ मिलती है।''

कमरे में चारों तरफ़ विज्ञापन के आरम्भिक लेआउट फैले थे। एक में कहा गया था : ''साक्षात् भगवान के दर्शन करने का सुनहरी अवसर!'' रवि ने इस शीर्षक की ओर संकेत किया और पूछा, ''इसकी लेटरिंग कैसी लग रही है? यह विज्ञापन का स्लोगन मुझे लिखने को दिया गया है।''

''भगवान की इतनी दुर्गति किसी ने न की होगी!''

रवि ने इस पर बस अपने कंधे हिलाए और कहा, ''मुझे इससे क्या? मैं तो जो कहा जाता है, उसे कर देता हूँ। अगर वे मुझसे यह लिखने को कहें कि 'मैं सबसे बड़ा मूर्ख हूँ' तो मैं इसे भी बढ़िया लेटरिंग में लिख दूँगा। मैं क्यों परवाह करूँ? सुनो, हमारा डायरेक्टर स्टूडियो में घड़ी की सुई चलाने के ही लायक है। वह न सीधी लाइन खींच सकता है और न टेढ़ी, फिर भी वह हमारा बॉस है, और जब वह हमारा काम स्वीकार करेगा, तभी हमें पैसे मिलेंगे।'' यह कहकर वह बेतहाशा हँसने लगा। उसके माथे की नसें पाइप की तरह फूलने लगी थीं और उसकी आवाज़ भी बुलन्द हो उठी थी। वह बड़ी लापरवाही से बात कर रहा था और अपने शब्दों से ही सबको चुनौती देना चाहता था। वह बहुत ज़्यादा उत्तेजित हो उठा था। श्रीनिवास ने यह भी देखा कि उसका चेहरा पीला पड़ता जा रहा है, और उस पर मोम जैसी सफ़ेदी छाने लगी है। वह बोला, ''सुनो, अपनी सेहत का ख्याल रखा करो। इस तरह उसे नष्ट करने का क्या मतलब है? अपनी शक्ल तो देखो ज़रा!'' रवि ने इस बात पर ज़रा मुँह बनाया और अपना चेहरा देखने के लिए शीशे के सामने जाकर खड़ा हो गया। फिर उसी में जैसे अपने से ही कहने लगा, ''प्यारे, तुम्हारे लिए इससे ज़्यादा क्या किया जाए? बहुत उम्मीद मत करना मुझसे। तुम्हें अपनी ज़रूरत से ज़्यादा ही मिल रहा है।'' यह कहकर वह फिर ज़ोर से हँस पड़ा। अपनी बातों की सफ़ाई देने के लिए कहने लगा, ''जानते हो, डायरेक्टर साहब ने एक दर्जन अलग-अलग तरह के पोस्टर तैयार करने को कहा है। इसके अलावा सेट पर ज़रूरी काम करना होता है। आजकल मैं यहाँ रात में भी काम करता हूँ। घर नहीं जाता।'' अपने घर

की याद करके उसके शरीर में झुरझुरी-सी दौड़ गई। ''मुझे यह जगह पसन्द है। पिताजी ने मुझसे बात करना एकदम बन्द कर दिया है। वे जब भी घर पर मेरी आवाज़ सुनते हैं, एकदम सख्त पड़ जाते हैं, और मुझे लगता है कि किसी दिन उन पर दौरा फिर पड़ जाएगा। लेकिन बेचारी माँ पर वे चीखते-चिल्लाते ही रहते हैं, और यही सबसे परेशानी की बात है।'' यह कहकर वह कुछ सोचता हुआ सा बोला, ''माँ और बेचारे भाई-बहिनों के कारण मैं इस घर से अभी तक जुड़ा हूँ, नहीं तो कब का इससे किनारा कर लेता।''

''तुम ज़रा देर के लिए मेरे साथ चल सकते हो?'' श्रीनिवास ने पूछा।

''कहाँ के लिए?''

''मेरे घर। वहाँ मैं तुम्हें बढ़िया कॉफ़ी और खाने को दूँगा। कुछ देर आराम करना, और जब चाहो, स्टूडियो लौट आना।'' रवि ने प्रस्ताव पर विचार किया लेकिन अस्वीकार कर दिया। ''मुझे इस स्लोगन के तीन अलग-अलग नमूने रात होने से पहले तैयार करने हैं।'' यह कहकर वह फिर अपने काम में जुट गया।

घर पर श्रीनिवास की पत्नी ने उससे कहा, ''पता है, आज शाम सम्पत की बीवी यहाँ आई थी?''

''यहाँ वह क्यों आई? तुम तो उससे पहले कभी नहीं मिली हो!''

''कभी नहीं मिली। वह कार पर आई थी। कितनी ज़्यादा लड़कियाँ हैं उसके!''

''क्यों, जलन हो रही है?'' श्रीनिवास ने पूछा और जवाब का इन्तज़ार करने लगा। पत्नी बोली, ''इसमें मज़ाक की क्या बात है? वह बड़े गम्भीर काम से आई थी। चाहती है कि मैं उसके पति के बारे में तुमसे बात करूँ।''

''क्या बात?''

''लगता है, घर में उसका रहना बहुत मुश्किल हो गया है। वह औरत है न, जो पार्वती बन रही है। वह हमेशा सम्पत के साथ रहता है।''

''लेकिन कज़िन हैं दोनों।''

''शायद कज़िन नहीं हैं। दोनों की जाति भी अलग है।''

''अलग है तो भी क्या?'' श्रीनिवास ने पूछा। वह सोचने लगा कि जाति व्यवस्था भी कितनी मुसीबत है! लेकिन पत्नी यह सुनकर एकदम भड़क उठी, ''वह चाहे जिस ज़ात की हो, उसे इस परिवार को बिगाड़ने का क्या हक़ है? पहले पति-पत्नी कितने सुखी थे! लेकिन अब वह घर की ज़रा भी परवाह नहीं करते। हमेशा उसी के साथ रहते हैं। और अब नौबत यहाँ तक पहुँच गई है कि वह उससे शादी करके दूसरा

घर बसाने की बात भी करने लगे हैं। यह बेचारी कई दिनों से रो रही है। तुम्हें इसके लिए कुछ करना चाहिए।'' श्रीनिवास की पत्नी इतनी उत्तेजित और परेशान नज़र आई कि उसने सम्पत से इस बारे में बात करने का निश्चय कर लिया।

श्रीनिवास सम्पत से स्टूडियो में बात करने के लिए उचित अवसर की तलाश में लग गया। वह हर समय शान्ति के साथ ही नज़र आता था, बस, जब कभी वह मेक-अप रूम में कपड़े बदल रही होती या मेक-अप कर रही होती, या जब वह खुद डेढ़ लाख की बकाया रकम वसूल करने के लिए सोहनलाल के आगे-पीछे घूमता रहता, इन दो बातों को छोड़कर। स्टूडियो का मालिक अब धीरे-धीरे सोहनलाल ही बनता जा रहा था, और वह खुद डांस का प्रोग्राम तैयार करने में सारा समय लगा रहता था। उसने सम्पत से कहा, ''यह डांस का ऐक्ट पूरा तैयार करके दे दो, मैं रकम का आधा चेक से तुम्हें सौंप दूँगा।'' फिर डेढ़ लाख रुपये मिलते ही सम्पत सोमू से उसके शेयर खरीदकर फिल्म का पूरी तरह मालिक बन जाने वाला था। इसके बाद वह दूसरी फिल्म का काम शुरू कर देता। इसलिए डांस का एक्ट जल्दी से जल्दी तैयार करके दे देना उसके हित में सबसे ज़रूरी काम था, और वह रात-दिन इसी में लगा रहता था। इस तरह सोहनलाल उसके पीछे लगा रहता, वह सोहनलाल के पीछे लगा रहता, और सोमू इन दोनों के पीछे इसलिए लगा रहता कि डांस का एक्ट खत्म होते ही उसे मिलने वाले पेमेन्ट भी आना शुरू हो जाएँगे। कुल मिलाकर मनुष्य के व्यापारिक सम्बन्धों की यह काफ़ी जटिल प्रक्रिया है। इस सब धुआँधार में श्रीनिवास बिलकुल अलिप्त, घूमता रहता था, क्योंकि उसने अपने को इन घटनाओं के मात्र दर्शक के रूप में रहने का स्वभाव विकसित कर लिया था। इससे वह हर समय लगने वाले झटकों से अपने को मुक्त रख पाने में सफल था। इसी कारण कहानी की बाहरी-भीतरी तोड़-फोड़ से भी वह ज़्यादा प्रभावित नहीं हुआ। जिस मनोरंजक प्रक्रिया से गुज़रकर उसकी कहानी की काट-छाँट और तोड़-मरोड़ की जाती रही, इसे वह एक से दूसरे कमरे में घूम-घूमकर देखता, हर स्टूडियो में, शूटिंग के लिए उपलब्ध स्थान और सेटिंगों में, प्रयोगशाला और ध्वनि-नियंत्रण और फुटेज की कतर ब्योंत, और प्रदर्शन कक्ष की आवश्यकताओं, इन सबमें उस पर अलग-अलग काम होता हुआ देखकर वह बहुत जल्द इस निर्णय पर पहुँच गया था कि जो कहानी फिल्म के रूप में बनकर स्क्रीन पर आएगी, वह उसकी लिखी अपनी कहानी न होकर इन सबके घालमेल से निकलकर आई एक बिलकुल अलग ही कहानी होगी।

सम्पत को अकेले पाना मुश्किल था। फिर भी, जब वे बहस और विचार कक्ष

में डांस एक्ट के परीक्षा प्रबन्ध पर बातचीत करके दूसरे स्टूडियो की तरफ जा रहे थे, तब श्रीनिवास ने उसे पकड़ लिया और कहा, ''पन्द्रह मिनट का समय मेरे लिए निकालो, कुछ बात करनी है।''

सम्पत ने आश्चर्य से उसकी ओर देखा। वह सिल्क की शर्ट पहने था जिसमें सोने के बटन लगे थे, कलाई पर प्लेटिनम की घड़ी चमक रही थी जिसकी पट्टी सोने की थी। आजकल वह चश्मा भी लगाने लगा था। श्रीनिवास ने खुद से कहा, ''समृद्धि के सब लक्षण हैं। बाकी सब वही है लेकिन पुराना व्यक्तित्व गायब हो रहा है।'' अब वह हर जगह कार से जाता था, जिसके कारण पेट भी कुछ निकल आया था। श्रीनिवास का मन हुआ कि यह कहे, ''बहुत जल्द तुम सोमू की तरह दिखने लगोगे। अपने ऊपर लगाम लगाओ, नहीं तो...''

''कोई खास बात है?''

''हाँ, बिलकुल,'' श्रीनिवास ने जवाब दिया।

''डांस टेस्ट देखने के बाद मैं फ्री हो जाऊँगा। दस मिनट से ज़्यादा नहीं लगेंगे। तुम भी चलो, देखकर बताओ।'' श्रीनिवास ने माफ़ी माँगी और गार्डन में ही टहलता रहा। टेस्ट देखकर सम्पत वापस आया और बोला, ''यह डांस का आइडिया सचमुच बहुत अच्छा है। इससे फिल्म में चार चाँद लग जाएँगे, और यह देश की सबसे कलापूर्ण फिल्म बन जाएगी। फिर इसे विदेशों में भी दिखाया जा सकेगा। यह बताओ, तुम्हें तो ये परिवर्तन खराब नहीं लग रहे?''

''बिलकुल नहीं। मैं इसकी चिन्ता क्यों करूँ?''

''हम इसके बाहरी रूप-रंग में ही परिवर्तन कर रहे हैं, मूल कहानी वही रहेगी जो तुमने लिखी है।''

''हाँ, हाँ, यह सही है।'' श्रीनिवास ने कहा, और सोचा कि हर फिल्म-निर्माता अपने लेखक से यही बात कहता है। उसने कहा, ''मैं इस बारे में तुमसे बात नहीं करना चाहता। वह कोई और ही बात है। फिर उसने धीरे से, जैसे माफ़ी माँग रहा हो, अपनी बात कही। पहले तो सम्पत ने इस पूरी कहानी से ही इनकार किया। फिर अपनी पुरानी अदा से आँखों में शरारत भरकर कहा, ''कुछ लोग कहते हैं कि हर समझदार आदमी को दो बीवियों की ज़रूरत होती है...एक घर को सही ढंग से सँभालने के लिए, और दूसरी बाहर के सामाजिक जीवन के लिए–अभी मेरे पास एक ही है। तो दूसरी क्यों नहीं चाहिए? और मुझे इसका विश्वास है कि मैं दोनों को ही सुखी रखूँगा, और ज़रूरी हुआ तो घर भी अलग-अलग दे दूँगा। आदमी का दिल क्या इतना सँकरा है कि उसमें एक से ज़्यादा लोग रह नहीं सकते? मैंने वैदिक रीति से अपना विवाह किया है, दूसरा मैं सिविल मैरिज कानून से करना चाहता हूँ...।''

"यानी बात करने का कोई महत्त्व नहीं है?"

"एडिटर साहब, मेरे ख्याल से तो नहीं है...! मुझे माफ़ कर देना। मैं इसे प्यार करता हूँ—हो सकता है तुम इस पर यकीन न करो।"

"तुम यह कैसे भूल सकते हो कि पाँच बच्चों के पिता हो तुम?"

"मैंने बताया तो, आदमी का दिल छोटा नहीं होता।"

"अपनी बीवी के बारे में सोचो।"

"हाँ, औरतें तमाशा तो करती ही हैं। वह ठीक हो जाएगी। उसे आदत पड़ जाएगी।" ज़रा देर के लिए वह विचार-मग्न नज़र आया, फिर पहले जैसा होकर उत्साह से कहने लगा, "उसकी आदत है कि कई दफ़ा तमाशा करती है। लेकिन हमेशा ज़रूरत के हिसाब से बदल जाती है। एडिटर साहब, मैं खुद तुम्हें इस बारे में बताने की सोच रहा था, लेकिन हुआ यह—"

"सम्पत, मैं यह तो नहीं कहूँगा कि यह समाचार सुनकर मुझे खुशी हो रही है। मैं अब भी यही सोचता हूँ कि तुम इस पर पुनर्विचार करोगे।" इस तरह उपदेश-सा देते हुए उसे अजीब लगा लेकिन उठते-उठते उसने कहा, "तुम्हें अपने पाँच बच्चों के बारे में भी सोचना चाहिए।"

"हाँ," सम्पत ने गम्भीरता दिखाते हुए कहा, "मैं दोनों को अलग-अलग घर दूँगा। मैं कोई ग़ैर कानूनी काम नहीं कर रहा हूँ जो शर्मिंदा महसूस करूँ। इसके अलावा, हमारा धर्म भी कई पत्नियाँ रखने की इजाज़त देता है।"

"ठीक है। कोई भी कानून एक से ज़्यादा सिर रखने पर प्रतिबंध नहीं लगाता, इसलिए जितने ज़्यादा सिर लगा सको, उतने क्यों नहीं लगा लेते?" श्रीनिवास ने प्रश्न किया। फिर कहा, "अब साफ़ बात कहूँ। मुझे विश्वास है कि तुम जोरजेट, पाउडर और गोलाइयों के आकर्षण में बहते जा रहे हो। तुम्हें अपनी पत्नी और बच्चों को इस तरह दुखी करने का कोई अधिकार नहीं है।"

"ठीक है," सम्पत ने बनावटी नम्रता दिखाते हुए कहा, "मैं वादा करता हूँ कि मेरी पत्नी और बच्चों को ज़िन्दगी में कोई कमी नहीं रहेगी, न प्यार में और न सुख-सुविधाओं में। अब आप सन्तुष्ट हैं? अगर मैं शान्ति के लिए कार खरीदूँगा, तो अपनी पत्नी को भी कार दूँगा; अगर मैं पहली को घर दूँगा तो दूसरी को भी अलग घर दूँगा—इस तरह हर चीज़ दो-दो खरीदना खर्चीला तो ज़रूर होगा लेकिन मैं इसे बरदाश्त करूँगा। इसके बाद जब दोनों देखेंगी कि इससे मुझ पर कितना बोझ पड़ रहा है, तो मुझे विश्वास है, कि वे सब कुछ भूलकर एक साथ हो जाएँगी और मित्र की तरह रहने लगेंगी—"

9

डांस एक्ट की शूटिंग का महत्त्वपूर्ण दिन आ गया। सबने फैसला कर लिया था कि बारह घंटे की लगातार शूटिंग में, शाम को छह बजे से आरम्भ करके, सारा एक्ट पूरा कर लिया जाएगा। स्टूडियो में चारों तरफ़ ज़ोर-शोर से इसकी तैयारी हो रही थी।

स्टेज ए के फर्श पर शानदार कैलाश पर्वत खड़ा था—बर्फ की चोटियों के रंग कला विभाग द्वारा रँगे गए थे। पिछली सारी रात और सारा दिन रवि वहाँ बैठकर इसे रँगता रहा था—इसके चारों ओर खूबसूरती से कटे पेड़-पौधे लगे थे। वहीं एक पेड़ के नीचे मटमैले बालों के ऊपर साँप का फन लगाए शिव ध्यान की मुद्रा में बैठे थे। डी मैलो हाथ में स्क्रिप्ट थामे इधर-उधर घूमता सबको निर्देश दे रहा था। बाहर साउंड रिकार्ड करनेवाली गाड़ी अपना काम करने के लिए तैयार खड़ी थी। असिस्टेंट लोग इधर-उधर कहीं कोई स्विच दबाते और कहीं स्क्रीन को चढ़ाते-उतारते चारों तरफ दौड़-भाग कर रहे थे। मेक-अप सहायक बार-बार इस या उस एक्टर के गालों पर हाथ फेरकर उनका रंग-रूप ठीक करता घूम रहा था। डी मैलो ट्रॉली पर सवार हुआ, कैमरे में अपनी आँख लगाई और ज़ोर से बोला, ''लाइट-फ़ोर-सेविन बेबी-सेविन्टीन।''

शिवजी बहुत सी रोशनियों के प्रकाश में बैठे थे, और पार्वती बगल से उनकी तरफ़ आती नज़र आई। सम्पत उसे देखते ही उत्तेजित हो उठा। सोमू, सोहनलाल और सम्पत अपनी कैनवास की कुर्सियों पर बैठे उसे आलोचना की नज़र से देखने लगे। सम्पत ने चीखकर कहा, ''शान्ति, ज़रा धीरे-धीरे कुछ और आगे बढ़ो,'' और यह सुनकर उसने अपने कदम ठीक किए। उसने मेक-अप सहायक को आदेश दिया, ''इनके माथे पर जो लट दिखाई दे रही है, उसे ज़रा परे करो। बीच में झूलती नज़र न आए।'' सहायक आदेश का पालन करने के लिए बढ़ा तो वह भी सिर घुमाकर पीछे से देखने लगा। सोमू बोला, ''ठीक कहते हो तुम। बालों में ज़रा भी बनावट

हुई तो नकली नज़र आएगा।'' सम्पत कैमरे के पास गया और उसमें आँख लगाकर व्यू-फाइंडर पर फिट किया। वह काफी देर तक शान्ति की तरफ़ देखता रहा, फिर बोला, ''मेरा ख्याल है, इनके पीछे की पेड़-पत्तियों को हटा देना चाहिए।'' फिर उसने व्यू-फाइंडर से आँख हटा ली और डी मैलो से देखने को कहा। वह काफ़ी देर तक देखता रहा, फिर बोला, ''अब ठीक है,'' और कैमरे से कुछ ठीक-ठाक किया। फिर स्टेज पर जाकर पेड़ की एक शाखा की दिशा बदली। सम्पत बोला, ''अब हम आखिरी रिहर्सल कर रहे हैं।'' फिर ज़ोर से कहा, 'रेडी!' रोशनियाँ घुमाकर स्थिर की जाने लगीं। उसने उन पर बोरियत की नज़र डाली, और जब वह इधर से उधर ले जाई जा रही थीं, वह एक बार फिर शान्ति के पास जाकर, जो अपनी जगह पर चुप खड़ी थी, धीरे से कुछ कहने लगा। वह पूछने लगी, ''इस तरह यहाँ मुझे कितनी देर खड़ा रहना पड़ेगा?'' सम्पत ने जवाब दिया, ''यह फ़ाइनल रिहर्सल है। इसे करके हम आगे बढ़ेंगे, यह आखिरी है।'' उसने चेहरा बनाया और नीचे बैठ गई। उसके मुँह पर पसीने की बूँदें चमकने लगी थीं, जो चेहरे पर लगे रंग के कारण अलग दिखाई दे रही थीं। सम्पत ने एक असिस्टेंट को इशारा किया कि उसके चेहरे को सही कर दे। वह लकड़ी के टुकड़े की तरह जड़ बैठी मेक-अप करवाती रही।

''मैं कुछ ठंडा पी सकती हूँ?''

''अरे नहीं,'' उसने डरकर हाथ उठा दिए। ''बर्फ़ बिलकुल नहीं मिलेगी, जब तक यह खत्म नहीं हो जाता।—बल्कि पूरी शूटिंग में भी नहीं।''

यह सुनकर वह बहुत परेशान लगी और फिर उसी तरह मुँह बनाकर कहने लगी, ''मैं जो चाहती हूँ, आप कभी नहीं देते। कभी भी नहीं।'' इस झगड़े के बीच भगवान शिव की आवाज़ सुनाई दी जिन्हें एक कोने में कड़क होकर बैठे रहने को कहा गया था, और जिसकी तरफ़ कोई ध्यान नहीं दे रहा था। वह कह रहा था, ''मैं एक मिनट के लिए बाहर जाना चाहता हूँ।'' उसका सारा चेहरा पसीने से तरबतर था, उसके बाल और दाढ़ी भयंकर लग रहे थे, जो उसके चरित्र की दृष्टि से अच्छी बात थी, लेकिन थकान के कारण उसकी आँखें एकदम लाल हो उठी थीं। उसने अपनी सीट से हिलने की कोशिश की। सम्पत ने आदेश दिया, ''बिलकुल मत हिलना।'' ''तुम्हारी एक और रिहर्सल होगी—फिर तुम्हें सही ढंग से बिठाना मुश्किल होगा।''

''मेरे पैरों में सनसनी मच रही है। इस तरह और ज़्यादा नहीं बैठ सकता।''

''जवाब मत दो,'' सम्पत ने सख्ती से कहा। सब लोग परेशानी से एक-दूसरे की तरफ़ देखने लगे। ''मैं जवाब तो दूँगा ही—मैं इस तमाशे से हट भी रहा हूँ।'' यह कहकर शिव उठ खड़ा हुआ। सोमू को लगा कि उसे स्थिति सम्भालनी चाहिए, इसलिए उसने कहा, ''कोई भी उत्तेजित मत होओ, सब लोग शान्त रहो। हमें

मिल-जुलकर काम करना है।'' शिव की आँखें—असली आँखें, बनावटी शिव की तीसरी आँख नहीं—गुस्से से जल रही थीं, ''मैं शान्ति से ही सब सहता आया हूँ, पाँच-छह दिन तक लगातार रिहर्सल की है। आप लोग हमें रिहर्सलों से मार डालना चाहते हैं? आपको सन्तोष तो होता ही नहीं।''

''प्यारे भाई, शान्त हो जाओ,'' सोमू ने उसकी पीठ थपथपाते हुए कहा। दूसरी तरफ डी मैलो भी उसे शान्त करने की कोशिश कर रहा था।

शिव ने गुस्से से कहा, ''मुझे अकेला छोड़ दो। ये सब दृश्य फिल्माये जा चुके हैं, अब फिर रिटेक क्यों कर रहे हैं?''

''हम कोई सफ़ाई नहीं देंगे,'' सम्पत ने कहा। ''आप अपना एग्रीमेन्ट पढ़कर देखिए। खास तौर पर रिटेक और रिहर्सलों के बारे में। इसमें हर बात साफ़ लिखी है। अगर आप कुछ और बोलेंगे, तो बात आपके खिलाफ़ जाएगी।''

शिव इस तरह हार मानने को तैयार नहीं था। वह जैसे दाँत पीसता हुआ बोला, ''लेकिन सामान्य रिटेक कुछ और होता है। अब आपने इसमें दो गाने और एक पूरा डांस भी जोड़ दिया है। यह हमारे एग्रीमेन्ट में नहीं है।''

अब सोहनलाल ने अपने ढंग से स्थिति सँभालने की कोशिश की। ''हमें इन छोटी-छोटी बातों पर झगड़ना नहीं चाहिए। आपने बहुत कठिन रोल निभाया है, हम सब आपके शुक्र गुज़ार हैं। फिल्म बनाना आसान काम नहीं है, हर फिल्म एक-दूसरे के सहयोग से ही पूरी होती है।''

शिव भगवान बड़े ध्यान से ये बातें सुन रहा था, कि कहीं उसे कोई काम की बात मिल जाए, लेकिन बातें खत्म होने पर वह और भी ज़्यादा उत्तेजित हो उठा और कैमरे के पास आकर कहने लगा, ''अगर आप मुझे पाँच हज़ार रुपये और देते हैं, तो मैं रिटेक और डांस वगैरह सब करने को तैयार हूँ, नहीं तो नहीं।''

सोहनलाल ने कहा, ''जनाब, आप अतिरिक्त पैसा क्यों माँग रहे हैं? यह तो सही बात नहीं है।''

''क्यों न माँगूँ? मेहनत भी तो मैं ही करूँगा,'' शिव ने चीख कर कहा। ''यह तो मेरा अधिकार है।''

''गलत है यह,'' सम्पत और सोमू दोनों ने एक साथ कहा।

''और उसके लिए यह ग़लत नहीं है, क्यों?'' शिव फिर चीख कर बोला। उसने पार्वती की तरफ़ इशारा किया, जो कुर्सी पर बैठी पंखे से हवा कर रही थी। ''आप लोग इसे पाँच हज़ार अतिरिक्त रुपया नहीं दे रहे? आप सोचते हैं कि मुझे कुछ पता ही नहीं है।'' यह कहकर वह आक्रामक ढंग से इनकी ओर बढ़ा। सोमू डरकर पीछे खिसका, लेकिन सम्पत ने आगे बढ़कर बाँहें उसकी तरफ़ तानीं। ''अब

तुम क्या चाहते हो?" शिव ने अपने को रोका। सम्पत ने अन्तिम रूप से पूछा, "तुम करोगे या नहीं?"

"मैंने अपनी बात कह दी है। आप एग्रीमेन्ट बदलेंगे या नहीं?"

"मुझे शर्तें मंजूर नहीं हैं। हम तुम्हें ज़्यादा दे भी सकते हैं, नहीं भी दे सकते। यह फैसला हम खुद करेंगे। लेकिन इस वक्त सेट पर हम ऐसी कोई बात नहीं करेंगे। तुम अपनी जगह जा रहे हो या नहीं?"

"नहीं।"

"ठीक है। यहाँ से दफ़ा हो जाओ," उसने चीखकर कहा।

"मेरे पैसे दो, मैं चला जाता हूँ," शिव ने कहा, और वह धमकता हुआ कैलाश पर्वत से उतरने लगा।

"अब इसका फैसला कचहरी में होगा। तुमने एग्रीमेन्ट को तोड़ा है और इसका नतीजा तुम्हें भुगतान पड़ेगा।"

"यह कैसा अन्याय है!" शिव ज़ोर से चीखा, जैसे अपना आपा खो बैठा हो। सम्पत ने डी मैलो से कहा, "इन्हें स्टूडियो से बाहर ले जाओ। मैं यहाँ अनुशासनहीनता बरदाश्त नहीं करूँगा।" डी मैलो ने दो सहायकों से उसे बाहर ले जाने का इशारा किया। सम्पत इस झगड़े से पस्त कुर्सी पर बैठ गया। स्टूडियो में तनाव से भरी शान्ति छा गई, और सब लोग इन्तज़ार करने लगे कि आगे क्या होता है; रोशनी वाले लड़के ऊपर मंच पर खड़े नीचे ताकने लगे, और सहायक लोग अपनी-अपनी जगह जड़-से खड़े हो गए। सोमू ने सबसे पहले यह चुप्पी तोड़ी, उसने दबी ज़बान से कहा, "मि. सम्पत, अब क्या करना है?"

उसने शान से कहा, "अब यह मुझ पर छोड़ दो। हमें इन पर निर्भर रहने की ज़रूरत नहीं है। मैं खुद शिव का रोल करूँगा। मैं एक ज़माने में एक्टर रहा हूँ।"

उसने मेक-अप वाले लड़के की तरफ़ देखकर पूछा, "तुम शिव की तरह मेरा मेक-अप कर सकते हो?" उसने सम्पत को ध्यान से देखा और कहा, "जी, सर!"

"लेकिन डांस का क्या होगा?" सोमू ने पूछा।

"हमने इस पर चार दिन तक सिर खपाया है। मैं हमेशा सोचता था कि कई काम हम खुद कर सकते हैं, इन मूर्खों को सिखाना आसान नहीं है। तुम क्या कहते हो, डांस-मास्टर?"

"जी, सर ये लोग आसानी से नहीं सीखते।"

सोहनलाल बोला, "हमें कई चीज़ें खुद करने के लिए हमेशा तैयार रहना चाहिए।" फिर वह उत्तर-पश्चिम की भाषा में काफ़ी देर तक सम्पत से धीरे-धीरे कुछ बात करता रहा। सम्पत मुस्कराया और जवाब में कुछ कहा। सोहनलाल शायद

इसी तरह का अपना कोई अनुभव सुना रहा था। सम्पत शान्ति के पास गया और बोला, "सॉरी, डियर। और देर हो गई। माफ़ करना। मैं बहुत जल्द तैयार होकर आता हूँ। तुम आधा घंटा अपने कमरे में आराम कर लो, तब तक मैं मेक-अप करा कर आता हूँ।"

कुछ देर बाद जब श्रीनिवास स्टूडियो आया, उसने परिचित आवाज़ में किसी को यह कहते सुना, "मि. एडीटर, आ जाओ।...और परेशान मत होना।" लेकिन यह आवाज़ भारी-भरकम जटा और लम्बी दाढ़ी के भीतर से आ रही थी। उसने कहा, "सम्पत, यह क्या हुआ?" उसके पैरों पर चीते की खाल पड़ी थी।

उसने सारी घटना बताई और कहा, "लोग यह समझते हैं कि इस दुनिया में उनके अलावा कोई उनका काम नहीं कर सकता।" सम्पत का यह गुण देखकर वह चकित रह गया।

"हमने आज यह दृश्य पूरा फिल्माने का फैसला कर लिया है, भले ही लगातार चौबीसों घंटे शूटिंग करनी पड़े।"

"लेकिन तुमने गले में कोबरा तो डाला ही नहीं?"

"हाँ, हाँ, जानता हूँ मैं, वह पालतू साँप यहाँ है, उसे मैंने ट्राई भी किया; मुश्किल नहीं है, बस, पहली दफ़ा ज़रा ठंडा लगता है।"

इसके बाद वह ज़ोर से बोला, "प्ले बैक! प्ले बैक!" ज़रा देर बाद कहा, "साउंड!" यह कहकर उसने डी मैलो को कुछ निर्देश दिए, जो कैमरे पर था; और कैलाश पर्वत पर जाकर बैठ गया।

फिर लाउड स्पीकर से एक गाना धमाधम निकलने लगा, जिसका सुर तो भावात्मक पतला था, परन्तु बाजों की आवाज़ चारों तरफ़ गूँज रही थी। संगीत विभाग ने स्थिति का महत्त्व समझते हुए एक बिलकुल नई धुन तैयार की थी जिसका आधार हॉलीवुड की एक दक्षिण अमेरिकी फिल्म का गर्जन-तर्जन भरा संगीत था। श्रीनिवास यह धुन सुनकर दुखी हो उठा। इसमें उसकी कल्पना के अनुरूप पवित्रता की भावना बिलकुल नहीं थी, जो इस दृश्य का केन्द्रीय तत्व था—इसके एकदम विपरीत जो भी हो सकता था, वह सब था। उसने देखा कि सोमू और लाल इस धुन पर ताल दे रहे हैं, तब तो वह बिलकुल निराश हो गया। वह समझ नहीं पा रहा था कि इसे किस रूप में ले। उनकी देखा देखी और लोग भी ताल देने लगे, और सम्पत के ध्यान में कुछ हलचल सी दिखाई देने लगी। फिर वह उठकर खड़ा हो गया और अपने शरीर को मन्दिरों की दीवारों पर बने नृत्य करते शिवजी की नकल में तोड़ना-मरोड़ना शुरू किया। वह धीरे-धीरे क़दम रखता उस कुर्सी की तरफ बढ़ा जो पार्वती का स्थान था।

"कट," तभी डी मैलो की आवाज़ गूँजी। उसने बताया, "यहाँ पहला कट होगा।" शिव ने अपनी मुद्रा ढीली की। फिर उसने कहा, "पार्वती को लाओ।"

यह सुनते ही लोग बाहर दौड़े और पार्वती को लेकर आए। उसके पैरों में सुनहरे ज़ेवर, कानों में आधुनिक ढंग के बुंदे और माथे पर मुकुट शोभायमान थे। वह अपने स्थान पर जाकर खड़ी हो गई। फिर आवाज़ गूँजी, 'म्यूज़िक'; "ऑल लाइट्स" और "फ़ाइनल रिहर्सल्स"—और चारों तरफ़ रोशनियाँ फैल गईं। श्रीनिवास ने देखा कि नं. 10 की रोशनी से कितनी चतुराई से उन्होंने उसे निर्वस्त्र-सा कर दिया था,—यह रोशनी उसके पीछे से फर्श की तरफ़ पड़ती थी जो उसे भीतर तक जगमग कर देती थी। श्रीनिवास इसे देखकर दंग रह गया। इस तरह जैसे उसका एक्स-रे हो गया हो, सिर्फ उसके ज़ेवर ही नज़र आते थे जो चारों तरफ़ चमक फैला रहे थे, वस्त्र गायब हो गए थे। केनवास की कुर्सियों पर बैठे सब प्रमुख लोग एक-एक करके कैमरे के पास गए, व्यू-फाइंडर में नज़र डालकर देखा और स्वीकृति की मुद्रा में लौट कर अपने-अपने स्थान पर फिर जा बैठे। अब उन्होंने इस दृश्य पर बात करना शुरू किया।

"सेंसर इसे पास कर देगा?"

"सेंसर! इसमें आपत्तिजनक क्या है? यह तो कला है। इस तरह तो सारे नृत्य और भरत नाट्य इन्हें रोकना होगा—जबकि प्रोफेसर और मन्त्री लोग हर जगह कहते फिर रहे हैं कि प्राचीन कलाओं को वापस लाओ—," किसी ने कहा।

"लाइट्स ऑफ!" फिर आवाज़ आई और स्विच दबाए जाने लगे।

"अब हम फ़ाइनल रिहर्सल करेंगे, इसके बाद पहला शॉट लिया जाएगा।"

"म्यूज़िक!"

दक्षिण अमेरिकी धुन फिर चारों तरफ गूँज उठी। शिव अपनी ध्यान-मुद्रा से उठे और धीरे-धीरे आगे बढ़ने लगे, लेकिन पार्वती अपने स्थान पर स्थिर खड़ी रही, और जब उससे पूछा गया कि यह क्यों, तो उसने कहा, "मेरे लिए रिहर्सल ज़रूरी नहीं है। अब मुझे और मत थकाइये, प्लीज़।" शिव ने भी क्षण भर के लिए आँखें खोलीं और कहा, "हाँ, उसे मत थकाइये।"

तीन और आवाज़ों ने इसकी ताईद की, "ठीक है, ठीक है, और मत थकाइये इन्हें।" छूत की तरह यह बीमारी फैली और सब यही कहते नज़र आने लगे। इसके बाद एक बज़र बजा और म्यूज़िक थम गया। शिव फिर अपने स्थान पर लौट आए और पेड़ के नीचे बैठकर ध्यानमग्न होने लगे। उन्होंने कहा, "डी मैलो, शूटिंग के लिए तैयार हो जाओ। पार्वती का साथ देने के लिए एक्सट्राज़ को बुलाओ। कोबरा भी ले आओ।"

रोशनियाँ एक बार फिर घुमाई जाने लगीं, उनके छोटे-छोटे पहिए किर्र-किर्र करने लगे, मजदूर इधर-उधर दौड़-भाग करने लगे, असिस्टेंट लोग लम्बी-लम्बी लॉन्ग बुक्स निकालकर उनमें नोट्स लिखने लगे, मेक-अप वाले लोग आगे-पीछे आने-जाने लगे, कैमरा मैन और उसके सहायक कैमरे के इर्द-गिर्द ड्यूटी पर खड़े सैनिकों की तरह तैनात हो गए। एक आदमी टेप लेकर ऊपर गया और नाचने लगा, दूसरे ने पार्वती की नाक के सामने एक्सपोज़र रखा और उसे ध्यान से देखने लगा—एक बहुत जानदार समूह के लोग, जिसके अपने पुरोहित और डाक्टर हैं, अपने-अपने काम में लगे थे। श्रीनिवास सोचने लगा, "ये सचमुच एक अलग प्रजाति के नमूने हैं।" इसी समय रवि के वहाँ अचानक प्रवेश से उसकी विचारधारा टूट गई। उसके हाथ में एक पोर्ट फोलियो था और वह आर्ट डायरेक्टर का ध्यान खींचने की कोशिश करने लगा, जो सेट पर स्वर्ग का वातावरण ठीक-ठाक करने और उसे अन्तिम रूप देने में व्यस्त था। श्रीनिवास को वहाँ देखकर रवि उसकी ओर झपट कर आया और फुसफुसाकर बोला, "यह डिज़ाइन मुझे अभी पास कराना है और ब्लॉक बनने के लिए भेजना है।"

"वह स्वर्ग में है और वहाँ से ज़मीन पर आने को तैयार नहीं लगता," श्रीनिवास ने भी फुसफुसाकर जवाब दिया लेकिन रवि ने उसपर ध्यान नहीं दिया। दरअसल रवि की नज़र पार्वती पर पड़ गई थी और वह मंत्रमुग्ध हो रहा था। श्रीनिवास ने उसे हिलाकर दुनिया में वापस लाना चाहा और पूछा, "इस फ़ाइल में क्या है?"

रवि ने बेध्यानी में ही जवाब दिया, "डिजाइन और लेटरिंग।"

"अर्जेन्ट है?"

"हाँ, हाँ," रवि ने उसी तरह जवाब दिया, उसकी नज़र पार्वती पर ही लगी थी जो पंखा झल रही थी। वह जड़ हो चुका था। फिर बोला, "अरे यह तो सम्पत है! उसके गले में कोबरा भी है।" एक ज़िन्दा कोबरा सम्पत के गले में, जहाँ वह स्कार्फ पहनता था, लिपटा था जो धीरे-धीरे हरकत भी कर रहा था। श्रीनिवास को लगा कि रवि का ध्यान उस ओर से हटाने के लिए कुछ करना चाहिए, लेकिन कुछ सूझ न पड़ा तो यही बोला, "कितना खतरनाक है यह!"

"लेकिन इसके फ़न तो है ही नहीं," रवि ने कहा, तो श्रीनिवास को लगा कि उसने गलत बात कह दी, इसलिए कोई और बात कहनी चाहिए, लेकिन क्या कहे यह समझ में नहीं आया। रवि उसी तरह पार्वती को देखता स्थिर खड़ा था। श्रीनिवास बोला, "चलो, कैन्टीन में कुछ खाते-पीते हैं। मुझे बड़ी प्यास लग रही है।"

"नहीं! मुझे उसकी स्वीकृति चाहिए।"

तभी आवाज़ गूँजी, "रेडी!" एक सीटी बजी। एक्सट्राज़ पार्वती और शिव

के इर्द-गिर्द आकर खड़े हो गए। ''सायलेंस!'' दूसरी आवाज़ आई। फिर ''लाइट्स! ऑल लाइट्स!'' की आवाज़ पर सारी रोशनियाँ एक साथ जल उठीं और नर्तकी का बदन फिर एक्स-रे हो गया। ''म्यूज़िक!'' संगीत शुरू हो गया। ''स्टार्ट! सायलेंस!'' कैमरा शुरू हो गया। हर आदमी अपनी जगह तैनात था। धुआँधार संगीत ने सबकी इन्द्रियाँ सुन्न कर दीं और सब एक-दूसरे के हाथ पकड़कर नाचने की इच्छा करने लगे। शिव ने एक-एक कदम आगे बढ़ना शुरू किया; पार्वती भी धीरे-धीरे आगे बढ़ने लगी; शिव की आँखें बन्द थीं और वह ध्यान-मुद्रा में ही था, लेकिन उसके हाथ पार्वती का आलिंगन करने के लिए आगे बढ़ने लगे थे। शान्ति की चोली भी झिरझिरे वस्त्रों में कसती नज़र आ रही थी। वह शिव की बाँहों में बँधने के लिए तैयार ज़रा पीछे हटी। मैक्सिकन धुन ने ज़बरदस्त उत्तेजना पैदा कर दी थी। तेज़ रोशनियों की चमक चकाचौंध पैदा कर रही थी। दृश्य से बाहर बीसियों लोग चकित भाव से यह चमत्कार देख रहे थे।

यह फिल्म का सबसे एक्सपर्ट दृश्य शूट किया जा रहा था। लाइट्स वाले लड़के अपने प्लेटफार्मों पर खड़े सौभाग्यशाली विशेष दर्शकों की तरह देवी-देवताओं की क्रीड़ा देख रहे थे। कैमरा एक मिनट और चला तो शॉट पूरा हो जाएगा। वे यह शॉट तब काटने वाले थे जब शिव के हाथ सुन्दरी की कमर तक पहुँच जाएँगे—लेकिन इसके कुछ सेकिंड पहले ही अचानक और अजाने शॉट अपने आप ही कट हो गया। एक भयंकर चीख, अपरिचित, शब्दहीन, किसी जानवर की आवाज़ की तरह, अचानक आसमान में गूँजी, और यह कहाँ से आई, इसका पता चले, इससे पहले ही लोगों ने देखा कि रवि बन्दूक की गोली की तरह, लोगों को ढकेलता, आगे जा रहा है। इसके फौरन बाद वह सेट पर शिव की आगे बढ़ती बाँहों और पार्वती के बीच नज़र आया, और उसने शिव को इतने ज़ोर का धक्का मारा कि वह बड़े अशिव ढंग से कैलाश पर्वत पर लगी हरियाली में धड़ाम से गिर पड़ा। दूसरे ही क्षण पार्वती रवि की बाँहों में छटपटाती नज़र आई, जो उसके ओठों को चूमने और उसे उठाकर ले जाने की कोशिश कर रहा था...

सबको लगा कि यह दृश्य तो स्क्रिप्ट में है ही नहीं...और आवाज़ें आने लगीं—'कट,' 'पावर', 'शट डाउन', 'स्टॉप'। और बहुत से लोग सेट की तरफ़ दौड़ पड़े। रवि अपने इनाम को उठकार ले जाने की कोशिश कर रहा था, जबकि वह उसे नोचे जा रही थी और दाँतों से काट रही थी। इस झमेले में किसी के पैर केबिल्स पर पड़ गए और रोशनियाँ भी बुझ गईं। रवि में जैसे अमानुषी ताकत आ गई थी। कोई उसको छू भी नहीं पा रहा था। तभी एक आवाज़ सुनाई दी, ''कैमरा...कैमरे को बचाना।'' एक दूसरी आवाज़ आई, ''लाइट्स, लाइट्स...क्या हुआ?'' एक और

आवाज सुनाई दी, ''कोबरा कहाँ है...छूट गया है, यहीं रेंग रहा है।'' यह सुनकर लोग घबराकर इधर-उधर बचने के लिए भागने लगे। इसी बीच रवि की आवाजें दूसरी तरफ़ से आने लगीं, और उन्हें सुनते ही लोग उसे पकड़ने उधर भागने लगे।

रवि कह रहा था, ''वह फिर भाग गई है। उसे पकड़कर लाओ, सुनते हो!'' उसकी दमदार आवाज़ सारे स्टूडियो में गूँज रही थी। ''मैं फिर धोखा नहीं खाऊँगा। वह, वह साली—'' इसके साथ उसने गालियों की बौछार की। ''अगर कोई उस के पास गया तो मैं उसे जान से मार डालूँगा।'' फिर खुशी से चहकती उसकी आवाज़ आई, ''मिल गई, मिल गई।'' इसी के साथ किसी ने कहा, ''इसने मुझे पकड़ लिया है।'' अँधेरे में उठा-पटक की आवाज़ें सुनाई दे रही थीं। ''मुझे छोड़ दो, मैं वह नहीं हूँ, मुझे बचाओ...,'' किसी एक्सट्रा लड़की का चीखना बन्द नहीं हो रहा था। कुछ लोग उसकी तरफ़ दौड़ पड़े। इसी बीच दो-तीन मोमबत्तियाँ लोग कहीं से जलाकर ले आए, और उनकी लुप-लुप करती रोशनी में लोग उस दिशा में बढ़ने लगे जिधर से रवि की आवाज़ आ रही थी। लेकिन जब वे वहाँ पहुँचे तब वह वहाँ से जा चुका था और एक दूसरे हिस्से से उसकी चुनौती सुनाई देने लगी। श्रीनिवास भी रवि की आवाज़ की दिशा में उसके पास जाने का प्रयास कर रहा था। कि उसे पकड़कर कुछ समझाये—लेकिन क्या समझाये, यह वह समझ नहीं पा रहा था। दरअसल श्रीनिवास यही नहीं समझ पा रहा था कि क्या हो रहा है। वह भी दूसरों की तरह एक-दूसरे के पीछे दौड़ रहा था। यह तो जाहिर था कि लोगों को यह एक नया काम मिल गया था जिससे वे उत्तेजित हो उठे थे, लेकिन सम्पत और सोमू के लिए तो यह पागल कर देने वाली बात थी—वे डर भी रहे थे और उन्हें अपना सर्वनाश नज़र आने लगा था। सम्पत के सिर पर अभी भी जटाजूट लगी थी और वह चीते की खाल पहने था, और उसकी आँखों में निराशा भर उठी थी। उसकी श्रीनिवास पर नज़र पड़ी तो वह बोला, ''एडीटर, यह क्या हुआ? इसे किस राक्षस ने जकड़ लिया है? हम तो बरबाद हो गए। कुछ करो तुम। उसे रोको—'' रवि छाया की तरह सीढ़ियों पर चढ़ता नज़र आया। ''अरे, वह स्टोरेज में जा रहा है। रोको उसे, किसी भी तरह रोको।'' सोमू का भारी शरीर भी सीढ़ियों की तरफ़ जाता दिखाई दिया। वह ऊपर चढ़ने को हुआ, कि तभी रवि बिजली की तरह तेज़ी से घूमा और ऊपर से उसके ऊपर कूद पड़ा; सोमू उसे देखकर क्षण भर को रुका, फिर वह भी तेज़ी से पलटकर पीछे की तरफ भाग निकला। पहली दफ़ा लोग सोमू को इतनी तेज़ी से भागता हुआ देख रहे थे; और यह दृश्य देखते हुए वे अपनी दूसरी परेशानियाँ भूल गए। सोहन लाल भी कहीं से वहाँ आ निकला, और श्रीनिवास के सामने पहुँचकर उसने कहा, ''मुझे इस फिल्म के लिए पैसा देना ही नहीं चाहिए था। अब मेरे पैसे

का क्या होगा?" सोमू चीख रहा था, "सम्पत, अरे सम्पत!" और अँधेरे में इशारे कर रहा था। श्रीनिवास इस सबसे इतना अवाक् था कि वह जहाँ था, वहीं रुक गया और बेलों से ढकी एक दीवार का सहारा लेकर खड़ा हो गया। किसी ने चिल्लाकर कहा, "क्या कोई कुछ और मोमबत्तियाँ नहीं ला सकता? फ्यूज़-बॉक्स के पास उनकी बड़ी ज़रूरत है।"

सम्पत कहीं से चिल्लाया, "कौन जाहिल इस सबके लिए ज़िम्मेदार है?" फिर वह बोला, "ये खुले लैंप लेकर क्यों जा रहे हैं?" उसने सब मोमबत्तियाँ बुझा देने का हुक्म दिया। चारों तरफ़ फिर अँधेरा छा गया।

डी मैलो अकेला व्यक्ति था जो कुछ समझदारी से स्थिति को सँभालने का प्रयत्न कर रहा था। वह कुछ इस तरह कार्य को अंजाम दे रहा था जैसे यह उसकी हॉलीवुड की शिक्षा में रोज़मर्रा का काम हो। वह बार-बार यह कहता सुनाई पड़ रहा था, "हमें इस घटना के कारण इतना उत्तेजित होने की ज़रूरत नहीं है। यह एक दुर्घटना मात्र है।" उसने कार्य विभाग से कुछ चुने हुए लोगों को साथ लिया और उनके हाथ में डंडे पकड़ाकर सारे इलाके को चारों तरफ़ से घेर लिया, और योजनापूर्वक धीरे-धीरे ऊपर बढ़ने लगे। खुद उसके हाथ में टार्च थी, जिसका वह बड़ी सावधानी से इस्तेमाल कर रहा था। "हमारी सबसे बड़ी समस्या यह है कि ज़्यादा टार्चें नहीं हैं।" सबसे ऊपर वाले कमरे में वह बिना आवाज़ किए चढ़ा, जैसे उसमें कोई शेर-चीता बन्द हो और उसके अजाने उस पर हमला करना है। उसके भीतर घुसने पर क्षण भर के लिए वहाँ एकदम शान्ति छा गई। नीचे खड़े लोग साँस रोके इन्तज़ार कर रहे थे, कि क्या होता है। कुछ देर बाद डी मैलो दरवाज़ा खोलकर बाहर आया और बोला, "यहाँ वह नहीं है।"

"वहाँ नहीं है, ये लो साहब, तो फिर कहाँ है?"

डी मैलो ने कुछ जवाब दिया और बाद में कहा, "भगवान ही जाने। शायद खिड़की से निकलकर भाग गया हो! आप ऊपर आ जाइए।"

सब संकोच कर रहे थे, और ऊपर जाने की हिम्मत जुटा रहे थे। सम्पत दो-एक सीढ़ी चढ़ा, तभी एक आदमी दौड़कर उसके पास आया। "शान्ति बेहोश हो गई है। उसके सिर पर चोट है—जिससे खून निकल रहा है।" सम्पत बोला, "हाय! डाक्टर को बुलाओ।" यह कहकर वह गायब हो गया। इस बीच सोमू ने श्रीनिवास का हाथ पकड़ा और कहा, "आप ऊपर आकर देखिए।"

"हाँ, हाँ, आप भी ऊपर आ जाएँ और देखें," सोहनलाल ने भी आग्रह से कहा और उसकी दूसरी बाँह पकड़ ली। श्रीनिवास उनके साथ-साथ ऊपर चढ़ने लगा।

इस वक्त हर काम सही था, किसी भी काम को गलत नहीं कहा जा सकता था। इसका अवसर ही नहीं था।

इस ब्लाक में प्रयोगशाला, स्टोरेज, सम्पादन तथा अन्य विभाग थे, जिनमें अलमारियाँ, मेज़-कुर्सियाँ, पहिए, गाड़ियाँ वगैरह भरी पड़ी थीं—जैसे कीमिया की कार्यशाला में उपयोग की तरह-तरह की मशीनें और सामान।

टार्च जलती और इधर-उधर रोशनी डालकर बुझ जाती। सोमू ने चिल्लाकर कहा, "अरे, किसी के पास ऐसी टार्च नहीं है, जो जलती रहे, बार-बार न बुझे।" फर्श पर टूटी हुई बोतलें, कैमिकल्स, साल्ट और फिल्म की लम्बी-लम्बी क़तारें बेतरतीब बिखरी पड़ी थीं। "टूटे शीशों से बचकर रहना," डी मैलो ने सावधान किया। सोमू ने एक फ्लैश लाइट छीनी, ज़मीन पर झुककर एक फिल्म उठाई और उस पर रोशनी डालकर देखने लगा—यह शान्ति का क्लोज़-अप था, जिससे कुछ दूर कैलाश पर्वत पर शिवजी विराजमान थे, और उसपर जगह-जगह खरोंचें और धूल-मिट्टी पड़ी हुई थी। सोमू ने फर्श पर उकडूँ बैठे-बैठे चिल्लाकर पूछा, "किसने यह नैगेटिव इस तरह फेंके हैं?" किसी ने कोई जवाब नहीं दिया। इस समय सब तरह के सवाल निरुत्तर समाप्त हो रहे थे।

थोड़ी देर बाद डी मैलो ने उत्तर दिया, "सर, इसके लिए कोई भी विशेष रूप से ज़िम्मेदार नहीं है। नैगेटिवों के कट्स इसी तरह खुली रैकों में रखे जाने का रिवाज़ है। यह कोई खास बात नहीं है।" सोमू ने झुँझलाकर कहा, "नुकसान तो बहुत हुआ होगा।" वह कुछ और भी कहना चाहता था, लेकिन डी मैलो नाराज़ न हो जाए, इसलिए चुप रह गया। अब भी वह बहुत सतर्कता बरत रहा था। बहुत सी तीखी-तुरशी बातें उसके ओठों तक आतीं और वापस चली जाती थीं। उसने इतना ही कहा, "कोई रोशनी नहीं लाएगा।" इसके जवाब में एक ज़ोरदार आवाज़ सुनाई दी, "सुनो, शान्ति को लाओ और सब रोशनियाँ जला दो।"

सोमू डर गया और बोला, "अरे, यहाँ है वह! जल्दी से रोशनी जलाओ।"

आवाज़ फिर गूँजी, "शान्ति को लाओ और रोशनियाँ जलाओ।" डी मैलो ने इस आवाज़ की दिशा में टार्च की रोशनी डाली तो रवि को एक मेज़ के नीचे घुसा हुआ पाया। टार्च की रोशनी में उसकी आँखें चमकती दिखाई दीं। डी मैलो ने बहुत फुर्ती से उधर हमला किया। उसने ज़रा झुककर हाथ भीतर डाला और रवि को बाहर खींच लिया। सोमू काँपने लगा और भागने की कोशिश करने लगा। उसने बड़-बड़ करना भी शुरू कर दिया। रवि डी मैलो की गिरफ्त से छूटने की कोशिश में कह रहा था, "मुझे चोट लग रही है।" फिर वह गाना गाने लगा, "मेरे पास आओ, मेरी रानी, आओ, मुझे प्यार दो। प्यार वासना है। वासना से चित्र बनाता हूँ मैं।

तैल-चित्र बनाता हूँ मैं। बारिश के रंग भरता हूँ उसमें। वासना का रंग क्या है?" इसके जवाब में डी मैलो ने बायें हाथ से ज़ोर से मुक्का उसकी ठोढ़ी पर रसीद किया, और उसे एकदम फर्श पर गिरा दिया।

सवेरे पाँच बजे रोशनियाँ फिर जल उठीं। कुछ ही देर बाद वैन में भरकर पुलिस भी आ गई।

अगले चार दिनों का ज़्यादा समय श्रीनिवास को मार्केट रोड पुलिस स्टेशन और अपने घर के बीच भाग-दौड़ करते हुए बिताना पड़ा।

रवि के परिवार में जैसे तूफ़ान आ गया था। उसके पिता गुस्से के मारे पागल हो रहे थे, माँ दुख के कारण हाथ मलती रहती थी और छोटे-छोटे भाई-बहन समझ नहीं पा रहे थे कि यह क्या हो रहा है।

स्टूडियो में हुए विस्फोट के बाद रवि एकदम चुप और अपने में लीन हो गया था। किसी से बात करना तो दूर, वह दूसरों को पहचानता भी नहीं था। श्रीनिवास जब सलाखों के बाहर से उससे बात करने की कोशिश करता, तब वह उसकी ओर मुँह उठाकर देखता भी नहीं था। उसकी नज़र एक जगह टिकना बन्द हो गई थी। वह धीरे-धीरे अपने आपमें कुछ बड़बड़ाता रहता। वह क्या कह रहा है, यह किसी की समझ में नहीं आता था। उसकी आवाज़ किसी और ग्रह के प्राणी के समान सुनाई देती थी।

पुलिस स्टेशन में होने वाली बातों से श्रीनिवास परिचित होने लगा था। उसने एक पुलिस वाले को एक इक्का चलाने वाले आदमी को किसी यातायात के जुर्म में हवालात में डालते देखा। उसने देखा कि एक गरीब बच्चे को किसी अपराध में वहाँ लाया गया और दो-चार तमाचे लगाकर छोड़ दिया गया; उसने देखा कि बहुत डरे हुए गाँववाले को वहाँ पूछताछ के लिए लाया गया और पता नहीं कहाँ डाल दिया गया। वहाँ हर वक्त एक सार्जेन्ट मेज़ पर बैठा भूरे रंग के फार्मों पर कुछ लिखता रहता दिखाई देता था; वह बस तभी उठता था जब एक मोटा-सा इन्सपेक्टर हाथ में एक छोटी-सी छड़ी घुमाता वहाँ आता था, तब वह फुर्ती से खड़े होकर उसे सेल्यूट मारता था। रवि घुटने सिकोड़े हवालात के एक कोने में बैठा रहता, वह न कुछ देखता और न सुनता, और धीरे-धीरे कुछ बुड़बुड़ाता रहता था। श्रीनिवास हर रोज़ उसके लिए एक काँसे के बर्तन में खाना लेकर आता था। वह लॉक-अप खुलवाकर भीतर जाता और रवि के बगल में बैठकर उसे खाना खाने के लिए तैयार करता था। रवि जैसे खाना खाने की कला ही भूल गया था। श्रीनिवास उसे चम्मच से

खिलाने की कोशिश करता, लेकिन, यह भी मुश्किल होता था। वह मुँह में कौर तो रख लेता लेकिन बार-बार कहने पर ही उसे खाता था। यह बड़ा अजीब दृश्य होता था—उस अँधेरे कोने में बैठा श्रीनिवास रवि को खाने के लिए कहता-समझाता, और बाहर मार्केट रोड का हमेशा की तरह होता शोर-शराबा। चौथे दिन शाम को सम्पत भी वहाँ आया और सींखचों के बाहर खड़े-खड़े यह सब देखता रहा। उसके चेहरे पर कुछ खरोचें नज़र आ रही थीं और पैर ज़रा लँगड़ाने लगा था—इसके अलावा उसके ऊपर दुर्घटना का कोई निशान शेष नहीं था। आज भी वह सिल्क की शर्ट पहनें था जिसमें सोने के बटन लगे थे। जब तक श्रीनिवास रवि को खाना खिलाता रहा, तब तक वह चुपचाप खड़ा देखता रहा। फिर जब वह बाहर निकला, तब उससे कहने लगा, ''जब रवि का मुझसे मिलना हुआ, वह बहुत बुरा समय था। मैं नहीं जानता था कि कोई इतना पागल हो सकता है। तुम ज़रा बाहर चलो, तो गाड़ी में बैठकर बातें करेंगे।'' वह बाहर आया और सम्पत के साथ गाड़ी की तरफ़ गया। सम्पत ने दरवाज़ा खोला और दोनों उसमें जाकर बैठ गए, सम्पत ड्राइवर की सीट पर बैठा था। शाम के पाँच बजे थे, सड़क पर भीड़ थी और शोर उठ रहा था। सम्पत ने कहा, ''हम तीन-चार दिन से मिले ही नहीं हैं। हमें बहुत कुछ करना है, खासतौर से नुकसान का हिसाब लगाना। लेकिन ऐसी यह घटना हमारे ही साथ क्यों हुई?'' श्रीनिवास चुप रहा, क्योंकि इस सवाल का उसके पास कोई जवाब नहीं था। सम्पत ने शहीद होने के भाव से कहा, ''मैं तो हमेशा उसके लिए अच्छा ही करता रहा, फिर भी...। जानते हो, नुकसान कितना हुआ?''

''ज़रूर बहुत ज़्यादा होगा,'' श्रीनिवास ने सादगी से कहा, वह नहीं चाहता था कि उसकी शहादत को रंग दे।

''सेटिंग्स, कैमिकल्स, लाइट्स, शूट की गई फिल्म, वगैरह, वगैरह—मेरा ख्याल है कि कई शॉट हमें दोबारा लेने होंगे। ताज्जुब है कि एक आदमी घंटे भर में कितना नुकसान कर सकता है! स्टूडियो सेट करने में हमें कई दिन लग जाएँगे। और सबसे ज़्यादा परेशानी है—शान्ति। वह इतनी ज़्यादा विचलित हो उठी है कि कई हफ्ते काम के लायक नहीं हो सकेगी। उसने कसम खा ली है कि स्टूडियो में फिर कभी पैर नहीं रखेगी। मेरे 'स्टूडियो' का नाम लेते ही उसे हिस्टीरिया—जैसा दौरा पड़ जाता है। यही हमारे लिए सबसे बड़ी चोट थी, लेकिन ऊपर वाले की मेहरबानी से वह कल से कुछ शान्त नज़र आ रही है। मैं उसे ठीक कर लूँगा'' काम पर लौटने से पहले उसे पूरे आराम की ज़रूरत है। फिर भी मुझे पूरा विश्वास है कि वह ठीक हो जाएगी, और हम फिल्म भी बना लेंगे। इस जैसे सौ रवि भी आ जाएँ, तो हमारा कुछ नहीं बिगाड़ सकते। तुम देखना कि कितनी जल्दी हम काम पर वापस आ जाते

हैं। लेकिन मुझे इस लड़के को देखकर अफसोस होता है, पर मुझे हमेशा यह लगता था कि इसका दिमाग़ कुछ सही नहीं है।''

''मैं भी इसके बारे में तुमसे बात करना चाहता था। तुम इसके खिलाफ़ शिकायत वापस ले सकते हो? इसकी जगह अस्पताल में है, जेल में नहीं।''

''लेकिन-लेकिन—,'' सम्पत ने हिचकते हुए कहा।

''वह तुम्हारे या स्टूडियो के पास नहीं जाएगा। इसकी मैं गारंटी देता हूँ।''

''सोमू इसके बिलकुल खिलाफ़ है। वह हर हालत में इसका फैसला चाहता हूँ।''

''तुम्हें उसे समझाना चाहिए कि यह कितनी बेवकूफ़ी की बात है और इससे कुछ हासिल नहीं होगा। मेहरबानी करके शिकायत वापस ले लो। अब यह तुम्हें परेशान नहीं करेगा। मैं इसकी देखभाल करूँगा। तुम स्टूडियो की तरफ़ से यह अर्जी दे सकते हो। मैं वादा करता हूँ कि ज़िन्दगी भर तुमसे और कुछ नहीं माँगूँगा।'' उसने इतनी विनम्रता से यह बात कही, कि सम्पत बिना कुछ बोले अपनी सीट से उठा, सार्जेन्ट के पास गया, उससे बातचीत की और एक पत्र इन्सपेक्टर के नाम छोड़ आया। फिर वापस आकर कार में बैठ गया। ''हो गया, सर!...मैं सिर्फ गुड बाई कहने आया था। कल हम मेम्पी हिल्स जा रहे हैं।''

''मैम्पी ही क्यों, और कहीं क्यों नहीं?''

''वहाँ का रेस्ट हाउस बहुत अच्छा है। और बड़ी शान्त जगह है। मेरा ख्याल है दो हफ्ते वहाँ रहकर शान्ति को बहुत लाभ होगा।'' कार चलने लगी। श्रीनिवास उसे देखता रहा। उसके मुँह से निराशा की एक लम्बी आह निकली—सम्पत के मन में सफलता की अदमनीय इच्छा, जो भविष्य का संकेत देती हुई लगती थी। कार एलामन स्ट्रीट की तरफ मुड़ी, तो उसने अपने आप से कहा, ''ईश्वर ही इसकी रक्षा कर सकता है!''

घंटे भर बाद इन्सपेक्टर वहाँ आया। बोला, ''आप अपने मित्र को घर ले जा सकते हैं। मुझे खुशी है कि उन्होंने शिकायत वापस ले ली है। मानसिक रोगियों के लिए हम कर भी क्या सकते हैं? यह शराबियों से निबटने की तरह होता है। हम उन्हें तीन-चार दिन यहाँ रखते हैं, फिर छोड़ देते हैं। ज़्यादा दिन रखें, तो वे हमारे और खुद अपने लिए परेशानियाँ पैदा करते हैं।''

श्रीनिवास कोठरी में गया और चलने के लिए रवि को तैयार किया। इन्सपेक्टर बाहर तक उन्हें छोड़ने आया। वह कहने लगा, ''मैं आपका 'झंडा' अखबार बड़ी रुचि से पढ़ता था। अब उसका क्या हुआ?'' एक बिलकुल अनपेक्षित स्रोत से यह प्रश्न आने के कारण श्रीनिवास को बड़ा सुख मिला। वह चुप खड़ा पिछली यादों

में डूब गया। सड़क पर ट्रैफ़िक गुज़र रहा था, पुलिस वाले पत्थर के सख़्त फर्श पर बूटों के नीचे लगे लोहे से खट-खट करते हुए भीतर-बाहर आ-जा रहे थे। इन्सपेक्टर ने छड़ी घुमाते हुए पूछा, ''क्या हुआ, साब?'' ''कुछ नहीं,'' श्रीनिवास ने जवाब दिया। पिछले कुछ महीनों की घटनाएँ झरने की तरह उसके मन में उमड़ने लगी थीं : सम्पत, प्रेस, फिल्म, रोटरी, लाइनोटाइप—हर याद एक-दूसरे के साथ धक्का-मुक्की करते हुए सबसे ऊपर उभरने का प्रयास कर रही थी। वह इन्सपेक्टर की पेटी में लगी पीतल की बकिल से निकलती चमक को देख रहा था, जो सामने की दुकान से उसपर पड़ती रोशनी की किरण से प्रतिवर्तित हो रही थी। उसके बगल में रवि, उलझे हुए बाल, गन्दे कपड़े पहने चुप खड़ा था। श्रीनिवास को लगा कि वह भी काफी देर से एकदम चुप है, और उसे भी कुछ कहना चाहिए। वह सोचने लगा कि क्या जवाब दे, लेकिन कुछ समझ में नहीं आया; उसकी ज़बान ही जैसे एकदम बन्द हो गई थी। वह सोच रहा था कि वह मानवीय व्यवहार और सम्बन्धों के जाल में बुरी तरह फँस गया है। वह अपने आप से कहता रहता था, ''मैं किसी चीज़ की तलाश में हूँ; जो होता है, उसमें से कुछ अर्थ निकालना चाहता हूँ।'' इन्सपेक्टर उसकी तरफ कुछ परेशानी और कुछ मनोरंजन के भाव से देख रहा था। हवालात में पड़े एक कैदी की आह सुनाई दी...। 'झंडा' पत्रिका और उसके कार्यकलापों के परिणाम और प्रभाव क्षण भर के लिए उसके दिमाग़ में ज़ोर मारने लगे। उसने कुछ निराशा और कुछ दुख के भाव से कहा, ''अगर मेरे पास प्रेस हो तो मैं कल ही उसे फिर निकाल दूँ।''

इन्सपेक्टर ने पूछा, ''जिस प्रेस में आपका काम होता था, उसका क्या हुआ?'' इसका उत्तर देने में भी उसकी ज़बान अकड़ने लगी, वह कुछ बोल पाने के लिए संघर्ष करने लगा। फिर उसने पूरी ताक़त लगाकर कहा, ''अरे यही सम्पत, सम्पत...अब यह प्रेस नहीं चलाता।''

''हाँ, मुझे पता है, अब यह प्रेस नहीं चलाते।''

''और कोई प्रेस वाला इस काम के लिए तैयार नहीं होता,'' श्रीनिवास ने बड़ी दयनीयता से कहा, बच्चे की तरह, जो शिकायत कर रहा हो। फिर उसने सोचा कि पुलिस स्टेशन के फाटक पर वह इतने बचकाने ढंग से क्यों यह सब कह रहा है।

इन्सपेक्टर ने कहा, ''अगर आप कल शाम किसी समय यहाँ आ जाएँ, तो मैं आपको एम्पायर प्रेस ले चलूँगा, जो अखबार छापेंगे। उनका काम अच्छा है और मेरा अहसान मानते हैं। आपकी पत्रिका निकलती रहनी चाहिए, वह बहुत अच्छी है।''

श्रीनिवास ने कृतज्ञतापूर्वक उसका हाथ कसकर पकड़ लिया और बोला, ''धन्यवाद इसके लिए...मैं कल शाम यहाँ ज़रूर आ जाऊँगा।''

उसने रवि के कंधे पर हाथ रखा और उसे सँभालकर भीड़ भरी मार्केट रोड से निकालकर ले चला। एक बस पों-पों करती बगल से गुज़र गई, बैलगाड़ियाँ हिलती-डुलती चली जा रही थीं, गाँव के लोग सिरों पर सामान लादे चले जा रहे थे। श्रीनिवास को लग रहा था कि वह अपने जीवन की धुरी पर वापस आ गया है। चलते-चलते वह रवि से बातें करने लगा, ''रवि, अब मैं खुश हूँ...मेरा 'झंडा'—उसके बिना कुछ नहीं था, अब वह फिर निकलेगा। और तुम भी बहुत जल्द एकदम ठीक हो जाओगे, फिर उसके लिए ढेर सारी तस्वीरें बनाना। यह तुम्हारा ही अखबार होगा।'' लेकिन रवि को कुछ भी समझ नहीं आ रहा था, वह भेड़ की तरह, लेकिन धीरे-धीरे कुछ गुनगुनाता—जो समझ में नहीं आता था—उसके साथ चला जा रहा था। सड़क के किनारे-किनारे वे दोनों आते-जाते लोगों से बचते-बचाते कुछ देर तक चलते रहे। फिर श्रीनिवास ने एकदम रुककर उसके कान में फुसफुसाकर कहा, ''अब तुम सम्पत या किसी और की कोई फ़िक्र मत करो...ये सब पिछली ज़िन्दगी की चीज़ हो चुके हैं।'' यह कहकर उसने रवि की आँखों में देखा। उनमें समझ की एक हलकी सी किरण दिखाई दी—श्रीनिवास के लिए यह काफ़ी था। उसका मन खुशी से भर उठा, जिसके बहाव में वह और सब क्षण भर के लिए भूल गया।

10

श्रीनिवास अब 'झंडा' निकालने की तैयारियों में इतना व्यस्त हो उठा, कि बाहरी दुनिया के लिए उसके पास बिलकुल भी समय शेष नहीं बचा। अब मार्केट रोड में ही इसका दफ्तर था—एम्पायर प्रेस में ही इसे छपना था, जो प्रेस तो छोटा ही था, लेकिन श्रीनिवास को इसका संगठन काफी बड़ा लगता था : इसमें कम-से-कम आधा दर्जन टाइप बोर्ड थे, बड़ी सिलिंडर मशीन फ़र्मे छापती थी, और चार पन्ने छपने के बाद उसका टाइप निकालकर दूसरे चार पन्ने कम्पोज़ करने का इन्तज़ार नहीं करना पड़ता था। ट्रुथ प्रिंटिंग वर्क्स के सामने यहाँ का काम एक बड़ा क्रान्तिकारी कदम लगता था। एक छोटे-से कमरे में लाल रंग का सरकने वाला पार्टीशन डालकर उसके दो हिस्से कर दिए गए थे, जिसके एक हिस्से में सम्पादक बैठता था। मुद्रक एक सख्त, सादा सा आदमी था, जिसे, वह क्या छाप रहा है, इसमें कोई रुचि नहीं थी, लेकिन पैसे के मामले में वह कोई रियायत नहीं करता था, और अपने काम में बहुत चाक-चौबन्द था।

श्रीनिवास के सामने पैसे की समस्या पहली बार आई। वह एडवांस दिए बिना 'झंडा' शुरू नहीं कर सकता था, और कागज़ खरीदने के लिए भी पैसा चाहिए था। अब आर्थिक समस्याओं को हल करने के लिए सम्पत उसके साथ नहीं था। पैसे का इन्तज़ाम कैसे किया जाए, इस सोच-विचार में उसने घंटों लगाए। अपने भाई को पत्र लिखकर उसने यह समस्या हल की, उसने कहा कि पारिवारिक सम्पत्ति में उसका जो अंश है, उसमें से कुछ पैसा उसे पत्रिका के लिए दिया जाए। इस तरह का पत्र लिखते हुए उसे बहुत बुरा लगा, लेकिन इसके अलावा कोई रास्ता भी नहीं था। पत्र में उसने कोई बड़ी-बड़ी बातें नहीं कहीं, न कोई आदर्श बघारा, न अपने अधिकार की दुहाई दी, बल्कि सीधे-सीधे अपनी कठिनाई बयान कर दी। उसने लिखा : "आपको वह कहानी पता होगी, जिसमें एक आदमी चीते पर सवार हो गया—मेरी हालत अब वैसी ही है? अगर मुझे ज़िन्दा रहना है, तो 'झंडा' आसमान में उड़ते

रहना चाहिए। मैं आपको बताऊँ कि इसका आधार बहुत अच्छा बन गया है, और इसके लिए कुछ करने की ज़रूरत नहीं है। मेरे पुराने ग्राहक अब भी पत्रिका चाहते हैं, और मुझे कई विज्ञापन भी मिलने लगे हैं। इसलिए इसकी आर्थिक स्थिति काफ़ी मज़बूत है। लेकिन शुरुआत के लिए मुझे कुछ पैसे की ज़रूरत है। अगर आप मुझे दो हज़ार रुपये उधार दे सकें, या सम्पत्ति के मेरे अंश में से यह रुपया मुझे दे दें, तो मैं आपका आभारी रहूँगा।'' भाई साहब ने तुरन्त उसकी प्रार्थना स्वीकार कर ली, इसे उसका जायज़ अधिकार भी माना, और उसे पैसा भेज दिया। उसके साथ सिर्फ यह नसीहत दी : ''तुम्हें अपने काम-धन्धे में ज़्यादा व्यावहारिक होना चाहिए। मेरा सुझाव यह है कि इसके लिए एक एकाउन्टेंट रख लो, जो हर खर्च का हिसाब रखे और समय-समय पर तुम्हें स्थिति की जानकारी देता रहे। यह खर्च ज़रूरी होता है।'' अन्त में उन्होंने यह बात कही : ''तुम्हें समझना चाहिए कि पारिवारिक सम्पत्ति पवित्र धरोहर होती है; वह फ़ालतू रकम नहीं होती जिसे व्यक्तिगत कामों पर खर्च किया जाय; यह हमारे बच्चों और उनके बच्चों के लिए है।'' ''हमारे बच्चे और उनके बच्चे''—इससे दिमाग़ में एक अनंत प्रवाह की सुन्दर तस्वीर बनती थी। लेकिन वाक्य के पहले हिस्से को पढ़कर उसे बुरा लगा। ''हाथ से आशीर्वाद और पैरों से ठोकर''! वह सोचने लगा, ''यह पैसा वापस कर दूँ?''

उसकी पत्नी ने समझाया, ''उन्होंने सिर्फ यह कहा है कि पैसा समझदारी से खर्च करना। इसमें बुरा मानने की क्या बात है?''

श्रीनिवास यह सुनकर शान्त हो गया, और बोला, ''ठीक है, मैं ले लेता हूँ। लेकिन जितनी जल्दी हुआ, वापस कर दूँगा।'' भाई साहब को भी पत्र में उसने यही बात लिखी और पैसा स्वीकार कर लिया। जवाब में उन्होंने प्रशंसा के शब्द लिखे, और सलाह फिर से दोहराई कि हिसाब रखने के लिए एक एकाउन्टेंट नियुक्त कर लो। उसने यह सुझाव स्वीकार कर लिया और तुरन्त एकाउन्टेंट का प्रबन्ध भी कर लिया। प्रेस वाले ने उसे दो घंटे रोज़ के लिए मामूली वेतन पर अपना एकाउन्टेंट दे दिया।

श्रीनिवास ने निश्चिंत होकर कबीर लेन का दफ्तर छोड़ दिया। उसने अपने सब कागज़-पत्र समेटे, दो-तीन थैलों में उन्हें भरा, और आखिरी बार वहाँ की सीढ़ियों से उतर गया। अब यह इमारत सनराइज़ पिक्चर्स के पास लीज़ पर थी, और यहाँ कोई भी नहीं आता था। रजिस्टर्ड ऑफिस और डायरेक्टर ऑफ़ प्रोडक्शन्स के दरवाज़ों पर ताले जड़े थे। उसे लगता था कि अब वह सोमू, सोहनलाल और डी मैलो से मिलना बरदाश्त नहीं कर पाएगा। ये उसे रात के किसी खतरनाक सपने के चरित्र लगने लगे थे। उसने चाभी एक लड़के के हाथों स्टूडियो भिजवा दी। वह सामान

के जो थैले भरकर ले गया, उनमें रवि का बनाया वह छोटा-सा स्केच, फाइल में सँभालकर रखकर, अपने साथ ले जाना न भूला।

'झंडा' के पुनर्प्रकाशन के बाद उसके लिखे सम्पादकीयों में एक 'बालिग होने का वहम' बहुत शानदार साबित हुआ। इसमें उसने फिल्म स्टूडियो का अपना पूरा अनुभव बताकर उसकी समीक्षा की थी। उसने कहा था कि लोग बालिग़ होने का सिर्फ दिखावा करते हैं; यह एक मुखौटा है, भारी जबड़े, दोहरी ठोढ़ी और हीरे के इयररिंगों का या हरे रंग की स्पोर्टिंग शर्ट का बना हुआ लेकिन इसके भीतर मनुष्य के बचपन की मूर्खतापूर्ण बातें भरी होती हैं, जो उस समय की अबोधता और शुद्ध आनन्द के अभाव में एक बकवास साबित होती हैं। अब इसे व्यापार के मूल्य ही महत्त्व और आवश्यकता का चमकता आवरण प्रदान करते हैं।

यह पढ़कर सोमू एक दिन उसके दफ्तर आया। हाथ में छड़ी थामे उसकी उँगलियों में हीरे की अँगूठियाँ चमक रही थीं। श्रीनिवास ने उसे देखते ही भगवान से प्रार्थना की, ''भगवान जी, मुझे इन लोगों से बचाना और इस समय इन्हें झेलने की शक्ति देना।'' सोमू की बात न कर पाने की अयोग्यता इस समय भी झलक रही थी। वह खरखराते हुए कुर्सी पर बैठ गया और मुस्कराने की कोशिश की। श्रीनिवास ने स्टूडियो या फिल्म के बारे में कोई बात करना ठीक नहीं समझा। वह प्रार्थना करता रहा, ''देवता, मुझे फिर इन लोगों के झमेले में मत डाल देना।'' सोमू ने ही बात शुरू की, ''अब बहुत दिन से आप स्टूडियो नहीं आए?''

श्रीनिवास को लगा कि इस बात का जवाब देना ज़रूरी नहीं है। लेकिन सोमू ने आग्रह किया तो वह बोला, ''मेरा वहाँ कोई काम नहीं है।''

''अरे, क्यों? आप यह कैसे कह सकते हैं। हम आप जैसे कहानी-लेखकों के बिना स्टूडियो कैसे चला सकते हैं।''

श्रीनिवास इस पर भी चुप रहा। उसे अपने भीतर बहुत तकलीफ़ हो रही थी; इसके भरे-मोटे गालों और हीरों को देखकर और कोठरी में बन्द एक गाना बड़बड़ाते रवि की शक्ल की याद करके, उसका मन चीखकर यह कहने को हो रहा था : ''आप लोग आत्माओं की हत्या करते हैं।''

सोमू ने कहा, ''और जनाब, आपका अखबार...उसमें आपने हमारे बारे में कुछ लिखा है।'' अब श्रीनिवास की रुचि जाग्रत हुई। उसने पूछा, ''क्या लिखा है मैंने उसमें?''

सोमू ने नर्वस भाव से मेज़ को ठकठकाते हुए कहा, "मैंने उसे पूरा पढ़ा नहीं है।"

"आपने कितना हिस्सा पढ़ा उसका?"

"हाँ... मैंने सोचा था कि बाद में पढ़ूँगा, लेकिन डी मैलो उठा ले गया और उसी ने मुझे बताया। उसने कहा कि इसमें स्टूडियो के बारे में भी लिखा है।"

"तो फिर आपको इसे पढ़ लेना चाहिए," यह कहकर उसने वह अंक सोमू को पकड़ाया। सोमू ने कुछ क्षण उसे देखा, पन्ने उलटे और फिर मोड़कर रख लिया। श्रीनिवास ने पूछा, "आपने इसे रख क्यों लिया?"

"मैं घर पर पढ़ूँगा इसे," सोमू ने माफ़ी माँगते हुए कहा।

"नहीं, मैं चाहता हूँ, आप इसे अभी यहाँ पढ़ें।" श्रीनिवास बोला। सोमू यह सुनकर घबरा गया, "पूरा पढ़ना है?" यह कहकर वह पत्रिका देखने लगा।

"हाँ, बारह पन्ने ही तो हैं!"

"नहीं, आप मुझे माफ़ कीजिए," सोमू प्रार्थना करने लगा। लेकिन श्रीनिवास अपनी बात पर दृढ़ था, उसे सोमू को तंग करने में मज़ा आ रहा था। उसे लग रहा था कि इसे जो मिलना चाहिए था, वह अब मिल रहा है। वह चीख़ कर कहना चाहता था कि "जब आप लोग मुझे ज़रूरत से ज़्यादा परेशान करते थे और जो चाहते करते और अपनी ही चलाते थे, तब, पता है, मुझे कैसा लगता था?" इसलिए वह यहीं पढ़ने की बार-बार ज़िद करता रहा। उसे आश्चर्य यह भी हो रहा था कि सोमू उसे एकदम झटक क्यों नहीं देता कि मैं जो करना चाहूँगा, करूँगा, तुम्हें इससे क्या मतलब? लेकिन सोमू ने ऐसा कोई रुख नहीं लिया। उसने दब्बू की तरह कहा, "मैं तो आपके साथ कुछ मिनट बिताना चाहता था, और आर्टिकिल के बारे में जानना चाहता था।"

"ठीक है, लेकिन पढ़े बिना आप बात कैसे कर सकते हैं? चलिए, यह सम्पादकीय ही पढ़ लीजिए।" सोमू ने उसकी तरफ दयनीय भाव से देखा, जेब से चश्मा निकाला और नाक पर सही जगह रखा, फिर अखबार का पन्ना खोलकर खिड़की से आती रोशनी की तरफ़ झुकाया। श्रीनिवास ने उसकी यह मुद्रा देखकर सोचा कि यह उसके कैरियर की बड़ी विजय कही जा सकती है। वह अपने कागज़ों की देखभाल में लग गया, और ज़रा देर बाद उसके खखारने की आवाज़ सुनकर सिर उठाया, तो देखा कि सोमू उसकी तरफ इस भाव से देख रहा है, कि क्या अब अखबार रख सकता हूँ। श्रीनिवास ने उसकी ओर नज़र जमाई तो उसने चश्मा उतारना शुरू कर दिया, कहा, "मैंने पढ़ लिया है।"

श्रीनिवास सोचने लगा कि क्या अब वह उसे दूसरा लेख पढ़ने का आदेश

भी दे सकता है, लेकिन उसने यह कहना ठीक नहीं समझा; यह आखिरी डंडा साबित हो सकता था, और सोमू उससे कह सकता था कि अब तुम भाड़-चूल्हे में जाओ, अब मैं नहीं पढ़ता। सोमू का परेशान चेहरा देखकर श्रीनिवास को लगा कि अब उसने अपने साथ हुई ज़्यादतियों का पूरा बदला ले लिया है, और यह सोचकर उसकी मनुष्यता फिर अँगड़ाई लेने लगी। इसलिए उसने कुछ नम्र होकर कहा, "अब बताइए, आपका क्या कहना है?"

"डी मैलो ने कहा था कि इसमें हमारे प्रोडक्शन के बारे में लिखा गया है। इसीलिए मैं यहाँ आया था।"

श्रीनिवास ने पूछा, "और उसके बारे में आपको कुछ नहीं मिला?"

"कुछ भी नहीं। पता नहीं, डी मैलो ने यह क्यों कहा।" उसके लहजे से लगा कि वह डी मैलो से गुस्सा हो गया है।

लेकिन श्रीनिवास ने कहा, "डी मैलो ने ठीक कहा था। आप पत्रिका को घर ले जाएँ और ध्यान से पढ़ें तो आपकी समझ में आ जाएगा। तब फिर आप यहाँ आकर मुझसे बात कर सकेंगे।"

उसे यह सुनकर आश्चर्य हुआ। गुस्से से बोला, "लेकिन आप फिल्म की बुराई क्यों करने लगे? कहानी तो आपने ही लिखी है। आपके लिए यह सही नहीं है कि हमारे खिलाफ़ लिखें।" फिर उन्होंने अपनी छड़ी उठाई और जाने के लिए उठे।

श्रीनिवास ने कहा, "अगर आपको मेरे विचार जानने हैं तो पत्रिका नियमित रूप से पढ़ा करें। यह बुराई करना नहीं होता। आप साल भर के लिए ग्राहक क्यों नहीं बन जाते? शुल्क ज़्यादा नहीं है, सिर्फ दस रुपये।"

"मेरे पास पढ़ने का वक्त ही नहीं है, यही समस्या है।"

"जिस तरह आप खाने और सोने के लिए समय निकालते हैं, उसी तरह 'झंडा' जैसी पत्रिका पढ़ने का समय भी निकालना चाहिए। यह आप जैसे लोगों के लिए ही है।" सोमू ने जेब से दस रुपये निकाल कर मेज़ पर रख दिए। श्रीनिवास ने उसकी रसीद बनाकर उन्हें दे दी। सोमू ने रसीद मोड़कर जेब में रख ली, और चलते-चलते कहा, "हम लोग फिल्म बनाने में लाखों रुपया खर्च करते हैं, इसलिए आपको उसके बारे में लिखकर जनता को हमारे खिलाफ़ नहीं करना चाहिए।"

श्रीनिवास ने रवि को अपने घर में ही रखा। अब उसे दोनों घरों का खर्चा अपने साधनों से ही चलाना पड़ता था। रवि की छोटी बहन दिन में कई दफ़ा एक या दो रुपये माँगने आ जाती थी, और वह तुरन्त उसे पैसे दे देता था। उसने अपनी

पत्नी से भी कह दिया था कि उसकी अनुपस्थिति में वह पैसे दे दिया करे। रवि के पिता ने रवि से ही नहीं, श्रीनिवास से भी बात करना बन्द कर दिया था। जब कभी श्रीनिवास उनके घर के सामने से गुज़रता, वह जैसे गुर्राने लगते। उसकी पत्नी ने उसे बताया था कि वे हमेशा यही कहते हैं, ''इस आदमी ने रवि के दिमाग़ में ऊटपटाँग विचार डालकर उसे बर्बाद कर दिया। अब वह पूरे परिवार को बर्बाद करना चाहता है।'' इससे उसे भी चिढ़ होती थी और वह श्रीनिवास से पूछती, ''ऐसे नाशुक्रे लोगों के लिए इतना करने की क्या ज़रूरत है?'' श्रीनिवास उससे यही कहता, ''तुम उनकी बातें सुनने में अपना वक्त बर्बाद मत किया करो। बस, जितनी मदद कर सको, करती रहो।''

''कब तक करती रहूँ?'' वह पूछती।

यह सुनकर श्रीनिवास अपना सिर खुजाने लगता। वह खुद ही समझ नहीं पाता था कि यह कब तक चलेगा।

एक दिन उसने पूछा, ''और तुम इनके बारे में क्या करोगे?'' उसने कमरे के कोने की तरफ इशारा किया जहाँ बैठा रवि अपना गाना गा रहा था। श्रीनिवास रवि को अपने यहाँ इसलिए रखता था क्योंकि वह जानता था कि अपने घर में वह कभी ठीक न हो सकेगा। वह उसे खुद खाना खिलाता था और सब तरह से देखभाल करता था। उसने पत्नी से कहा, ''उसे अपने परिवार से बचाने की ज़रूरत है।'' यह सब बातचीत उन्हें रसोईघर में ही धीमी आवाज़ में करनी होती थी, क्योंकि उनके घर के ठीक सामने आधे हिस्से में रवि का एक सम्बन्धी परिवार रहता था। रवि के भाई-बहन भी उसके घर आते थे और उसके सामने बैठे रहते थे। कई दफ़ा वे उसकी बातें सुनकर हँसने लगते और कई दफ़ा डरकर भाग जाते थे। वह हर समय कुछ-न-कुछ बोलता ही रहता था, हालांकि क्या कह रहा है, यह समझ में नहीं आता था। कभी-कभी उसकी माँ भी घर से कुछ विशेष खाना बनाकर लाती और उसके सामने बैठकर उसे खिलाने की कोशिश करती थी। श्रीनिवास की पत्नी भी, शुरू में तो विरोध करती रही, फिर वह भी स्थिति से द्रवित होकर रवि की माँ को समझाने की कोशिश करने लगी।

माँ ने यह सोचना शुरू कर दिया था कि इसके ऊपर कोई भूत-प्रेत सवार हो गया है। उसने दर्जन भर ऐसी घटनाएं बताईं जिनमें ओझा की सहायता से रोगी ठीक हो गया था।

एक शाम जब श्रीनिवास दफ्तर से घर लौटा, उसने यहाँ अजीब से काम होते हुए देखे। इन सबका केन्द्र रवि था। उसके सामने फूल-पत्तों से भरी थालियाँ रखी थीं, पीपल के पत्तों से लदी डालियाँ और उनके बीच कपूर जल रहा था। एक जंगली

सा लगने वाला आदमी, गले में बड़े-बड़े मनकों की कई मालाएँ पहने, सिर पर सिन्दूर लगाए, लाल रंग की कमीज़ पहने कार्यवाही को अंजाम दे रहा था। वह बिलकुल मेक-अप किए शिव की तरह लग रहा था। एक बर्तन में धूप जल रही थी, जिसका धुआँ कमरे में भर गया था। उसके पीछे दो सहायक विराजमान थे, जिनमें एक घंटी बजा रहा था और दूसरा एक ढोलक जैसे बाजे से बड़ी तीखी आवाज़ें निकाल रहा था। मुख्य पुरोहित के हाथ में एक बहुत पतली चाबुक जैसी लम्बी छड़ी थी, जिस पर उसने केसर और सिन्दूर का लेप किया हुआ था। रवि की माँ इनके सामने बड़े श्रद्धा भाव से आँखें बन्द किए बैठी थी, और उसकी पत्नी दौड़-दौड़कर सबकी ज़रूरतें पूरी करने में लगी थी। छोटा सा रामू और उसके साथी बाहर दरवाज़े पर चुपचाप खड़े झाँक-झाँककर यह तमाशा देख रहे थे। वे कुछ डरे-डरे भी नज़र आ रहे थे, इसलिए ही शायद वे ज़्यादा पास आने की हिम्मत नहीं दिखा पा रहे थे। श्रीनिवास इस दृश्य से चकित बाहर ही खड़ा रह गया। रामू चाहता था कि उसे इस घटना की उसके आते ही खबर कर दे, लेकिन वह दरवाज़े की अपनी जगह नहीं छोड़ना चाहता था, क्योंकि उसके हटते ही कोई और बच्चा वहाँ आकर खड़ा हो जाता, इसलिए वह वहीं से ज़रा धीमी आवाज़ में पुकारने लगा, 'अप्पा, अप्पा'—लेकिन वह कुछ और बोल पाता, इससे पहले ही श्रीनिवास वहाँ आ पहुँचा, और यह दृश्य देखते ही उसके मुँह से बेतहाशा निकल गया, "अरे, यह क्या...।" लेकिन उसकी आवाज़ सुनते ही उसकी पत्नी वहाँ दौड़कर आई, उसे हाथ से पकड़कर किचेन में ले गई और बोली, "कोई अशुभ शब्द मत कहना।"

"यह किसका काम है?" उसने मुँह बनाकर पूछा।

"अम्मा कई दिन से यह करना चाहती थी। इसके खिलाफ़ कुछ मत कहना। वह बेचारी और जाती भी कहाँ? उनका पति तो यह करने ही न देता या सबके सामने उलटा-सुलटा बोलता रहता।"

"अब तुम्हारी समझ में आया कि रवि को मैं यहाँ क्यों रखना चाहता हूँ?" उसने दाँत निकालकर कहा। पत्नी ने बिना कुछ विरोध किए कहा, "हाँ, हाँ, वहाँ तो बुड्ढे के कारण वह रह ही नहीं सकता था।" यह सुनकर श्रीनिवास सन्तुष्ट हो गया। इसी के साथ उसे यह भी लगा कि अब वह थोड़ा झगड़ालू हो गया है; उस दिन वह सोमू पर बरसने लगा था, और आज अपनी पत्नी से लड़ने को तैयार है। "इस तरह तो मैं बहुत से लोगों की धीरे-धीरे मौत का कारण बन जाऊँगा," उसने अपने से कहा। उसने अपनी पत्नी पर नज़र डाली। वह बहुत खुश नज़र आ रही थी। वह इस अद्भुत कार्यक्रम का पूरी तरह हिस्सा थी, और इस तरह इस आयोजन की स्वामिनी बनकर बहुत उत्साहित महसूस कर रही थी। श्रीनिवास ने

बड़बड़ाकर कहा, "यह बड़ी बेवकूफ़ी का काम है!" उसे याद आया कि स्टूडियो में तो इससे भी ज़्यादा भयंकर शिवजी का कार्यक्रम हुआ था, उसके सामने तो यह एकदम सादा और अव्यापारिक है। उसे इस तरह सोचते देखकर पत्नी ने कहा, "यह तो अच्छा ही हो रहा है। लोग कहते हैं कि इस मकान में भी भूत रहता है और ओझा जी उसे जानते हैं। वही रवि में घुस गया लगता है। अब ये उसे निकाल बाहर करेंगे, और फिर हम सब यहाँ शान्ति से रह सकेंगे।" उसने देखा कि श्रीनिवास पर उसकी बातों का कोई असर नहीं हो रहा है। इसलिए उसने पूछा, "है न यह अद्भुत?" श्रीनिवास ने जवाब दिया, "ओझा को यह कहानी किसी गप्पी से पता चली होगी।"

"पता नहीं, तुम इतने अविश्वासी क्यों हो?" पत्नी ने झुँझलाकर कहा और उसे वहीं छोड़कर सामने के कमरे में चली गई। वह भी उसके पीछे गया, कि विस्तार से यह आयोजन देख सके। रवि की माँ बार-बार कृतज्ञ भाव से उसकी ओर देख लेती थी। ओझा लगातार पक्की जमी आवाज़ में अपने मंत्र बोलता जा रहा था, और जब भी वह रुकता, बाजा झमाझम बजने लगता था। उसकी आँखें बन्द थीं और रवि बेजान-सा उसके सामने बैठा था। उसके ऊपर कुछ पत्तियाँ बिखरी हुई थीं। मन्त्रों और बाजों की आवाज़ें काफ़ी देर तक गूँजती रहीं, जिसके कारण उपस्थित सब लोग हिप्नोटाइज़ हुए महसूस कर रहे थे—श्रीनिवास ने देखा कि रवि भी सिर हिला-हिलाकर झूम रहा है। उसे यह सारा प्रपंच और वातावरण बहुत असह्य लग रहा था—मन्त्रों और बाजों की आवाज़, धूप की तीखी बू, चारों तरफ़ फैला धुआँ, कपूर के जलने-बुझने का दृश्य। श्रीनिवास ने अचानक अपने से पूछा, "क्या मैं ईसा-पूर्व बीसवीं सदी में रह रहा हूँ, या उससे भी पहले चालीसवीं सदी में?"

इस आधे-अँधेरे कमरे में उसकी आँखों के सामने से पुराना इतिहास गुज़रने लगा। सीनेरियो लिखने की उसकी आदत फिर से जोर मारने लगी। उसका छोटा-सा घर, यह बड़ा कमरा और इसमें इकट्ठे लोग, यह एन्डरसन लेन और यही नहीं, पूरा मालगुडी कस्बा, सब कुछ उसके मन के पर्दे पर आए और गायब हो गए। कुछ देर सब खाली रहा, फिर उसके सामने मेम्पी के जंगल की तरह दूर-दूर तक फैला एक बिलकुल खाली पड़ा प्रदेश दिखाई देने लगा। वर्तमान मार्केट स्ट्रीट पर बड़े-बड़े पेड़ खड़े थे, और इस जंगल के बीच एक पतले से फुटपाथ की तरह यह सड़क दिखाई दे रही थी।

इस पगडंडी पर पहले रामचन्द्र प्रकट हुए, सुप्रसिद्ध रामायण के महानायक। वे पूर्ण पुरुष थे, भगवान विष्णु के अवतार। उनके कंधे पर वह महान धनुष लटका था, जिसे कोई उठा नहीं सकता था। उनके पीछे प्रकट हुए उनके प्रिय भाई लक्ष्मण

और वानर-प्रमुख हनुमान। रामचन्द्र जी लंका जा रहे थे, दुष्ट राक्षस रावण को नष्ट करने के लिए, जो उनकी पत्नी सीता को उठा ले गया था। उनका शत्रु सब प्रकार के अशुभ का केन्द्र था, और इस कारण उसकी शक्ति अपार थी और उसे कोई परास्त नहीं कर सकता था। श्रीराम को न्याय की स्थापना करनी थी। वे एक पावन युद्ध में भाग लेने जा रहे थे, और रावण का विनाश करके उन्हें सत्य, शिव और सुन्दर की स्थापना करनी थी। उन्होंने एक झाड़ी के पास रेत पर विश्राम किया, फिर अपने मस्तक पर तिलक लगाने का पेस्ट बनाने के लिए ज़रा से पानी की तलाश की, लेकिन वह कहीं नहीं मिला। तब उन्होंने अपने तरकश से एक तीर निकालकर उससे बालू में एक लकीर खींची, तो उसमें से पानी निकलने लगा। इस प्रकार सरयू नदी आरम्भ हुई थी।

नदी बहने लगी। उसके किनारे एक गाँव के फूस के झोपड़े खड़े होने लगे, और घुमंतू लोगों का समाज पनपने लगा, जो जंगलों में अपने पशु चराते थे, और रात होने से पहले उन्हें बाड़ों में सुरक्षित रखने के लिए बन्द कर देते थे, कि शेर-चीतों से वे बचे रहें। फिर जंगल के ऊँचे-ऊँचे पेड़ धीरे-धीरे कम होने लगे और उनके स्थान पर अनाज के खेत विकसित होने लगे। धान के बड़े-बड़े मनुष्य के बराबर लम्बे पौधे हवा में लहराने लगे और शीघ्र ही चारों ओर के जंगल उनसे भर गए।

जब कई शताब्दियों के बाद गौतम बुद्ध करुणा का अपना धर्म लोगों को सिखाते यहाँ आए, और इस समृद्ध गाँव के प्रमुख मार्ग से गुज़रे, तो स्त्री-पुरुष बच्चे उनके चारों ओर जमा हो गए। गौतम ने देखा कि एक स्त्री रो रही है। उसके बच्चे की मृत्यु हो गई थी और वह बहुत दुखी थी। उन्होंने कहा कि यदि वह किसी ऐसे घर से जहाँ अबतक किसी की मृत्यु न हुई हो, उनके लिए एक मुट्ठी सरसों ला देगी, तो वे उसे सन्तुष्ट कर देंगे। वह गाँव के सब घरों में गई पर कोई भी घर ऐसा न मिला, जो मृत्यु से अछूता रहा हो। गाँव के सैकड़ों घरों में एक भी ऐसा नहीं था। वह समझ गई कि गौतम बुद्ध क्या कहना चाहते थे...। लॉली एक्सटेंशन के पार एक टूटा-फूटा घर, जहाँ कुछ खम्भे खड़े थे, वह स्थल था जहाँ गौतम बुद्ध ने उपदेश दिया था...

अगली शताब्दी में महान शंकराचार्य का आगमन हुआ। उन्होंने देखा कि नदी के किनारे एक कोबरा अपना फन एक मेंढक के ऊपर फैलाए दोपहरी के दहकते सूरज की तपन से उसकी रक्षा कर रहा है। उन्होंने टिप्पणी की : "यहाँ अतिरेक मिल रहे हैं। सर्प, जो मेंढक का शत्रु है, उसकी रक्षा कर रहा है। यहाँ मैं अपना मन्दिर बनाऊँगा।" यहाँ उन्होंने देवी की स्थापना की और वेदान्त का दर्शन प्रचारित किया—परमात्मा और उसके जीवों की एकता का दर्शन।

फिर आए ईसाई मिशनरी अपनी 'बाइबिल' लेकर। उनके पीछे आए व्यापारी और सिपाही–जिन्होंने एडवर्ड शिलिंग और इंग्लेडिया बैंक की स्थापना का रास्ता बनाया।

राजवंश उठे और गिरे। महल और मकान बने और टूटे। सारा देश हमलावरों की तलवार और आग से जलने लगा, और सरयू की बाढ़ ने उस सबको डुबाकर साफ़ कर दिया। लेकिन यह हमेशा नया जन्म लेता रहा और पनपता रहा। और इन सारी शताब्दियों में, श्रीनिवास ने महसूस किया, ऐसे लोग हमेशा रहे–रवि जैसे पागल और उनके शुभचिन्तक जो अपने उपायों और औषधियों से उन्हें बचाने की कोशिश करते रहे। उसका आधा पागलपन दरअसल उसके अपने ही कारण था, अपने बारे में अज्ञान और कलाकार के रूप में अपनी क्षमताओं से विद्रोह, जिसने उसे अपनी ही जंग का मैदान बना दिया था। कुछ समय बाद या ज़्यादा समय बाद वह अपने पागलपन को निकाल फेंकेगा और अपने वास्तविक व्यक्तित्व को पहचान लेगा–भले ही यह एक ही जन्म में न हो और कई जन्म लग जाएँ। ''इस सबका अर्थ क्या हुआ?'' श्रीनिवास अपने से पूछने लगा, जैसे-जैसे उसके सामने चल रहे इतिहास की तस्वीर धुँधली पड़ती गई। ''रवि के पागलपन और स्वास्थ्य की चिन्ता करने वाला मैं कौन होता हूँ? मैं उसकी रक्षा करूँगा, यह सोचना क्या मेरा ही पागलपन नहीं है?'' यह विचार उसे इतना मनोरंजक लगा कि वह अपने ऊपर ही हँस पड़ा।

कमरे में बैठे लोग उसे हँसते देखकर चौंक उठे। उसकी पत्नी दौड़ी हुई आई और चिन्तित भाव से उसका चेहरा देखकर बोली, ''तुम क्यों हँसे?''

''अच्छा, मैं हँसा था?'' उसने झेंप कर कहा। ''एक जोक याद आ गया था। कुछ नहीं हुआ। तुम मेरी चिन्ता मत करो।''

अब मन्त्र-पाठ और बाजा बन्द हो गया था। रवि अधखुली आँखें लिए झूम रहा था। ओझा ने छड़ी उठाकर उसकी पीठ पर ज़ोर से दे मारी और चिल्लाकर पूछा, ''अब तुम निकलते हो या नहीं?'' रवि इस चोट से तिलमिलाया, उसने आँखें चलाईं, और छड़ी उसकी पीठ पर तेज़ी से बरसने लगी। उसके भीतर बैठे भूत से भी यह प्रश्न बार-बार पूछा जाता रहा। रवि चोट खाकर काँपने लगा था। श्रीनिवास का मन हुआ कि चिल्लाकर कहे, ''बन्द करो। यह गलत है और क्रूरता है।'' लेकिन उसके मुँह से शब्द निकल ही नहीं पा रहा था। अभी उसने जो दृश्य देखे थे, उनसे उसे लगने लगा था कि रवि को चाहे छड़ी से मारा जाए या उसे अपनी हालत पर छोड़ दिया जाए, वह पागल बना रहे या स्वस्थ हो जाए, ये सब स्थितियाँ एक हैं, इनमें कुछ भी महत्त्वपूर्ण नहीं है और किसी की भी चिन्ता करने की ज़रूरत नहीं है। मनुष्य के सामने पूरा अनन्त फैला पड़ा है, अपनी मूर्खताओं को सही करने के

लिए बहुत समय है। पागलपन या सहजभाव, दुख और सुख सब एक समान है...। अंत में किसी भी बात से ज़रा भी अन्तर नहीं पड़ेगा—अनन्त के प्रवाह में सब महत्त्वहीन है। सौ साल जीवित रहनेवाले व्यक्ति को यह याद भी नहीं रहेगा कि उसे कब मलेरिया हुआ था। कोई सही है या गलत और पागल है या स्वस्थ, इससे कोई अन्तर नहीं पड़ता; यह तेजी से बह रही जलधार पर एक पत्ती के उसपर तिरने की तरह है—वह दायीं तरफ़ बह रही है या बायीं तरफ़, इससे कुछ बनता या बिगड़ता नहीं है।

वह अचानक उठा और कमरे से बाहर निकल आया। सड़क पर आकर ऊपर-नीचे देखता खड़ा हो गया। क्षण भर के लिए वह अनिश्चित हो उठा, कि किस युग में जी रहा है वह—अस्तित्व इतना अनिवार्य और निरन्तर है! कुछ देर बाद रवि की माँ बाहर आई और उससे पूछने लगी, "रवि को मैं शैलम् ले जाऊँ? यहाँ से दिन भर का सफ़र है। ओझा जी का कहना है कि वहाँ हफ्ते भर रखेंगे तो यह एकदम ठीक हो जाएगा। वहाँ सैकड़ों लोग रहते हैं।"

"ज़रूर ले जाइए," श्रीनिवास बोला, और विश्वासपूर्वक कहने लगा, "वह ज़रूर ठीक हो जाएगा। पागलपन भी खत्म हो जाता है। सिर्फ सत्ता बनी रहती है।"

"तुम्हारी पत्नी ने वादा किया है कि हमारे पीछे रवि के पिता की देखभाल करेगी।" उसका मन हुआ कि कहे, "क्या फ़र्क पड़ता है कि उनकी देखभाल की जाए या न की जाए। अगर वह चल भी बसें तो क्या बुरा होगा?"

"हम करें भी क्या! तुम्हीं को तकलीफ देनी पड़ती है। वह इतने गुस्से वाले हैं कि क्या किया जाए। तुम्हें परेशान करते शर्म आती है लेकिन इस लड़के की खातिर..."

"हमारे लिए इसमें कोई परेशानी नहीं है। हम पिताजी की देखभाल कर लेंगे।"

बाद में श्रीनिवास की पत्नी ने बताया, "मैंने उन्हें खर्च के लिए बीस रुपये दिए हैं। ये देख लेना। बेचारे?"

"कोई बात नहीं। मैं तुम्हें रुपये दे दूँगा, जितने चाहोगी। तुम जैसा ठीक समझो, करो।" बीवी उसकी उदारता देखकर उसका मुँह देखने लगी।

दूसरे दिन रवि और उसकी माँ को स्टेशन ले जाने के लिए गाड़ी का इन्तज़ाम किया। वृद्धा ने दो दरियाँ और चादरें तथा तकिए एक साथ लपेटे और जूट की रस्सी से उन्हें बाँध दिया। टीन के एक बक्से में कुछ कपड़े रख लिए। एक टोकरी में पानी के लिए एक बर्तन और कुछ केले रख लिए। बूढ़ा मानसिक रूप से बहुत परेशान हो रहा था। अगर वह उठकर चलने-फिरने लायक होता तो इस यात्रा को रोक ही

देता। वह अब चिल्ला ही सकता था, ''यह क्यों जा रही है? किसकी अनुमति से वह शहर छोड़कर कहीं और जा रही है। हमारी औरतें इतनी आज़ाद क्यों हो गई है?'' बुढ़िया ने जल्दी ही खाना खा लिया। सारे बच्चे उसके चारों तरफ आकर इकट्ठे हो गए और इस या उस चीज़ की माँग करने लगे, और स्टेशन तक जाने की ज़िद करने लगे। उसने दो सबसे छोटे बच्चों को अपने साथ ले जाने का फैसला किया था, और उनके हाथ-मुँह धोकर, बाल सँवारकर साफ़ कपड़े पहना दिए थे। दोनों खुशी के मारे उछलते फिर रहे थे। दूसरे बच्चे उनके पीछे बुरा-भला कहते घूम रहे थे। लेकिन इन सबके ऊपर बूढ़े की आवाज़ गूँज रही थी। ''यह जा क्यों रही है, इतने बच्चों को चीखता-चिल्लाता छोड़कर? वह किसी की भी बात क्यों नहीं सुनती?'' फिर वह चीखा, ''एडिटर साहब, अरे ओ एडिटर साहब!'' उसने हमेशा श्रीनिवास को धिक्कारा था, लेकिन अब परेशानी की वजह से उसे ही पुकार रहा था। वह इतनी बेचारगी से चिल्ला रहा था, कि श्रीनिवास को ध्यान देना ही पड़ा। वह दरवाज़े के पास गया और पूछने लगा, ''क्या बात है, पिताजी?''

''अच्छा, तुम आ गए! और पास आ जाओ। ज़रा देर मेरे पास बैठो। मेरी बात सुनो। तुम तो विद्वान आदमी हो...''

''मैं बहुत आराम से हूँ। आप बताइए, क्या बात है?''

''इससे कहिए कि कहीं न जाए। यह क्यों जा रही है? मैं इसकी आज्ञा नहीं दूँगा।''

''दस-पन्द्रह दिन में वापस आ जाएँगी। चिन्ता की कोई बात नहीं है।''

''जानता हूँ मैं। इस गुंडे के लिए...क्यों जा रही है? यह हमारा बेटा नहीं है। जो जेल में रहा हो, हमारा बेटा नहीं हो सकता। उसके लिए यह इतनी परेशानी क्यों मोल ले रही है? अगर यह मेरी पत्नी है, तो उसे फौरन छोड़ दे। इसे उसके साथ क्या लेना-देना?''

''आप शान्त हो जाइए। दिमाग़ पर काबू रखिए।''

''तुम कौन होते हो मेरे दिमाग़ को खराब कहने वाले? तुमने ही अपने साथ रखकर इस लड़के का दिमाग़ बिगाड़ दिया है, और अब तुम मेरे परिवार को बर्बाद कर रहे हो।

''इनकी बातों पर ध्यान मत दो,'' बुढ़िया ने धीरे से कहा। वह दुखी भी थी और यात्रा की सम्भावना से खुश भी हो रही थी।

''कोई बात नहीं,'' श्रीनिवास ने कहा। ''इन्हें खाना-पीना आराम से मिलता रहेगा।''

बूढ़ा यह सुनकर चीखा, ''खाना! किसी और के घर से खाना आएगा, तो

मैं खिड़की से बाहर फेंक दूँगा।'' श्रीनिवास ने रवि की माँ के चेहरे पर पड़ी झुर्रियों पर नज़र डाली और सोचने लगा, ''इसने चालीस वर्षों में कितना कष्ट भोगा होगा!'' और उसके धीरज की प्रशंसा करने लगा।

गाड़ी दरवाज़े पर आकर खड़ी हो गई। माँ ने अपना सामान उठाया, दोनों बच्चों को सँभाला और पति के पास विदा लेने गई। बूढ़े ने अपना चेहरा दूसरी तरफ़ घुमा लिया, फिर हाथ आगे बढ़ाकर बच्चों को छुआ। उसकी आँखों से आँसू बहने लगे थे। श्रीनिवास अपने घर के उस कोने में गया जहाँ रवि बैठा रहता था। उसे उठने के लिए कहने लगा, ''उठो अब, स्टेशन चल रहे हैं।'' रवि ने सिर उठाकर उसे देखा। यह अच्छा लक्षण था। छड़ी से मार खाने के बाद उसकी चेतना कुछ जगने लगी थी। श्रीनिवास ने हाथ पकड़कर उसे उठाया और ले जाकर इक्के पर बिठा दिया। उसकी माँ और बच्चे पीछे-पीछे आए और बैठ गए। श्रीनिवास की पत्नी भी आई और माँ ने उसे प्यार किया। पत्नी रोने लगी और इक्का आगे बढ़ चला। श्रीनिवास उस पर बैठा सोचने लगा कि किसी के जाने या आने दोनों पर लोग रोते ही हैं। वह गाड़ीवान के बगल में बैठा उससे कह रहा था कि ज़रा तेज़ चले, जिससे साढ़े आठ बजे वाली त्रिची की ट्रेन निकल न जाए।

11

शाम हो गई थी। श्रीनिवास दफ्तर में बैठा कागज़ पर भूत उतारने की घटना के दृश्य लिखने का प्रयत्न कर रहा था, जिससे उसका सही-सही चित्र अपने पाठकों के सामने प्रस्तुत कर सके। इसका शीर्षक उसने बनाया, ''प्रवाह में पड़ी एक पत्ती।'' यह उसे पसन्द नहीं आया। दूसरा शीर्षक यह लिखा, ''सृष्टि की स्थिति : किसी-न-किसी तरह जीवन बिताता व्यक्ति'' इस पर भी उसने सोचा। यह भी अच्छा नहीं लगा। वह 'सृष्टि' शब्द का प्रयोग नहीं करना चाहता था। उसके अनुभव की गहनता साधारण शब्दों के प्रयोग में नष्ट होती प्रतीत हो रही थी। वह सिर पकड़े बैठा था, कि प्रेस वाले का चपरासी दौड़ता हुआ आया और बोला, ''एक साहब आप से मिलने आए हैं, सर, पूछ रहे हैं कि आप समय दे सकेंगे।'' श्रीनिवास ने चिन्तित होकर अपने लेख पर नज़र डाली और सोचने लगा कि कल तक इसे पूरा करके कंपोज़िंग में कैसे दे सकेगा। लड़का इन्तज़ार में खड़ा था, और कुछ भी उत्तर न आने की दशा में उसने खुद ही सुझाव दिया, ''आप कहें तो मैं उन्हें मना कर दूँ, सर?''

''नहीं, ले आओ उन्हें,'' श्रीनिवास ने कहा और कलम मेज़ पर रखकर सोचने लगा कि इसके जाने के बाद लिखने की कोशिश करूँगा।

दरवाज़ा खुला और सम्पत उसके सामने खड़ा था। ''सम्पत! अरे सम्पत! तुम सीधे ही क्यों नहीं चले आए?''

''मैं तुम्हें डिस्टर्ब नहीं करना चाहता था। आज बृहस्पत है और मैं जानता हूँ कि यह दिन तुम्हारे लिए कितना महत्त्वपूर्ण होता है।'' वह भीतर आकर कुर्सी पर बैठ गया। वह कुछ दबा-दबा-सा नज़र आ रहा था। वह सिल्क का कुर्ता आज भी पहने था, लेकिन उसके चेहरे पर परेशानी साफ़ झलक रही थी। ''कैसे हो तुम?'' श्रीनिवास ने पूछा।

उसने मेज़ पर सिर झुकाकर धीरे से कहा, ''मैं अभी भी एक पत्नी वाला हूँ। फ़िक्र मत करना।''

"अच्छा, यह बढ़िया बात है।"

"जो तुम चाहते थे, वही हुआ।"

"मेम्पी की सैर कैसी रही?"

"अरे, शेर-चीतों और सब तरह के जानवरों से भरपूर। सारी रात गरजते थे, और शान्ति को शान्त रखना सम्भव ही नहीं था। वह बराबर हिस्टीरिया के मरीज़ की तरह चीखती रही, और वहाँ पहुँचने के क्षण से ही वापस लौटने की ज़िद करती रही। तुम वहाँ गए हो कभी?"

"नहीं। शायद कभी जाना हो।"

"मुझे आशा है, तुम्हें ज़्यादा समझदार और कम ज़िद्दी साथिन मिलेगी, नहीं तो कोई लाभ नहीं होगा। जानते हो, वहाँ पहुँचते कैसे हैं? ट्रेन तो कोप्पल पर उतार देती है—वह आखिरी स्टेशन है। वहाँ से बीस मील बस से जाओ, फिर आगे बैलगाड़ी से; फिर आपको कुलियों के कंधों पर बाँस पर लटकी टोकरियों में बैठकर जाना पड़ता है, फिर पैदल चल कर आप वहाँ पहुँचते हैं। आखिर में वहाँ पहुँचने के बाद आप क्या उम्मीद करते हैं?"

"कि कोई स्वागत करेगा?" श्रीनिवास ने प्रश्न की तरह उत्तर दिया।

"बिलकुल नहीं...एकदम सुनसान बहुत बड़ा बँगला, लम्बे-चौड़े वरांडे। ऊपर वाला ही जानता है कि किसी आदमी ने कैसे यहाँ इमारत बनाने का विचार किया, और किस तरह उसने ईंट-पत्थर और दूसरी चीज़ें यहाँ जुटाईं," और लोग इसे बनाने के लिए यहाँ कैसे पहुँचे, क्योंकि हमें एक भी आदमी ऐसा नहीं मिला जो हमारे लिए एक गिलास दूध या केले लाकर दे सके। हम अपना खाना साथ ले गए थे, जिससे हम ज़िन्दा रह सके, और भूखे नहीं मर गए। जैसे ही शाम शुरू होती है, यानि पाँच बजे, जंगल की ज़िन्दगी शुरू हो जाती है। चिड़ियाँ शोर करने लगती हैं, बड़े-बड़े पेड़ हमारे चारों ओर घिरने लगते हैं और सियारों की आवाज़ें चारों तरफ़ गूँजने लगती हैं। और सियार, जैसे ही चीखते, देवी जी भी चीखना शुरू कर देती और उनका सारा बदन काँपने लगता। वह अपने को बन्द करने की कोशिश करती, लेकिन कमरा एक ही था और उसमें शीशे ही शीशे लगे थे—जो शायद बनवाने वाले ने इसलिए लगवाए थे कि वह चौबीसों घंटे जंगल का तमाशा देखते रहना चाहता था। देवीजी ने रात मेरे लिए नरक बना दी। आज तक किसी से मैं इतना परेशान कभी नहीं हुआ हूँ। रात में हम कितनी आँखें चमकती देखते रहते थे। इसकी दशा बुरी हो गई थी। एकदम पागल। तुमने इसे देखा होता तो सोचते कि रवि तो कुछ भी नहीं था।"

श्रीनिवास ने यह कहानी बड़ी सहजता से सुनी। उसने कोई प्रश्न भी नहीं किया, क्योंकि सब कुछ अपने आप ही निकलता चला आ रहा था।

''जब भी किसी चीते की आवाज़ आती, इसे दौरा पड़ जाता था, एकदम बीमार हो जाती थी। एक ही कमरे में साथ रहना मुश्किल हो गया। इसलिए मैं वरांडे में सोने चला गया। वहाँ खतरा ज़रूर था, लेकिन उसे ही मैंने बेहतर समझा।''

श्रीनिवास यह कहने से नहीं चूका, ''मैं समझ नहीं पा रहा कि अचानक वह तुम्हारे दिल से क्यों उतर गई?''

''हाँ, मुझे उसकी शारीरिक स्थिति उतनी बुरी नहीं लगी। उसका व्यवहार मुझे बहुत अखर गया। बड़ी झगड़ालू थी वो। हर वक्त किचकिचाती रहने वाली। अपनी पूरी शादी की ज़िन्दगी में मुझे ऐसा व्यवहार कभी नहीं मिला है। वह रात में ही मुझे शहर वापस ले चलने की ज़िद करने लगी, और ज़रा भी सोने नहीं दिया। ज़रा सोचो तो। इसी क्षण मैंने तय कर लिया कि तुम्हारी राय ही सही है। दूसरी ही शाम मैंने नीचे आने का इन्तज़ाम किया। कोप्पल में मैंने उसे ट्रेन पर चढ़ाकर आखिरी विदा ले ली। वह मद्रास चली गई और मैं यहाँ लौट आया। ऊपर वाले को मैं बहुत-बहुत धन्यवाद देता हूँ।'' वह धीरे से मुस्कराया और श्रीनिवास की तरफ नज़र फेंकी। वह अपना ओंठ काट रहा था और कागज़ पर लिखे शब्द 'सृष्टि' की तरफ ध्यान से देख रहा था। 'सृष्टि क्या', 'क्या...' यह उसकी समझ में नहीं आ रहा था। और कोई शीर्षक क्या हो सकता है, कल होने से पहले उसे इसका फैसला कर लेना चाहिए, इस समय...। उसने ऊपर सिर उठाया। सम्पत उसे देख रहा था, कि उसकी कहानी की उसपर क्या प्रतिक्रिया हुई है। श्रीनिवास को लगा कि सम्पत के चेहरे पर वह सन्तोष और शान्ति नज़र नहीं आती, जो उसने अभी कही थी। वह दुखी दिख रहा था। वह जानता था कि सम्पत उसकी टिप्पणी की प्रतीक्षा कर रहा है। उसने पूरी घटना अपने दिमाग में दोहराई और कहा, ''सम्पत, तुमने जो कहा वह सच नहीं लग रहा है।''

सम्पत ने हथेलियों से अपनी आँखें ढक लीं और ज़ोर से हँसने लगा। ''मेरा सम्पादक मुझे अच्छी तरह समझता है। उसे पूर्ण सत्य ही स्वीकार होता है।''

श्रीनिवास ने कहा, ''जो हुआ, उसे मुझे पूरा बताओ।...पर न बताना चाहो तो रहने दो।''

''बताना न होता तो मैं तुम्हारे पास आता ही नहीं। बस अब एक ही बात रह गई है।'' यह कहकर उसने चारों तरफ़ देखा, फिर कहा, ''प्रेस की मशीन चल रही है। मैं उसकी आवाज़ से कह सकता हूँ कि मशीन अच्छी है। सिमकिन्स की डबल सिलिंडर लगती है?''

"शायद हाँ। तुम कैसे जान गए?"

"उसकी आवाज़ से। मैं प्रेस वाला ही हूँ, और कुछ भी नहीं। ठीक कहता हूँ?"

"बिलकुल।"

"यह तुम्हारा अस्थायी प्रबन्ध ही रहेगा, मैं यही सोचता हूँ। जब मेरी मशीन लग जाएगी, तब मैं "झंडा" कहीं और से नहीं छपने दूँगा। इसे मैं अपनी ज़िम्मेदारी मानता हूँ।" श्रीनिवास ने वादा तो नहीं किया, फिर पूछा, "रोटरी आने में कितना समय और लगेगा?" सम्पत ने अपने हाथ मेज़ पर फैलाए और धीरे से कहा, "बाहर चलो, कहीं बैठकर बात करेंगे। मुझे किसी साथी मुद्रक के यहाँ बैठकर बात करना अच्छा नहीं लगेगा।" श्रीनिवास ने निराशा के भाव से कागज़ की तरफ देखा। फिर उसे अलग रख दिया। फिर उठा, दोनों बाहर आए, तो उसने इधर-उधर नज़र डालकर पूछा, "कार नहीं दिखाई दे रही?"

"उसके कारबुरेटर में कुछ हो गया लगता है, मेरी ही तरह," यह कहकर उसने दिल पर हाथ मारा।

"तो पैदल चलें?" श्रीनिवास ने पूछा।

"कसरत भी हो जाएगी, है न?" सम्पत ने जवाब दिया।

वे मार्केट रोड पर चुपचाप चलते रहे। लोग आ-जा रहे थे। साँझ उतर रही थी। कुछ रोशनियाँ भी जल गई थीं।

श्रीनिवास ने पूछा, "लेकिन तुम आए कब? यह तो तुमने बताया नहीं।"

"और भी बहुत कुछ है जो मैंने नहीं बताया है।" बातचीत फिर खत्म हो गई। दोनों चुपचाप चलते जा रहे थे। शान्ति ने जैसे दोनों को चारों दिशाओं से पूरी तरह घेर लिया था। श्रीनिवास को सम्पत का व्यवहार बहुत रहस्यात्मक प्रतीत होने लगा था। दो-तीन फर्लांग चलने के बाद उसने पूछा, "हम कहाँ जा रहे हैं?"

"जहाँ चाहे चलो, जहाँ शान्ति से बात कर सकें।"

"आनन्द भवन क्यों न चलें, ऊपर वाले कमरे में बैठेंगे।" श्रीनिवास ने कहा, जहाँ सम्पत से उसकी पहली बार मुलाकात हुई थी। सम्पत ने कहा, "हाँ, अच्छा विचार है," फिर एक क्षण रुककर बोला, "नहीं, इस समय नहीं। इस समय मैं वहाँ नहीं जाना चाहूँगा। कहीं और बताओ।...नदी के किनारे क्यों न चलें?" श्रीनिवास यह सुनकर चकित रह गया। बोला, "मैं नहीं जानता था कि तुम्हें नदी प्रिय है।" "अब मुझे हर जगह प्रिय लगती है," सम्पत ने कहा और पटरी पर लगी एक दुकान पर सिगरेट लेने बढ़ गया।

नदी के किनारे पहुँच कर वह बालू के ऊपर खड़ा देखने लगा कि कहाँ बैठे,

जैसे थियेटर में सीट देख रहा हो। "मैं नहीं चाहता कि कोई मुझे देखे, उसने कहा। दूसरे किनारे के पार, करीब आधे मील दूर स्टूडियो की रोशनियाँ चमक रही थीं। उसने उधर देखकर आँखें झपकाईं और बोला, "ये लोग काफ़ी बिज़ी लग रहे हैं।" श्रीनिवास उसे आगे ले गया और एक ऐसे कोने में जाकर बैठ गए, जहाँ और कोई नहीं था। चारों तरफ़ अँधेरा घिर आया था। नदी बहती चली जा रही थी। सम्पत कुछ देर चुप रहा और बालू में रेखाएँ खींचता रहा। श्रीनिवास ने उसे अकेला छोड़ दिया और नदी के बहने की आवाज़ और शहर से आने वाली आवाज़ें सुनता रहा। कुछ देर बाद सम्पत ने कहा, "मैंने तुमसे झूठ कहा था और तुमने उसे पकड़ लिया। "काश, जैसा मैंने कहा था, वैसे ही हुआ होता। तब मुझे कोई अफसोस न होता। तुम अन्दाज़ा लगा सकते हो कि मेरे कहे में कितने फीसदी सच था?"

"हाँ, पहाड़ी की चोटी पर बंगले तक पहुँचने की बात सच है," श्रीनिवास ने उत्तर में कहा।

"नहीं, सर, आप इसमें कुछ और भी शामिल कर सकते हैं। बंगला वैसा ही था जैसा मैंने बताया और उसका भय भी, जब वह शीशे से पशुओं की चमकती आँखें देखती थी, सच्चा था। और सचमुच वह कितनी अच्छी थी, उसने एक शब्द भी नहीं कहा, रात भर चुप बैठी डर को झेलती रही। दुनिया में ऐसी बहुत कम औरतें होंगी जो इन परिस्थितियों में चीखने से अपने को रोक सकें। तुम्हें पता है, इन दिनों उसकी मानसिक अवस्था भी सही नहीं थी, लेकिन उसने कितनी हिम्मत और आत्म-नियन्त्रण प्रदर्शित किया। वह बैठी किताबों की बातें करती रही, जो उसने शुरू के दिनों में पढ़ी थीं।" यह कहकर वह रुका और एक सिगरेट जलाई। फिर उसे मुँह में लगाकर धुआँ आसमान में छोड़ा। "वह तीन-चार दिन तक सब सहन करती रही, फिर कहने लगी कि अब हमें चलना चाहिए। मुझे लौटने की बात अच्छी लगी। तुम्हें पता ही है कि मेम्पी जाने से पहले मैं रजिस्ट्रेशन दफ्तर में जाकर शादी कर लेना चाहता था, लेकिन कुछ-न-कुछ बहाना बनाकर वह उसे टालती रही। अन्त में हमने तय किया कि हम यहाँ लौटकर शादी कर लेंगे। यह जैसे हमारे बीच समझौता था। हम पहाड़ से उतरे और दूसरे दिन सवेरे पाँच बजे की ट्रेन पकड़ने का इन्तज़ार करने लगे। तुम्हें पता नहीं होगा, यह एकदम उजाड़ स्टेशन है, चारों तरफ जंगल और एक रेल का पुराना डिब्बा जिसमें स्टेशन मास्टर का दफ्तर था। सारी रात हम भी उसी डिब्बे में सिकुड़े हुए बैठे रहे। स्टेशन मास्टर ने हमें इसकी आज्ञा दे दी थी। हमें दो टूटे से स्टूल मिल गए थे, जिन पर बैठे हम रात भर बात करने की कोशिश करते रहे। बस ने हमें शाम को छह बजे स्टेशन पर छोड़ दिया था और हमें करीब-करीब बारह घंटे यहाँ बिताने थे। हमने खाना खाया और तय किया कि

जागकर कुछ-न-कुछ बात करते रहेंगे। लेकिन बात करने के लिए कुछ था ही नहीं। पाँचों दिन बातें करने के अलावा हमने और कुछ नहीं किया था, इसलिए कोई विषय ही बाकी नहीं बचा था। मेरे मन में एक विचार आया कि शादी के बाद हमें पूरी ज़िन्दगी चुप रहकर भी बितानी पड़ सकती है। लेकिन इस प्रश्न का हल भी उसी समय मिल गया। मैं बैठे-बैठे स्टूल पर ही सो गया। जब ट्रेन आई और मैं जागा तो उसका स्टूल खाली था। ट्रेन वहाँ चार मिनट के करीब रुकती है। मैं तेज़ी से उठा तो स्टेशन मास्टर ने कहा, "वह तो इलेविन डाउन से चली गई। मैंने उसे मद्रास का टिकट दिया था।"

"कब?"

"तेईस बजे।"

मैंने दाँत पीसकर पूछा, "सामान्य भाषा में यह टाइम क्या है?"

"ग्यारह बजे।"

"यह क्या बकवास है!" मैं उस पर चढ़ दौड़ा।

"लेकिन देवी जी ने कहा कि आपको कहीं और जाना है।"

मैंने उसकी तरफ मुक्का तानकर पूछा, "आपको यह समझ नहीं आया कि पति और पत्नी एक ही साथ आते-जाते हैं?"

"हमेशा तो नहीं जाते, कोई ज़रूरी नहीं है।" उसने कहा और अपने काम में लग गया। ट्रेन वहाँ चार मिनट ही ठहरनी थी।

मुझे जल्दी करनी थी। मैंने पूछा, "क्या मैं मद्रास जा सकता हूँ?"

"...बजे तक कोई ट्रेन नहीं है," उसने कहा।

मैं सोचने लगा कि दोपहर तक इन्तज़ार करना पड़ेगा। मुझे स्टेशन मास्टर को पीटने का मन कर रहा था। "आपको उसे टिकट नहीं देना चाहिए था," मैंने कहा।

उसने रेलवे एक्ट का हवाला देकर कहा, "हम किसी भी सही यात्री को टिकट देने से इनकार नहीं कर सकते।"

"महापुरुष, अब बताइए, मैं क्या करूँ?" मैंने हड़बड़ी में पूछा।

"अब एक मिनट बाकी है। आप शीघ्र फैसला कर लीजिए। हम गाड़ी को किसी के लिए रोक नहीं सकते।"

इसी बीच मुझे उसका लिखा एक कागज़ मिल गया। उसने रेलवे के भूरे कागज़ पर लिखा था, "मैं इस तरह की ज़िन्दगी से नफ़रत करती हूँ और शादी से मुझे डर लगता है। मैं वापस लौटकर अपने बेटे की देखभाल करना चाहती हूँ, जो दूसरों के यहाँ पल रहा है। कृपया मेरी तलाश न करें और मुझे अकेला छोड़ दें। आप

मुझे पा नहीं सकेंगे। अगर आप मेरे पीछे पड़े तो मैं सिर मुंड़वा लूँगी, ज़ेवर फेंक दूँगी और सफ़ेद साड़ी पहन लूँगी। मैं अपनी ज़िन्दगी बदलना चाहती हूँ। आप और आप जैसे दूसरे लोग मुझे देखकर भाग खड़े होंगे। मैं आखिरकार एक विधवा हूँ, और मुझे सिर मुड़ाने और अपनी शक्ल-सूरत बिगाड़ने का अधिकार भी है। अगर यही मार्ग शेष रहता है, तो मैं इसे अपना लूँगी। मेरी फिल्मी जीवन की कल्पना कुछ और थी, यह नहीं थी।'' तो जनाब, यह था उसका पत्र...''

सम्पत ने अपना रूमाल निकालकर आँसू पोंछे और नाक साफ़ की। फिर कहा, ''इसके बाद मैं मद्रास गया, त्रिची, कोयंबटूर, मंगलोर, बम्बई, और दर्जन भर और शहर सब छान मारे लेकिन...कुछ नहीं हुआ और मैं एकदम पस्त हो गया।''

''अब फिल्म का क्या होगा?'' श्रीनिवास ने पूछा।

''यह तो खत्म हो ही गई। शिव और पार्वती दोनों ने हमें छोड़ दिया है। अब स्टूडियो में सिर्फ कामदेव रह गए हैं।''

''हाँ, बाद की कहानी में तो वह अदृश्य ही रहेगा,'' श्रीनिवास बोला।

''मुझे भी अब अदृश्य होना पड़ेगा। नहीं तो सोमू और सोहनलाल के पास मुझे जेल भिजवाने के लिए काफ़ी मसाला है,'' सम्पत ने कहा। वह कुछ देर चुप कुछ सोचता रहा, फिर बोला, ''मेरे बचने का शायद एक रास्ता यह हो सकता है कि मैं कोई दूसरी कहानी उन्हें फिल्म बनाने के लिए दूँ।'' श्रीनिवास की प्रतिक्रिया यह हुई कि ऐसा हुआ तो फिर इसी तरह की समस्याएँ खड़ी हो सकती हैं। वह उठ खड़ा हुआ और बोला, ''अब चलें। कल मेरा प्रेस का दिन है।''

वे चुपचाप चलते रहे। मार्केट रोड पहुँचकर श्रीनिवास को लगा कि अब यहाँ से अलग हो जाना चाहिए। वह सम्पत से उसके परिवार के बारे में पूछना चाहता था, कि वह कहाँ है, उसने उनके साथ क्या किया है और क्या करना चाहता है, वगैरह, वगैरह। लेकिन उसने अपने को रोक लिया। उसे लगा कि वह जो कुछ बताएगा, उसमें से सही क्या है, और गलत क्या है, इसको अलग-अलग करना बहुत मुश्किल होगा। हो सकता है, उसका परिवार अभी भी उसके साथ हो, या उसने सबको छोड़ दिया हो, और यह भी हो सकता है कि शान्ति अभी भी उसके साथ ही हो और दोनों मिलकर कुछ और खेल खेलने की योजना बना रहे हों, या वह गायब ही हो जाए, या अपनी योजना के अनुसार सोमू और सोहनलाल के साथ मिलकर दूसरी फिल्म ही बनाने लग जाए। जो भी हो, यह साफ़ था कि अगर वह उससे कुछ और पूछताछ करता है, तो उसके भी उसमें शामिल होने का रास्ता न खुल जाए। उसने देखा कि सम्पत हिचकिचाता हुआ उसके साथ खड़ा है। मनुष्यता के नाते उसने पूछ लिया, ''तुम खाना मेरे साथ चलकर खाओ।''

"धन्यवाद! मैं स्टेशन जा रहा हूँ। वहीं खा-पी लूँगा।" श्रीनिवास ने कहना चाहा, "स्टेशन क्यों जा रहे हो?" लेकिन पूछा नहीं और खुद ही इसका जवाब भी दे दिया : 'वहाँ किसी से मिलना होगा, या कहीं जाना होगा, वगैरह दर्जन भर इसके उत्तर हो सकते हैं। और मुझे इनसे क्या लेना-देना।' इसलिए उसने कहा, "तो फिर, गुड बाय!" और आगे बढ़ गया। एन्डरसन लेन के मोड़ पर मुड़ते हुए उसने क्षण भर के लिए पीछे नज़र डाली, तो जहाँ उसने उसे छोड़ा, वहीं उसकी सिगरेट की ज़रा सी चमक गहरे अँधेरे में दिखाई दी—यह रात में जड़ी रूबी की तरह चमक रही थी। उसने हाथ ऊपर उठाकर दोबारा विदाई की मुद्रा में हिलाया, और अपने घर की तरफ़ चल पड़ा।

❑ ❑ ❑